Sólo para
emprendedores

THE PRINCETON REVIEW

Sólo para emprendedores

Aproveche su juventud, ambición e independencia para crear un negocio exitoso

Jennifer Kushell
Young Entrepreneurs Network
www.yenetwork.com

Traducción:
Ángela García

Bogotá, Barcelona, Buenos Aires, Caracas, Guatemala, México, Miami, Panamá, Quito, San José, San Juan, San Salvador, Santiago de Chile.

GRUPO EDITORIAL norma

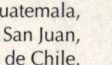

Título original en inglés:
THE YOUNG ENTREPRENEUR'S EDGE
*Using Your Ambition, Independence,
and Youth to Launch a Successful Business*
de Jennifer Kushell
La traducción al español se publica mediante acuerdo con
The Princeton Review Publishing, L.L.C.,
un sello editorial de Random House, Inc.
Copyright © 1999 por The Princeton Review Publishing, L.L.C.

Copyright © 2001 para Latinoamérica
por Editorial Norma S.A.
Apartado Aéreo 53550, Bogotá, Colombia.
http://www.norma.com
Reservados todos los derechos.
Prohibida la reproducción total o parcial de este libro,
por cualquier medio, sin permiso escrito de la Editorial.
Impreso por Editora Géminis Ltda.
Impreso en Colombia - Printed in Colombia

Dirección editorial: María del Mar Ravassa G.
Edición: Fabián Bonnett Vélez
Diseño de cubierta: María Clara Salazar
Fotografía de cubierta: Joyce Ravid
Armada electrónica: Andrea Rincón

Este libro se compuso en caracteres Óptima

ISBN 958-04-6084-4

Este libro está dedicado a:

The Franchise Consulting Group
Trademark & Technology
Joan Hansen & Company
Kushell Associates
Franchise Search

y a sus fundadores:

Papá,
Mamá,
la tía Joan, el primo Scott, Nana y el tío Rick,
el tío Bob y la tía Natalie,
el primo Doug (también Karen y el pequeño Zach).

Gracias por dejar que su niñita jugara a ser grande en sus empresas,
para que algún día pudiera
crecer y fundar una propia.

Contenido

Prólogo		xi
Prefacio		xv
Parte I	**INTRODUCCIÓN A LA CREACIÓN DE EMPRESAS**	**1**
Capítulo 1	La decisión de crear una empresa	3
	¿Por qué crear una empresa?	6
	Ventajas del empresario joven...	13
	...y desventajas de ese mismo empresario joven	18
	Combatir el estigma de la Generación X	30
	Criar una nueva generación de empresarios independientes	32
	Hacer un inventario personal y evaluar los recursos con los cuales cuenta	37
	Cuadro de inventario personal	38
Parte II	**PLANEACIÓN: LA CLAVE DEL ÉXITO**	**41**
Capítulo 2	Su "gran idea"	43
	Separar las ideas buenas de las malas	45
	Los negocios más populares de los empresarios jóvenes	47
	Escoger la idea apropiada para una empresa	51
	¿Son compatibles usted y su empresa?	60
	Fijación de metas y planeación estratégica	61

		Investigación de mercados	62
		Cómo buscar información sobre la industria	65
		Recursos	70
	Capítulo 3	El temible plan de negocios	71
		¿Es realmente necesario?	72
		El plan de negocios	76
		Matriz de segmentación de mercado	80
		Toques finales	87
		Recursos	88
Parte III		**LANZAR SU EMPRESA**	**89**
	Capítulo 4	Aspectos básicos para la creación de una nueva empresa	91
		Constitución legal de la empresa	92
		Asesores profesionales	100
		Crédito comercial	103
		Hacer las cosas como toca	107
	Capítulo 5	La decisión de conformar una sociedad	111
		Razones para contemplar la posibilidad de conformar una sociedad	111
		Razones para no conformar una sociedad	113
		Alternativas	114
		La decisión	116
		Antes de dar el paso	119
	Capítulo 6	Conformar un equipo administrativo	123
		El equipo administrativo perfecto	125
	Capítulo 7	El personal	135
		Pasantes	137
		Contratistas independientes	148
		Empleados reales	148

Capítulo 8	Conseguir dinero	151
	Algunas reglas básicas	152
	¿Cuánto necesita realmente?	155
	¿Patrimonio o deuda?	158
	Dónde conseguir el dinero	159
Capítulo 9	Establecer relaciones comerciales	165
	Organizaciones y asociaciones	170
	Cómo conocer personas importantes	174
	Mentores y asesores	179
PARTE IV	**CREAR UNA IMAGEN PROFESIONAL**	**193**
Capítulo 10	La imagen empresarial	195
	Presentación personal	196
	Apariencia física	205
	¿Cuántos años tiene?	210
	¿Podría mostrarme un documento de identidad, por favor?	212
	Su imagen sobre papel	214
Capítulo 11	Publicidad, propaganda e Internet	219
	Propaganda	221
	Anuncios publicitarios	232
	Marketing en la Internet	238
Capítulo 12	La oficina	247
	Abrir una oficina	248
	Sopesar los pros y los contras	250
	Equipos y artículos de oficina	254
	Sistemas telefónicos	258
	La tecnología y la oficina virtual	262
	Algunas soluciones baratas y creativas para conseguir equipos	266

Parte V	**INFORMACIÓN DE PRIMERA MANO**	**269**
Capítulo 13	Aprender a vivir como empresario	271
	Bienvenido a la vida empresarial	273
	Qué hacer con las personas que no le brindan apoyo	280
	Equilibre su vida (o cómo tener una vida propia)	284

Conclusión	295
Agradecimientos	301
La autora	305

Prólogo

Es un honor haber sido escogido para escribir el prólogo de uno de los mejores libros que haya leído sobre la creación de empresas.

Sólo para emprendedores es, sencillamente, una exposición brillante y divertida de las habilidades y los conocimientos necesarios para convertirse en un joven empresario exitoso. Este libro debe ser leído por cualquier persona a quien le interese el tema, pues los conocimientos profundos de la autora sobre el mercado y el emocionante mundo del empleo propio son revolucionarios. El libro tiene una prosa elegante y su lectura es tan fácil que uno siente que la transferencia del conocimiento se da casi sin esfuerzo.

Conocí a Jennifer Kushell en 1994, en una conferencia sobre empresarios jóvenes celebrada en Nueva York. En una ponencia dirigida a estos jóvenes habló sobre su empresa, The Young Entrepreneurs Network, que desde entonces se ha convertido en la organización mundial para empresarios jóvenes con mayor número de miembros (y a la cual necesariamente se debe afiliar cualquier persona que figure en esta comunidad empresarial).

Me impresionaron el estilo de Jennifer al exponer sus ideas, su carisma personal y su manera especial de explicar las sutilezas de las empresas pequeñas a quienes apenas estaban comenzando. Desde entonces, se ha convertido en vocera nacional de los empresarios jóvenes en los Estados Unidos, al tiempo que mantiene llena su agenda en la Universidad de Boston, en donde se graduó en mayo de 1996. Jennifer Kushell ha recibido numerosos premios y galardones, incluido el Premio Individual al Empresario Joven de la Asociación Americana de Negociantes y Empresarios, el Premio al Empresario Joven del Año de la Federación Nacional de Empresas Independientes y una donación para investigación de 25 000 dólares otorgada por la Asociación Internacional de Franquicias.

Sólo para emprendedores, así como The Young Entrepreneurs Network, son el resultado de una experiencia de más de diez años en actividades empresariales. Jennifer cuenta con un extraordinario acervo de conocimientos, pues fue criada por la familia más empresarial que pueda imaginarse. En su familia inmediata han florecido cinco empresas, y su padre y una tía son expertos mundiales en franquicias y concesión de marcas registradas, respectivamente.

Jennifer había fundado cuatro compañías propias incluso antes de ingresar a la Universidad de Boston y personifica de muchas maneras el amor por la creación de empresas que caracteriza a su generación. Este libro, con su especial énfasis en las habilidades personales que se requieren para triunfar como empresario, así como los problemas únicos que afrontan los empresarios jóvenes (relaciones con su familia, apariencia personal, financiación, mantenimiento de registros, conexiones en red, mentores), trata todos los temas con una enorme perspicacia.

El periódico *U.S. News & World Report* se refirió a Jennifer Kushell como la gurú del movimiento empresarial de la Generación X. No sólo desempeña un papel activo en sus propios proyectos empresariales y ayuda a incontables otros a iniciar sus compañías, sino que se ha convertido también en vocera del mundo de la filantropía. Como miembro de la Junta Asesora de la Fundación Nacional para la Enseñanza de la Creación de Empresas [NFTE, por su sigla en inglés], y como profesora certificada de ésta, Jennifer defiende la idea de que sus colegas no sólo deben hacer dinero, sino también participar en actividades de caridad. Las generaciones anteriores por lo general se han concentrado en la creación de riqueza, pero sólo más tarde en sus vidas se han ocupado de la filantropía. De esta manera, se perdieron muchas oportunidades de satisfacción personal y de utilizar la experiencia empresarial para resolver problemas sociales. Parte del papel de Jennifer como líder consiste en cambiar esto, alentando la filantropía entre los empresarios de la Generación X.

Leí este libro en tres horas y tuve que tomar compulsivamente notas sobre una gran cantidad de ideas relacionadas con mi propia carrera empresarial y mis proyectos filantrópicos. Considero que *Sólo para emprendedores* se destacará entre las publicaciones empresariales importantes del decenio. Me enorgullece conocer a Jennifer Kushell y haber tenido alguna participación en este libro.

STEVE MARIOTTI
Presidente y fundador
National Foundation for
Teaching Entrepreneurship

Prefacio

"Eres demasiado joven". "Espera hasta que te gradúes". "¿Por qué más bien no disfrutas la edad que tienes?" "No te apresures a crecer". "Pasa algún tiempo en una corporación importante". "¿Qué sabes tú sobre dirigir una empresa?" "¿A quién se le ocurriría invertir en ella?" "¿Cómo vas a sobrevivir?" "¿Por qué no consigues un trabajo de verdad?" "De todas maneras, no tienes suficiente experiencia".

Sólo para emprendedores comenzó como una reacción contra todos esos escépticos que decían que la gente de nuestra edad no era capaz de dirigir una empresa. Personalmente, yo ya estaba harta de escuchar eso, pues a los 19 años ya iba por mi cuarta empresa. Así pues, me dediqué a instar a toda la gente posible a que creara sus propias compañías. Rebelión, ambición e independencia, eso es lo que caracteriza a las personas de veintitantos años. Yo iba a crear mis propias empresas, para demostrarles a todos cuán equivocados estaban. Y entonces se popularizó eso de la Generación X. Flojos, nos llamaban. Mal encaminados. La sangre me comenzó a bullir. ¿Cómo podía alguien decirnos lo que éramos y no éramos capaces de hacer? Empecé a darme cuenta de que mi ira era tan sólo parte del problema.

Cuanto más estudiaba sobre negocios y sobre empresas independientes, más me daba cuenta de que los empresarios no eran los capitalistas codiciosos que todo el mundo creía, sino que eran agentes de cambio. Me sorprendió la idea de que uno podía tomar casi cualquier cosa que le encantara hacer y que hiciera bien, y crear una empresa a su alrededor. Por todas partes había evidencia de esto. Y para los adolescentes y la gente de veintitantos años, qué más se podía pedir que pasar el tiempo libre haciendo algo que a uno le encanta y que al mismo tiempo produce dinero.

A partir de allí me impuse como misión aprender todo lo posible sobre el tema y conocer a cuanto empresario pudiera. Asistí a conferencias y seminarios, leí libros y revistas y devoré todo lo que cayó en mis manos sobre empresas pequeñas. Conocí al "Lei Man (de treinteitantos años)", que importaba y vendía guirnaldas florales de Tahití; al creador, de 24 años, del Safe-T-Man, un muñeco para pruebas de seguridad de 82 kilos; a una mujer de 21 años que fabricaba ropa para deportes de invierno; a un programador y vendedor de software de computador de 13 años; a un importador de pescado de las islas Fiji, de 23 años; a una tejedora de canastas de 18 años, en Jamaica; a un promotor de música surafricano de 27 años; y así sucesivamente. Por todas partes parecía haber más y más jóvenes empresarios. E incluso quienes aún no habían creado empresas propias tenían muchos deseos de hacerlo.

A pesar de mi juventud, yo también había emprendido varios proyectos empresariales. Desde los 13 años, con pequeños negocios colaterales, había amasado bastante experiencia. Desde camisetas pintadas a mano y canastas de regalo hasta seminarios sobre seguridad para mujeres e incluso giras universitarias filmadas en vídeo, busqué muchísimo la empresa perfecta. Finalmente en la universidad me di cuenta de lo que quería... ¡fue mi despertar empresarial! Había planeado eventos, seminarios e incluso iniciado un par de organizaciones para empresarios en el campus de la universidad, cuando comprendí que tenía que haber algo más grande.

La oportunidad se presentó después de una conferencia para empresarios con edad para estar en la universidad. Todos estábamos asombrados al ver cuántas personas como nosotros asistieron con el deseo desesperado de encontrar una manera de establecer un contacto regular unos con otros. Luego dos amigos me plantearon la posibilidad de iniciar un directorio para empresarios jóvenes y ahí mismo iniciamos el proyecto. Parecía como si la empresa nunca fuera a despegar, y la frustración por el ritmo de progreso y la falta de ingresos hizo que mis dos socios finalmente optaran por emprender otros proyectos distintos. Así pues, de repente me vi sola, luchando por mantener a flote un negocio que en mi opinión tenía un potencial enorme.

Dirigí la primera oficina de Los Ángeles como directora de marketing desde mi habitación en la casa de mis padres, y luego me marché a Boston para ingresar a la universidad, o "para expandir el negocio" (eso fue lo que les dije a todos mis contactos comerciales). La nueva oficina de Boston tenía su sede en el amplio corredor de mi primer apartamento. Instalé un escritorio, un computador y la máquina de telefax que mi padre me regañó por comprar cuando tenía 18 años. Pilas de revistas empresariales se arrumaban contra las paredes y mi único archivador comenzó a quedarse pequeño. Recurrí a mi habitación para guardar cosas y la mesa de comedor se convirtió en una estación de trabajo. Cuando finalmente convencí a algunos estudiantes de hacer pasantías conmigo, utilizamos la mesa de comedor como "cuarto de correo" y la sala como salón de conferencias para "reuniones de personal". Afortunadamente vivía sola, porque a veces creía que incluso el gato iba a marcharse ante tanto desorden y estrés. Las pobres Jolina, Vic y Elisabeth fueron las primeras personas que trabajaron medio tiempo en mi apartamento. La mitad de las veces llegaban por la mañana y me encontraban todavía en bata, haciendo esfuerzos desesperados por despertarme luego de haber trabajado hasta las cuatro de la madrugada en la oficina.

¿Y la universidad? Pues sí, también estudiaba de tiempo completo. Asistía a las clases... la mayor parte de las veces, y realmente me esforcé por compartir mis obligaciones empresariales con las universitarias. Si mis socios empresariales se daban cuenta de que era estudiante, les decía que sólo estaba tomando unos pocos cursos en la Universidad de Boston. Muchos otros percibían mi empresa como un pasatiempo, aunque uno de mis profesores dijo: "La empresa es su trabajo y la universidad es apenas el pasatiempo". Mis padres muchas veces se preguntaban (y me lo decían abiertamente) por qué estaban invirtiendo tanto dinero en mi educación cuando era evidente que cada vez la universidad era una prioridad menor. Pasaba mucho tiempo explicándoles a ellos y a otros lo que hacía, aunque a mí me parecía lo más sensato del mundo.

Cualquier mañana, a las 7 a.m., salía corriendo a desayunos de trabajo en la Venturepreneurs Network, a reuniones de financiación para obras de caridad, a un desayuno de trabajo de la comunidad del *Boston Globe* o a cualquiera de una docena de eventos diferentes. Y por lo general terminaba sentada al lado de un vicepresidente de Ernst & Young, un ejecutivo de una aerolínea importante, el editor de alguna revista y, de vez en cuando, incluso un presidente de banco. Sostenía conversaciones fabulosas. Luego miraba el reloj. Dentro de veinticinco minutos tenía que estar en la clase de finanzas corporativas. ¡Maldición! Una vez más el asunto de las prioridades. ¿Hoy iba a ser empresaria o estudiante universitaria? No diré que todas las veces asistía a las clases. Por lo general lo hacía, pero ponderaba con mucho cuidado las oportunidades. Si podía pasar 15 minutos hablando con el director de marketing de Microsoft, simplemente no iba a clases. En ese momento estaba dispuesta a arriesgar cualquier cosa con tal de progresar en mi carrera empresarial. ¡Había que ver la gente que estaba conociendo!

Al cabo de un año, aproximadamente, ya tenía una base de datos con cientos de contactos empresariales y me estaban invitando a más eventos de negocios que a eventos relacionados con la universidad. Desde el punto de vista profesional, me sentía en éxtasis. Mi propia Disneylandia mental, la llamo. Sí, finalmente estaba llegando lejos... más o menos. Siempre estaba en algún lugar, conociendo a alguien, y mi agenda estaba repleta de cosas por hacer y lugares en donde estar. Mi vida parecía un completo caos, pero más como un tornado que avanza rápidamente que como una tempestad que simplemente daña todo y muere (esto último se podría aplicar al estado de mi oficina). Me esforcé por mantener todo en perspectiva, pero la verdad es que ya ni siquiera sabía qué significaba eso. Mi vida era, sin duda, muy emocionante, pero no era un lecho de rosas. Perdí a muchos amigos. Me enfermé como resultado del estrés y el descuido físico. Me deprimí bastante y casi fallezco de inanición un par de veces (o eso pensé). Sin embargo, con cada una de las plagas que tenía que afrontar mientras pugnaba por levantar mi empresa, mi misión se volvía cada vez más clara. Estaba en el mundo de los negocios para ayudar a personas como yo. Me sentía como una bienhechora que trataba de combatir las fuerzas que obstaculizaban la creación de empresas para tantos otros. Delirio. Estoy segura de que eso tuvo algo que ver con el hecho de que romantizara todo el asunto. Pero funcionó.

Cuando John, de The Princeton Review, me pidió por primera vez que escribiera este libro, no creí que tuviera la experiencia requerida para emprender la tarea. Pasó un año. Nos volvimos a encontrar y me hizo la oferta... nuevamente. ¿Quién era yo para escribir un libro para otros empresarios jóvenes? Hacía muy poco que yo misma había salido de la universidad. Pero allí estaba esa misión, una vez más. Era una oportunidad asombrosa y aunque al comienzo no se me ocurría cómo lo iba a hacer, acepté el reto. Así pues, si quiere saber de qué trata este libro, le diré lo siguiente: no se trata tanto de un libro sobre "cómo crear una empresa", sino más bien sobre "cómo afrontar la vida mientras se crea una empresa propia y se triunfa". Sólo puedo decir que es un libro real, una historia real.

Lo que leerá aquí es lo que realmente le va a suceder y lo que de verdad necesita saber al iniciar una compañía y optar por el camino empresarial. Al escribir este libro traté de incluir muchas historias personales y otras de jóvenes empresarios y expertos en negocios. Por lo que yo he visto, ningún otro libro le ha enseñado a un joven empresario cómo no morirse de hambre cuando está quebrado, cómo lanzar una campaña de relaciones públicas entre la familia, cómo conocer gente importante, cómo evitar que le pidan la tarjeta de identidad mientras entretiene a clientes y otros datos muy importantes, aunque aparentemente triviales, sobre cómo afrontar la vida como dueño de una empresa. Pero todo eso sucede.

Espero sinceramente que este libro le ayude tanto como estoy segura que me habría ayudado a mí, así sea sólo por el apoyo moral de saber que existen otras personas como usted, que viven como usted y que persiguen sus sueños dando rienda suelta a su espíritu empresarial... lo mismo que usted.

Así pues, disfrútelo. Y siga construyendo y soñando y enseñando a otros lo que haya aprendido como parte del proceso. Hay muchas otras personas que lo necesitan a usted, tanto como usted las necesita a ellas. Y en lo que respecta al requerimiento de experiencia, nadie dijo que no podía adquirir parte de ella con unas gotas de sabiduría escuchadas a alguien más... sobre todo a sus pares inmediatos.

PARTE I

Introducción a la creación de empresas

CAPÍTULO 1

La decisión de crear una empresa

Usted siempre se sintió un poco diferente de sus amigos. Era el soñador, el inventor, el que hacía todo tipo de cosas. Probablemente fue el primero al que se le ocurrió montar un negocio al frente de la casa para vender limonada, los juguetes de su hermano menor o las mascotas de la familia. En algún momento, se dio cuenta de que algo en lo más profundo de su ser lo incitaba a emprender más y más proyectos. Sus amigos y su entorno inmediato dejaron de influir en sus decisiones y alguna fuerza desconocida lo impulsó. Sabía que era diferente, y todos los demás también estaban conscientes de ello. Su mente trabajaba a un ritmo tal que dejaba agotados a quienes lo rodeaban. Se obsesionaba por encontrar maneras novedosas y mejores para construir, vender o comercializar un producto o una idea. La gente decía que usted los dejaba extenuados; de hecho, todavía quedan exhaustos frente a su "imaginación hiperactiva".

¿Se despierta en medio de la noche con ideas grandiosas? ¿Lo intrigan los nuevos conceptos empresariales? ¿Lo emocionan las palabras "crear una empresa"? Si no es capaz de botar al cesto de la basura la pila de revistas empresariales acumuladas durante los últimos tres años porque está convencido de que en algún momento le serán útiles sus artículos sobre cómo iniciar una empresa, cómo administrar un negocio o sobre las prestaciones a las que tienen derecho los empleados, deje de soñar y comience a hacer algo al respecto.

Tal vez ya inició un pequeño negocio. O quizás sólo tiene el deseo de hacerlo. Pues bien, lo cierto es que el tiempo pasa.

Independientemente del tipo de invento, servicio o proyecto que le interese, usted siempre ha sido emprendedor y sabe que algún día hará algo en grande. Ya sea que la gente le diga que está loco o que está destinado a la grandeza, nunca ha renunciado a sus sueños empresariales. Hasta ahora. Sin embargo, se está preguntando si ya llegó la hora de hacer algo más que soñar, estableciendo o comprometiéndose a fundar una empresa legítima, que cumpla con todos los requisitos legales y que sea exitosa... o por lo menos eso es lo que espera.

Considere este libro como su Biblia, su único amigo solidario; allí estará para que lo consulte desde la gestación de su brillante idea hasta el establecimiento sólido de su empresa. Este libro tiene un doble propósito: (1) compartir con usted las ideas prácticas y personales de una empresaria joven, con la esperanza de que le ayuden a sacar adelante su negocio en los primeros años, y (2) enseñarle algunos trucos que le servirán para competir exitosamente en un mundo empresarial compuesto por personas que le doblan la edad y por compañías quién sabe cuántas veces más grandes que la suya.

Tal vez vacile al contemplar la posibilidad de montar una empresa o un negocio propio. Y no le falta razón. El mundo empresarial puede ser una verdadera jungla para quienes no están familiarizados con él. Pero es *posible* hacerlo. Ya sea que quiera fundar una pequeña empresa local o que aspire a aparecer algún día en la portada de *Forbes*, tiene todo un abanico de opciones entre las cuales escoger. ¿Más fácil de leer que de hacer? Quizás. Pero sucede todos los días. ¿Recuerda haberse acercado alguna vez a un quiosco de revistas y no haber visto a alguien de menos de 35 años en la portada de por lo menos una publicación empresarial o tecnológica? Entonces, sean cuales fueren sus circunstancias personales, no olvide que existen miles de empresarios estrella que fundaron sus negocios sin más dinero o experiencia de la que usted tiene en este momento. Mencionaré tan sólo a unos pocos:

- Michael Dell (Dell Computers) utilizó su dormitorio de la universidad como depósito mientras vendía discos de computador a otros estudiantes.
- Frank Carney inició Pizza Hut en una pequeña casucha en el campus de la universidad estatal de Wichita porque nadie más le quiso arrendar un local.
- La línea de esmalte para uñas Hard Candy (una empresa avaluada en 25 millones de dólares), fundada por Dineh Mohajer, despegó con fuerza gracias a que un par de estrellas de cine compraron (y usaron) el esmalte azul pálido que la empresaria se inventó para combinar con uno de sus vestidos.
- Paula Orfalea fundó la cadena de copiado Kinko's apenas salió de la universidad, en un viejo edificio en Santa Bárbara, con un local tan pequeño que tenía que sacar la fotocopiadora a la acera para que los clientes pudieran entrar.
- Kathy Taggaris obtuvo la licencia para producir la pizza gourmet de Wolfgang Puck sólo después de *vivir* en su nueva planta durante las primeras cinco semanas.
- Con apenas 17 años, Fred DeLuca dejó a un lado su anhelo de ser médico y fundó una pequeña tienda de emparedados... que hoy en día se llama Subway.

¿Se pregunta, acaso, si la gente les decía a todos ellos que estaban locos? Desde luego que sí. Pero algo hizo que estas personas triunfaran, pese a que todo el mundo les decía que soñaban con imposibles. Determinación, perseverancia y ensayo y error. Usted aporta los primeros dos ingredientes y yo le contaré sobre otros jóvenes empresarios cuyas experiencias le ayudarán a evitar muchos errores. Así pues, si *realmente* quiere fundar una empresa propia y llegar más lejos de lo que jamás creyó posible, siga leyendo.

¿Por qué crear una empresa?

Si esa llama empresarial está encendida, así sea levemente, en lo más profundo de su ser, las posibilidades de que se extinga son bastante escasas. Y se lo digo en serio: si piensa asumir alguna vez riesgos explorando sus opciones de trabajo, éste es el mejor momento para hacerlo. ¿Por qué esperar hasta tener un puesto más o menos estable y obligaciones financieras ineludibles para descubrir que detesta lo que está haciendo y le urge un cambio radical de profesión? Si le parece que estoy siendo melodramática, piénselo bien.

Don Seitz era un estudiante universitario que optó por hacer caso a los consejos de su familia y de sus amigos, quienes le decían que lo que más le convenía era ser abogado. Después de tres fatigosos años en la facultad de derecho, Don obtuvo su título, pasó el examen reglamentario para ejercer la profesión y entró a trabajar en una prestigiosa firma. ¿Recuerda lo que dije sobre esa llama empresarial? Adivine cuánto tiempo ejerció Don su profesión de abogado... Dos semanas.

Mientras sus padres trataban de recuperarse del impacto que les produjo la decisión de su hijo, ya Don estaba muy ocupado iniciando una empresa: Sock and Roll. Así es. Don echó al traste su carrera profesional como abogado y se dedicó a fabricar medias y camisetas novedosas. Muchos de ustedes quizás conocen sus productos. La primera línea que sacó Don constaba de camisetas con una flor de gran tamaño impresa sobre algodón crudo. En los almacenes se exhibían en materas, muy bien enrolladas, con la flor hacia afuera, y atadas con un lazo de paja. Para su segunda línea sacó una serie de camisetas de gran tamaño con medias compañeras. Cada camiseta tenía impreso el cuerpo de un animal, y las medias mostraban las patas correspondientes. Las opciones incluían un perro, un cerdo, una vaca, un caballo e incluso un gato (yo todavía conservo unas medias con patas grises de gato). Entre sus creaciones también recuerdo camisetas en las que aparecían grandes artistas universales, cada uno a manera de carita sonriente. En las camisetas se veía a Picasso con ojos y sonrisa rediseñados, a Seurat punteado y a Van Gogh con una sola oreja.

En la actualidad, la firma Sock and Roll registra ventas por cinco millones de dólares anuales, distribuye sus productos a más de 300 almacenes minoristas y es administrada por un dueño a quien le fascina el oficio que escogió. Desde el día en que lo conocí, siempre he visto a Don sonriendo.

> **DE: RICHARD KIRSHENBAUM – KIRSHENBAUM & BOND**
>
> Fundé mi empresa cuando tenía 26 años y la gente siempre me dice que fui muy valiente por haberlo hecho a esa edad. Una de las cosas que he llegado a entender es que mientras mayor sea una persona, más le teme a los riesgos. Iniciar un negocio propio cuando se es joven en realidad es más fácil. Uno es más flexible, tiene una mayor capacidad de recuperación y tiene menos que perder. Por consiguiente, aconsejaría a cualquier persona que tenga una muy buena idea que funde su empresa lo más pronto posible. Que no lo postergue. Si llega a fracasar, podrá recuperarse fácilmente, conseguir otro empleo o iniciar otra empresa. Si espera a tener más edad y estar más establecido, es posible que nunca reúna el valor necesario para hacerlo. Ése, amigos, es el verdadero coraje.

¿Será mejor trabajar para una gran corporación?

Si les pregunta a varios empresarios independientes si se sienten contentos de tener un negocio propio, lo más probable es que le contesten que no existe ninguna otra cosa que preferirían estar haciendo. ¿Cuántas personas conoce que puedan decir eso sobre sus oficios? Yo, por lo menos, no conozco a muchas. Desde luego, el hecho de ser uno su propio jefe tiene pros y contras, pero a mi juicio las retribuciones bien valen la pena.

Si usted logra determinar desde una edad temprana si es del tipo de personas a quienes les gusta trabajar con grandes corporaciones o más bien prefiere tener un pequeño negocio propio, se evitará mucha confusión y una gran cantidad de frustraciones. Desde luego, trabajar para una corporación importante puede ser una experiencia maravillosa, sobre todo si aprende que eso es justamente lo que no quiere hacer.

Muchísimos empresarios iniciaron su carrera profesional en el mundo corporativo y por una buena razón. Era lo que *había* que hacer. ¿Qué podía salir mal? Si lo que se buscaba era tener un empleo estable, una buena opción era trabajar para una empresa multimillonaria.

Sin embargo, esto fue válido hasta comienzos de los años noventa, cuando la burbuja se reventó y las empresas comenzaron a despedir masivamente a sus empleados. Pero el mercado laboral es un lugar impredecible y, a medida que la economía se ha ido recuperando, también lo ha hecho la oferta de empleos.

En la actualidad, a las personas de veintitantos años les están ofreciendo, por ingresar a la América Corporativa, salarios astronómicos y atractivas bonificaciones que equivalen al sueldo anual de un empleado promedio. Lo más divertido es que, por lo general, al cabo de unos dos o tres años, casi todos los jóvenes dotados de espíritu empresarial quieren renunciar a sus empleos y establecer un negocio propio. Es claro que el atractivo de salarios y prestaciones excelentes no les basta a muchos de los empresarios de la actualidad. Quieren libertad y poder ejercer el control requerido para crear sus propias oportunidades y capitalizar sus propias habilidades, que con tanto esfuerzo han adquirido.

A muchas de las personas que trabajan para corporaciones grandes (en especial las empresas tradicionales y bastante conocidas) les fastidia la estructura jerárquica. Mientras más grande sea la empresa, más fuerte será la competencia por los mismos cargos; y menor será el impacto que usted, como individuo, pueda ejercer. Eso es, en pocas palabras. Piénselo como si se tratara de los créditos de una película. En el rodaje de un filme intervienen centenares de personas que trabajan jornadas ridículamente largas durante un período relativamente corto. Cuando aparecen los créditos en la pantalla, existe una notoria separación entre los directores, los productores y los actores, y el resto del equipo (los encargados de la iluminación, los sonidistas, los electricistas, los asistentes, los diseñadores de la escenografía, etc.). La gente que figura de primera es la que recibe la mayor parte del reconocimiento si la película tiene éxito. En este esquema, son quienes "más importan". Lo mismo sucede en la mayor parte de las grandes corporaciones. Si uno no forma parte de la junta directiva o no tiene una oficina en el piso de los ejecutivos, lo más probable es que pocos en la cima lo consideren importante dentro del panorama general. Sé que es una perspectiva un poco triste, pero si realmente quiere dirigir el espectáculo (algo que supongo si le interesa el tema de la creación de empresas), llegar a un cargo alto en una gran corporación podría tomarle los siguientes veinte años de su vida... si es que llega.

Entonces tenga en cuenta que, incluso si el mercado laboral es excelente, si usted realmente no quiere formar parte de él, lo más probable es que no se sentirá a gusto tratando de "amoldarse". Hasta la ley de Newton nos enseña a saber a qué atenernos. Todo lo que sube tiene que bajar. Las cosas no permanecen estáticas para siempre, en especial la economía. Por valioso que sea hoy en día como empleado, recuerde siempre que habrá muchas personas detrás de usted, igual de ansiosas por graduarse en una buena universidad, salir al mercado laboral y conseguir el trabajo que usted tiene ahora... quizás por menos dinero y con mejores habilidades para ofrecer. Por el contrario, nadie lo puede echar a uno de una empresa propia.

Para ayudarle a aclarar sus ideas sobre el empleo en una corporación y el trabajo en una empresa propia, incluyo una tabla de comparaciones. En último término, sólo usted podrá decidir si se sentirá más a gusto como empleado o sacando adelante su propio negocio. No deje que nadie lo convenza de lo contrario.

Aunque millones de personas todavía trabajan en empresas gigantes como Lockheed y la IBM, más del 95 por ciento de los empleados en los Estados Unidos labora para firmas pequeñas. Pero la idea no es que usted trabaje *para* una empresa pequeña; mi misión es enseñarle cómo crear una. Y en cuanto a las grandes corporaciones, pues bien, crear una no suele ser una decisión consciente de algún triunfador. Afrontémoslo: todos hemos querido crear una corporación multinacional en algún momento de nuestra vida empresarial, pero pocos hemos admitido que deseábamos hacerlo desde el inicio. Piénsese en los empresarios de garaje (los que iniciaron sus negocios desde la casa). Walt Disney, John Hewlett & David Packard (Hewlett Packard) y Steve Jobs y Steve Wozniac (Apple Computers) comenzaron todos a construir sus emporios en sus patios o garajes. Sin embargo, según la revista *Fortune*, les interesaba mucho más tener con qué alimentarse y pagar el alquiler que pensar en opciones accionarias. ¿Realmente cree que Disney hubiera echado por la borda sus ambiciones y hubiera aceptado trabajar para un gran estudio de dibujos animados si hubiera tenido la oportunidad? Lo dudo mucho. Tenía sueños mucho más grandes.

ASUNTO	SER EMPLEADO DE UNA CORPORACIÓN	SER SU PROPIO JEFE
Estabilidad laboral	Sujeta al éxito de la empresa, el departamento y los superiores. Cuando es preciso reducir la planta de personal, el éxito personal o la lealtad con la compañía muchas veces son irrelevantes.	Directamente ligada al éxito de la compañía. El éxito individual es muy importante, pues las empresas más pequeñas dependen de menos empleados.
Ascensos	Estrictamente determinados por la jerarquía. Con frecuencia el cargo deseado debe ser liberado primero, antes de que se le pueda asignar a otra persona. Existe fuerte competencia por los cargos más altos.	Usted es el jefe.
Horario laboral	Muchas veces es intenso, pero previsible y es determinado por los superiores (directa o indirectamente).	Las jornadas son largas e imprevisibles. Uno mismo determina los horarios.
Salario	Se fija dentro de un rango previamente determinado según el departamento y/o el cargo. Los aumentos por lo general se hacen después ¡de cierto tiempo (predeterminado).	Al comienzo suele ser menor que el promedio. Muchas veces los dueños de empresas se asignan apenas lo necesario para sobrevivir hasta cuando la compañía pueda darse el lujo de pagarles un salario.

ASUNTO	SER EMPLEADO DE UNA CORPORACIÓN	SER SU PROPIO JEFE
Bonificaciones	Si las hay, se reparten trimestralmente o en ciertas fechas festivas. Se dan con base en el desempeño, ya sea individual o del departamento. (Aunque en las empresas de mayor tamaño a veces se dan a todos los empleados.)	La principal recompensa es el éxito continuado del propio negocio.
Prestaciones	Servicios médicos y a veces odontológicos y oftalmológicos. Vacaciones pagadas, días de licencia o por enfermedad. Se fomentan los planes de inversión en fondos comunes.	Debe proveerse a sí mismo. Puede resultar costoso para los dueños de empresas nuevas. Pocas vacaciones. Los días de licencia se toman a discreción, por lo general sólo cuando se está enfermo.
Gastos	A algunos empleados se les asignan cuentas con la posibilidad de efectuar gastos sustanciales. Los gastos incurridos siempre son reembolsados por la compañía o sufragados por ésta (viajes, transporte, alimentación).	A los dueños de empresas muchas veces se les dificulta separar sus gastos empresariales de los suyos personales. Hasta el momento en que se constituye formalmente la empresa, la separación de gastos ni siquiera se requiere desde el punto de vista jurídico. Los gastos se cubren con los aportes de inversionistas, si los hay (y por ende hay presupuestos de operación), o con los rendimientos, si el negocio prospera lo suficiente como para sufragar los costos diarios. Se pagan a riesgo del dueño.

ASUNTO	SER EMPLEADO DE UNA CORPORACIÓN	SER SU PROPIO JEFE
Responsabilidad	Se define claramente en el manual para empleados o en la descripción impresa del cargo. La responsabilidad suele aumentar a medida que la empresa despide a otros empleados, reduce el tamaño de los departamentos y recorta los presupuestos de operación.	Bastante. Los dueños de empresas siempre tienen que estar preparados para realizar todo tipo de actividades, entre ellas barrer los pisos, escribir cartas y meterlas en sobres.

Ventajas del empresario joven...

Si aún no sabe qué ventajas tiene en comparación con personas de más edad, excepto la libertad de empacar un morral e irse a viajar por Europa durante un mes, se está subestimando.

Tal vez esté pensando que no podría haber más factores *en su contra* para iniciar una nueva empresa. Pero se equivoca. Existen varias razones para fundar una empresa cuando se está joven. De hecho, muchos expertos admiten que los empresarios jóvenes de la actualidad tenemos una ventaja en comparación con nuestros predecesores porque el entorno en que fuimos criados prácticamente nos preparó para ser gente de negocios independiente. (Véase la sección "Criar una nueva generación de empresarios independientes", más adelante en este capítulo.)

Usted tiene *mucho* que ofrecer al mundo empresarial. Bastante más de lo que cree.

Invulnerabilidad

Aunque hay quienes dicen que ésta no necesariamente es una ventaja, ser joven significa haber tenido muy pocas ocasiones de fracasar. La invulnerabilidad es un sentimiento natural en los jóvenes. Nuestra exposición al fracaso ha sido mínima, por lo cual nos sentimos invencibles y estamos dispuestos a asumir riesgos. ¿Recuerda cuando tenía cinco años y una capa de Superman o una lata de espinacas lo hacían sentir más fuerte? ¿Y qué me dice de cuando obtuvo su licencia de conducción y creyó que podía burlar el radar de la policía si conducía a más de 160 kilómetros por hora? ¿O que no importaba irse de juerga hasta las cuatro de la madrugada el día anterior a ese importantísimo examen a las nueve, del cual dependía el semestre?

Solemos asumir riesgos hasta que sucede algo que nos vuelve prevenidos. Por lo general quienes acaban de salir de la universidad tampoco han tratado de crear empresas todavía, de modo que a menos que ya usted lo haya intentado y haya perdido hasta la camisa, no hay nada que lo inhiba en este momento.

Responsabilidad limitada

Aunque muchos de los que aún no hemos cumplido los treinta años también invertimos bastante tiempo en trabajar para sobrevivir, el nivel y el grado de responsabilidad que tenemos las personas de nuestra edad todavía son mínimos. Por lo general, la gente de veintitantos años no se ha casado aún, no tiene hijos y ni siquiera posee un automóvil, y mucho menos una casa o un apartamento. De hecho, casi todos (sobre todo los estudiantes) apenas poseemos ropa, algunos libros de texto usados y quizás un equipo de sonido, un televisor o una cama.

Si para iniciar un negocio tiene que invertir hasta el último centavo que posee, lo más probable es que una posible pérdida no sea una gran tragedia. La posibilidad de pérdida financiera no debe ser una razón suficiente para impedirle fundar un negocio propio. Si lo piensa bien, verá que no necesita una gran cantidad de dinero para vivir. *Sí* es posible alimentarse de macarrones con queso en caso de necesidad; a lo mejor es lo que está haciendo en este momento. Y si *realmente* lo necesita, es muy probable que pueda mudarse de nuevo a casa de sus padres. De todas maneras, la mayor parte de los padres deja la puerta abierta para sus hijos.

Para los empresarios jóvenes, éstos no son grandes sacrificios. Kimberly Walsh, ex presidenta de la Asociación de Empresarios Universitarios, ofreció en una ocasión unas palabras de aliento aleccionadoras a una joven empresaria, financieramente quebrada y físicamente agotada, que conocí en la universidad:

—Está bien, se le agotó el dinero, ¿pero sigue creyendo en su negocio?
La chica asintió.
—¿Come regularmente, sin importar qué alimentos o de dónde provienen?
Contestó que sí.
—¿Tiene un lugar en dónde vivir, ya sea el sofá de alguien o su propio auto?
Nuevamente asintió.
—¿Cuenta con personas que la quieren y la apoyan, incluso si creen que está chiflada?
Con lágrimas en los ojos, dijo que sí.
—Pues entonces siga adelante. Lo está haciendo muy bien.

La capacidad de persistir a pesar de circunstancias difíciles ha convertido a un sinnúmero de empresarios jóvenes en millonarios.

Fortaleza física y emocional

Pensar que se puede vivir de macarrones y pizza... Dentro de veinte años probablemente le dé acidez sólo de pensar en eso. Ser un empresario no significa que necesariamente tiene que trabajar hasta el agotamiento; sin embargo, la capacidad de quemar la vela por ambos extremos sin quemar un agujero en el estómago es, sin duda, una ventaja que se debe aprovechar. Ésa es la naturaleza de la juventud. Durante los primeros seis meses luego de haber fundado K.T.'s Kitchen, Kathy Taggeris una vez pasó cinco semanas seguidas en su oficina sin ver la luz del día o ir a su propia casa. Kathy dice que se turnó con dos de sus más leales empleados para dormir en el sofá de la entrada y sobre la nueva alfombra industrial de las oficinas hasta que lograron montar y poner a funcionar la nueva fábrica de pizzas. ¿Cuál es la moraleja de esta historia? Tal vez le emocione la idea de ser dueño de su propio negocio pero, durante algún tiempo, es muy posible que el negocio sea el dueño suyo. Va a necesitar toda su juventud, sus habilidades estudiantiles de supervivencia y su fuerza –tanto emocional como física– para resistir.

Iniciar una empresa es como comprometerse en una relación seria. Y aunque no le sirva de compañía en las noches o le prepare la comida cuando tenga que trabajar hasta tarde, como lo haría esa persona especial, sí puede convertirse en el amor de su vida. Prepárese para afrontar todas las etapas clásicas de una relación romántica:

Tantear el terreno	Investigar opciones empresariales y la competencia
Cortejo	Investigación dirigida y diligencia debida
Primeras salidas	Entusiasmo incansable por la nueva empresa
Primera pelea	Primer escollo, quizás la investigación de mercados no fue muy acertada
Hacer las paces	Reajustar las metas
Tiempos difíciles	Estrecheces económicas y otras fuentes de estrés
Compromiso	Elaborar un plan empresarial
Propuesta de matrimonio	Renunciar a su trabajo regular diurno

Como sucede con cualquier relación, crear una empresa puede ser física y emocionalmente extenuante. Esté preparado para afrontar tiempos difíciles antes de cosechar todos los beneficios.

Recursos

Aunque quizás hasta ahora se esté familiarizando con la idea de la red de conexiones, le sorprendería saber cuántas personas están simplemente aguardando a que alguien les dé un golpecito en el hombro y les pida ayuda. ¿En dónde las puede encontrar? En todas partes. Desde organizaciones locales, revistas empresariales y eventos especialmente planeados para establecer conexiones, hasta amigos de familia y amigos de amigos, le sorprenderá ver cuántas hay una vez empiece a abrir los ojos. La Oficina de Relaciones con Exalumnos de su universidad probablemente le pueda ayudar a conectarse con antiguos estudiantes que compartan su campo de interés. Son excelentes personas a quienes conocer, porque los egresados muchas veces añoran sus años universitarios y les encanta tener la oportunidad de recordar viejos tiempos, sobre todo con alguien que no esté pidiendo una donación. (Nos referiremos más en detalle a esto en el capítulo 9, "Establecer relaciones empresariales".)

También debería aprovechar su apariencia "inofensiva". Cuando se es joven, las grandes compañías no lo consideran a uno competencia, y la mayor parte probablemente estará dispuesta a conversar con usted para darle algo de información, o hablar telefónicamente algunos minutos. Los profesionales tienden a ser bastante comunicativos cuando hablan con jóvenes ambiciosos. Podría conseguir información valiosa, o incluso contactos valiosos.

Los jóvenes también tenemos más acceso a información de lo que otra gente tuvo antes. (¡Sólo piense en todo lo que se puede saber sobre la vida sentimental del presidente de los Estados Unidos!) Hoy en día es posible conseguir información sobre casi cualquier tema, y muchas veces está disponible a través de nuestros propios computadores. Si la información realmente es poder, entonces nosotros, como empresarios independientes, no podríamos estar en una mejor posición.

...y desventajas de ese mismo empresario joven

¿Desventajas? No las hay. ¡No se preocupe! Simplemente proceda a construir su emporio.

Bueno, no tan rápido. El hecho de ser un empresario joven sí entraña algunas desventajas evidentes, y es importante analizarlas en detalle para estar preparado.

Doug Mellinger, de treinta años, ex director nacional de la Asociación de Empresarios Universitarios [ACE, por su sigla en inglés] y fundador de una firma de desarrollo de *software* increíblemente exitosa, dijo lo siguiente en la revista *Small Business Success*: "Los empresarios jóvenes afrontan cinco grandes problemas al iniciar una nueva empresa: falta de credibilidad, inmadurez, falta de experiencia, entusiasmo excesivo y aislamiento y soledad".

Yo le agregaría dos problemas más a la lista de Doug: falta de experiencia en liderazgo y dificultad para motivarse a sí mismos. Lo bueno es que por lo general éstas son cualidades que se pueden desarrollar. Es posible que todos estos problemas no se apliquen en su caso. Pero si obstaculizan sus planes, comience a solucionarlos desde ya. Tiene que comenzar a pensar en usted y en su empresa como un producto empacado para la venta. Cuanto más atractivo sea el empaque que presente, más seriamente lo tomarán en el mundo empresarial. Así pues, deje de lado su ego y decida, con toda sinceridad, si alguno de estos obstáculos se aplica en su caso.

Falta de credibilidad

Una cosa es que sus amigos den fe de su credibilidad, pero otra muy distinta es convencer a un potencial proveedor, cliente o banquero de que vale la pena arriesgarse por usted.

Hay un par de maneras de obtener credibilidad, y la verdad es que no son tan difíciles como parecen. Según Mellinger, "si uno cree un ciento por ciento en uno mismo y su producto, los demás terminarán por creer en uno también". Dar la impresión de confianza en usted mismo (pero no de arrogancia ciega) les indica a los demás que está decidido a triunfar. A veces es difícil no creer en alguien tan motivado y ambicioso. Cualquier empresario exitoso le puede dar múltiples ejemplos de esto. Su primera meta debe ser convencer a otros de que vale la pena arriesgarse por usted.

La siguiente meta debe ser rodearse de personas que ya tienen credibilidad: mentores, consultores, miembros de juntas asesoras, un proveedor importante, etc. (Véase la sección "Mentores y asesores", en la página 179.) "Asociarse con gente de calidad aumentará su credibilidad", dice Mellinger. Es posible que al comienzo la gente no sepa quién es usted o no tengan una razón válida para confiar en usted, pero si se ha puesto en contacto con alguien que ya disfruta de respeto en su profesión, o alguien así le ha dado consejos u otro tipo de orientación, cuenta con una ventaja adicional (de modo que no tema, mencione a alguien cuando sea conveniente). Aunque en ocasiones se acepta de manera demasiado simplista, *las personas que uno conoce* muchas veces ayudan bastante cuando se es joven y apenas se está comenzando.

A los 23 años, Ray Sozzi acababa de renunciar a un excelente empleo en Bain & Co., una prestigiosa firma de consultoría que lo contrató apenas se graduó de Dartmouth. Ray abrigaba la idea de crear un programa nacional de descuentos para estudiantes, similar a la Asociación Americana de Personas en Retiro [AARP, por su sigla en inglés], que ofrece descuentos y servicios a los jubilados. Sin embargo, pese a su incansable energía y a sus numerosos intentos por convencer a otros de que podía atraer atención a escala nacional y captar los negocios de cientos de miles de estudiantes, necesitaba ayuda. ¿Quién era él para asegurar que podía atraer tanta atención en el mercado universitario? Al cabo de un año, más o menos, Ray comenzó a negociar con varias corporaciones importantes, entre ellas Amtrak, American Express y The Princeton Review, para que patrocinaran su proyecto a escala nacional. Con estos nombres tan conocidos como respaldo, la compañía creció enormemente y otras empresas se le acercaron. En la actualidad, Student Advantage tiene más de 1,5 millones de estudiantes afiliados a nivel nacional que portan su tarjeta de descuento, miles de patrocinadores regionales y nacionales y, con la ayuda de sus socios corporativos, hoy en día es la única compañía en el ramo... pues compró a todos los demás competidores en el mercado.

Su tercera tarea consiste en convertirse en alguien importante en su área de interés. Como presidente de una organización, fundador de un pequeño grupo o conductor de alguna investigación relevante o interesante, puede conectarse con una causa o asociación meritoria. Pero no haga perder el tiempo a la gente simulando interesarse por algo que no le importa. No busque un cargo sólo por el título. Busque un grupo que sí le interesa (preferiblemente relacionado con su negocio) y ofrezca toda la ayuda que pueda, o inicie su propio grupo. Le sorprenderá ver la cantidad de contactos, credibilidad y experiencia que se adquiere al ser un líder comunitario o estudiantil.

Lo siguiente es saber de qué está hablando. No hay nada peor que algún imbécil que asegura ser experto en algo sobre lo cual sabe muy poco o nada. No ponga en entredicho su reputación discutiendo con alguien que quizás sabe mucho más que usted. Nadie pretenderá que usted lo sepa todo, pero sí tiene que hacer las tareas. Un poco de investigación puede ser muy valiosa para convencer a alguien de la seriedad de su nuevo proyecto.

Finalmente, cuando prometa afrontar un problema, entregar un producto de calidad o simplemente estar ahí para los clientes en caso de necesidad, ¡CUMPLA LO PROMETIDO! No existe una manera más fácil de perder credibilidad. Siempre que sea posible, produzca la mejor calidad, entregue a tiempo y sea profesional en todo. Si el teléfono de su oficina es el mismo de su hogar, esté consciente de que la gente puede llamarlo a las 8 a.m. No bostece al levantar el auricular. Si quiere que lo tomen en serio, tiene que proyectar una imagen seria. (Más adelante volveré sobre este tema.)

Inmadurez

Si lo han calificado de inmaduro más veces de las que quisiera admitir, reflexione sobre ello. Es posible que esté asumiendo algo que está por encima de sus capacidades. ¿Le cuesta trabajo admitir sus errores? ¿Pelea con personas que le dan consejos o le sugieren que haga las cosas de otra manera? ¿Se le dificulta hacer que la gente lo tome en serio? La edad no importa cuando se trata de crear una empresa, pero la madurez sí.

La falta de madurez en un empresario puede significar la muerte prematura de casi cualquier negocio. Recuerdo un ejemplo reciente. Dos amigas mías, a quienes yo había ayudado durante muchos años con varios proyectos empresariales, decidieron iniciar una firma de consultoría en relaciones públicas... con poca experiencia. En casi todos los aspectos, estas jóvenes de 21 eran mucho más maduras que sus contemporáneos y sabían qué era la responsabilidad. El peligro se presentó cuando un cliente les retiró su primer encargo serio y les dijo que no les iba a pagar. Con las facturas apilándose, una de ellas se enfureció tanto con el cliente que en vez de tratar de salvar la relación, le dijo a su socia que no quería tener nada más que ver con él. Si su socia quería continuar con ese proyecto sola, pues que lo hiciera. No sólo perdió la oportunidad de recuperar el dinero que les debían, sino que tampoco pudo utilizar al cliente como referencia en momentos en que necesitaban desesperadamente experiencia. Así mismo, su socia se molestó al ver que ella había tomado la decisión sin consultarle, sin darle la oportunidad de convencerla de que podían solucionar el problema. Lo último que supe fue que las dos socias pasaban demasiado tiempo discutiendo y finalmente decidieron abandonar las relaciones públicas.

La capacidad de perseverar en situaciones difíciles es, quizás, una de las virtudes más importantes del empresario exitoso. Si aún tiene problemas de inmadurez (y otros se lo harán saber), probablemente deba tratar de solucionar su falta de madurez antes de iniciar un proyecto empresarial.

Mellinger aconseja lo siguiente: "Es preciso dejar de pensar en uno mismo como un joven y comenzar a pensar en uno como empresario. Hay que actuar de manera profesional". (En "La imagen empresarial", en la página 195, me refiero con más detalle a la creación de una imagen personal eficaz)

Falta de experiencia

El problema número uno, la credibilidad, puede ser muchas veces resultado directo de la falta de experiencia. Ya sea que tenga 12, 18 ó 24 años, prepárese para pasar gran parte de su tiempo demostrándoles a los demás que usted posee habilidades valiosas. En especial cuando se es joven, la gente muchas veces supondrá que no tiene la edad suficiente para saber lo que hace. Eso debería ser incentivo suficiente para demostrarles que no tienen razón. Sin embargo, estas dudas irracionales tienen su lado positivo, pues lo obliga a uno a saber realmente de qué está hablando. (Algo que inclusive los empresarios de más edad toman a veces con ligereza.) Entre las cosas que se pueden hacer para adquirir experiencia valiosa y credibilidad figuran las siguientes:

- Trabajar para otra persona en el ramo (incluso si tiene que hacerlo sin remuneración).
- Leer todo lo que pueda sobre el tema (véase "Entender la industria").
- Tomar un curso o asistir a seminarios sobre el tema.

- Formar parte de asociaciones u organizaciones importantes de la industria (y ser miembro activo).
- Suscribirse a las principales revistas, boletines o publicaciones especializadas y leerlas.
- Postularse como voluntario para trabajar en un proyecto relacionado con sus intereses en una empresa u organización de renombre.
- Pasar tiempo con la gente del ramo durante horas laborales (inclusive puede pedirle a alguien a quien conozca o admire y que tenga un negocio similar que le permita simplemente acompañarlo en sus actividades durante un día).
- Desarrollar capacidades indirectas aunque relacionadas (como diseño gráfico, hablar en público o manejo de eventos, si piensa iniciar una empresa promocional).

La falta de experiencia es, entonces, uno de los obstáculos que tendrá que superar con mucha determinación y creatividad. Como mencioné antes, convertirse en experto en su negocio o industria es un proceso que puede tomar varios años, pero es posible agilizarlo mediante una investigación seria, compromiso y el establecimiento de una red de conexiones. Como regla general, un empresario puede adquirir credibilidad después de haber trabajado intensivamente en una industria durante unos tres a cinco años. Ése es el tiempo aproximado que se requiere para entender cabalmente la mayor parte de las industrias y merecer la credibilidad indispensable para triunfar. (Todas las personas, según su ubicación en su profesión, tendrán un estándar diferente para juzgar a los expertos.) Debe hacer todo lo posible por adquirir experiencia en su ramo. Aunque quizás no tenga aún su propia oficina, una secretaria o una tarjeta de crédito corporativa, siempre podrá hacerse publicidad a sí mismo y a su negocio mediante sus conocimientos. Sin ellos, no tendrá nada.

Exceso de entusiasmo

Estoy segura de que muchas personas ya le habrán dicho que lo "tome con calma" porque "todavía es muy joven y le queda el resto de la vida para iniciar un negocio propio". Nada de eso. Si el exceso de entusiasmo lo lleva a aprender más rápido y a lograr más, pues no tiene de qué preocuparse. Siga adelante. Lo que sí perjudica a los empresarios jóvenes es el hecho de avanzar más rápidamente de lo factible; es decir, cuando les es imposible financiar sus negocios, sacar el tiempo suficiente para dirigir sus empresas o aprender lo necesario a tiempo para completar los proyectos. Entre los errores que suelen cometer los empresarios jóvenes excesivamente entusiastas mencionaré los siguientes:

- Contratar gente prematuramente
- Gastar dinero bajo el supuesto de que pronto estarán generando más
- Participar en proyectos o negocios cuando aún no cuentan con las habilidades necesarias, con lo cual perjudican su reputación
- Asumir demasiadas responsabilidades
- Parecer demasiado ansiosos
- Admitir demasiado su falta de experiencia
- No tomarse el tiempo necesario para recibir las certificaciones o la capacitación apropiadas
- No sacar tiempo para planear o evaluar adecuadamente sus necesidades empresariales
- No elaborar un plan de negocios
- Ignorar los consejos de personas que parecen escépticas (incluso si se trata de expertos)

Es normal sentirse ansioso por iniciar una empresa. Sin embargo, debe tomar decisiones inteligentes. Si escucha a sus mentores, su familia o sus amigos sabrá si va por el camino correcto. Busque vigorosamente el éxito personal y de su compañía, pero no se muestre demasiado ansioso. Tendrá un efecto nocivo en las personas... especialmente si desde el inicio abrigaban dudas acerca de su habilidad o su experiencia.

Aislamiento y soledad

Cuando se opta por tomar el camino del empresario independiente, uno se aísla del resto del mundo laboral al dejar de lado lo convencional y crear sus propias reglas. Lamentablemente, este tipo de libertad tiene un precio. En la mayor parte de los casos su trabajo le absorberá mucho tiempo y afectará las relaciones con su familia, sus amigos, su vida social e incluso su propio tiempo libre. Cuando comience a serle imposible reunirse en las noches con sus amigos, cumplir una cita romántica o incluso dedicar unas horas a sus seres queridos, éstos comenzarán a dejarlo de lado. La mayor parte del tiempo usted ni si quiera se dará cuenta de ello sino cuando sea demasiado tarde. Cuando dejen de llamarlo comenzará a sentirse bastante solo, pese a que solía rechazar sus invitaciones.

Si está apenas comenzando su carrera como empresario independiente, probablemente se estará diciendo: "Eso nunca me pasará a mí". Todos decimos lo mismo. Sin embargo, créame que habrá ocasiones en que se sentirá solo y bastante aislado. El que se sienta así todos los días o sólo de vez en cuando depende de usted y de qué tan bien logre mantener algún tipo de equilibrio en su vida. A continuación, unos cuantos consejos de alguien que ya ha transitado por ese camino:

- Mantenga la comunicación con las personas importantes de su vida, así sea sólo para decir: "Oye, no puedo conversar contigo en este momento, o en las próximas semanas, pero quería que supieras que no me he olvidado de ti y que te recuerdo con frecuencia".

(Si es menester, incluso puede dejarle un mensaje de este tipo a alguien en su correo de voz.)

- Sea honesto con sus allegados cuando esté atravesando momentos difíciles. Si trata de eludir el hecho de que no ha estado en contacto y de que realmente ha estado deprimido, los demás pensarán simplemente que ahora que tiene una empresa ellos ya no son tan importantes para usted. Si les dice la verdad, ayudará a que lo entiendan mejor y se muestren un poco más tolerantes con usted y sus horarios. Incluso pueden ayudarle si saben que lo necesita.
- Asegúrese de contar con un grupo sólido de mentores y colegas directos (otros empresarios independientes) a los que pueda acudir en busca de apoyo. No hay nada más frustrante que pasar por un momento complicado y finalmente confiarle sus problemas a alguien que no tiene ni idea de qué está haciendo usted ni por qué. Otros empresarios independientes seguramente también apreciarán la ocasión de poder conversar sobre temas de mutuo interés.

"Ser empresario independiente es el trabajo más solitario del mundo", solía decir Lynton Harris, una de mis empresarias jóvenes favoritas. Como empresario independiente, tendrá que aceptar que la mayor parte de la gente no va a entender qué está haciendo ni por qué. Se sentirá abrumado y solo. Así pues, manténgase en contacto con la gente que aprecia y asegúrese de incluir a otras personas en ese círculo íntimo que entiende los problemas que está afrontando.

Siempre podrá acudir al portal de The Young Entrepreneurs Network, en la dirección www.yenetwork.com, en donde encontrará a otros empresarios jóvenes o a cualquiera de los miles de clubes y asociaciones empresariales que hay por doquier. Para mayor información sobre los aspectos más complicados de ser dueño de un negocio propio, consulte la parte V: "Afrontar la vida como empresario independiente".

Falta de habilidades de liderazgo

Si piensa iniciar una empresa propia, va a tener que depender bastante de sus habilidades de liderazgo. Incluso si todavía no piensa contratar personal, tendrá que sentirse muy cómodo estando a cargo. El liderazgo es un rasgo extraordinario con el que nacen algunas personas, en tanto que otras tienen que aprender a ser líderes. Como empresario independiente, su capacidad para liderar personas, dirigir proyectos y tomar decisiones es clave para el éxito. Quienes descuidan esta responsabilidad muchas veces deben pagar un alto precio por su negligencia.

Un buen ejemplo es el caso de Steve Jobs. Jobs fundó Apple Computers, junto con Steve Wozniak, en un garaje cuando los dos apenas sobrepasaban los 20 años. Es una clásica historia de éxito de un par de jóvenes empresarios independientes... pero con un final amargo. Aunque Steve Jobs era cofundador de la compañía y tenía una mente técnica brillante, tan pronto como Apple fue inscrita en la bolsa de valores perdió su cargo. (Al inscribir la empresa en la bolsa, la posibilidad de ser despedidos era tan sólo uno de los riesgos que asumían sus fundadores.) Sin embargo, incluso si Apple hubiera seguido siendo otro tipo de sociedad, sin accionistas o con muy pocos, la incapacidad de Steve de administrar correctamente el negocio y ser un líder eficaz le habría podido significar la pérdida de su cargo, pues la compañía habría quebrado.

Si analiza la forma en que personas a quienes usted admira se han convertido en líderes, descubrirá que en la mayor parte de los casos se trató de algo no planeado. Y quienes han tomado la decisión consciente de asumir el liderazgo son los que mejor desempeño han tenido. Así pues, si todavía duda de que su capacidad de liderazgo sea lo bastante sólida, mire a su alrededor. Hable con sus amigos y con su familia. ¿Qué situaciones o experiencias lo han impulsado instintivamente a asumir el control? Podrían ser más de las que cree. En todo caso, busque el liderazgo como meta personal. Así como el espíritu empresarial le dará control sobre su futuro, el liderazgo le dará control cotidiano sobre su vida.

El liderazgo también puede ser adictivo. Como verá cuando tenga su propia compañía, una vez experimente la emoción de ser el líder y hacer que sucedan cosas grandiosas, cualquier otra cosa lo aburrirá. Hasta el día de hoy, me cuesta mucho trabajo no asumir el control de las situaciones. Lo mejor de ser un líder es la sensación de que uno puede afrontar cualquier cosa. Cuando haya superado los obstáculos y les haya ayudado a otros a alcanzar metas que jamás habrían logrado sin usted, será imposible detener a ese líder que tiene en su interior. Es una experiencia demasiado emocionante.

Dificultades para motivarse a usted mismo

Por más motivaciones que tenga para convertir su empresa en un éxito, no siempre sentirá esa oleada de entusiasmo al despertarse en la mañana. Como no tiene un jefe que le grite si llega tarde, no recibe un cheque quincenal que le puedan retener si no acude a la oficina y, desde luego, no lo pueden despedir, en un día malo no existirá ese factor de temor que lo motive a seguir adelante. Todos sentimos pereza de vez en cuando, pero los dueños de negocios pueden poner en peligro sus empresas si permiten que la flojera les tome ventaja.

Las siguientes son algunas maneras de no dejarse vencer por la pereza:

- Cumpla una rutina estricta, de modo que todos los días se despierte, trabaje, coma, haga ejercicio y duerma más o menos a la misma hora. Si no cumple con sus horarios un día, propóngase reanudar la rutina al día siguiente.
- Si le cuesta trabajo comenzar el día, programe reuniones y llamadas telefónicas temprano en la mañana. Esto lo obligará a moverse.

- Llene su agenda de citas. Esto eliminará la necesidad de encontrar una motivación para trabajar.
- Siempre que sea posible, haga lo que tenga que hacer sin dilación. Postergar el trabajo siempre dificulta la motivación.
- Aproveche los momentos en que se sienta lleno de energía para no tener que obligarse a trabajar cuando realmente necesite un descanso.
- Invente su propio sistema de recompensas, como pagarse únicamente cuando realice ciertas actividades, contratar ayuda si completa una propuesta o permitirse volver a casa o salir temprano del trabajo si termina a tiempo sus labores.
- Pida a otras personas que trabajen con usted que "sean su jefe" temporalmente, para que lo presionen en caso de necesidad.

Así mismo, debe recordarse con frecuencia cuál es su misión o su propósito. Puede ser dinero, pero esperemos que sea algo más que eso. Cuando yo siento que estoy haciendo un esfuerzo exagerado y que me cuesta mucho trabajar, leo mi correo electrónico. No le presto atención a las facturas. Busco las cartas de maestros, abuelos y otros empresarios independientes jóvenes que nos escriben con frecuencia para agradecernos por el trabajo que hacemos. Luego las pego en las paredes (que ya prácticamente no se ven por las cartas), para que mi personal y yo siempre recordemos por qué tenemos que trabajar tan arduamente. Con sólo leer la nota de una niña de 13 años que describe su idea para un negocio me siento animada durante días enteros. Sea cual fuere su pasión, mantenga recuerdos de ella por todas partes. Si nada de esto funciona y aún no logra encontrar algo que lo motive, probablemente deba pensar en otro oficio.

Éstas son, entonces, las "grandes" desventajas. Cuando se miran con una cara positiva, en realidad no son tan terribles. Mantenga esto en mente cuando afronte problemas con su nueva empresa. El hecho de conocer de antemano los escollos más comunes deberá servir para animarlo.

Combatir el estigma de la Generación X

En 1991, Douglas Coupland le ofreció al mundo una manera de clasificar a la generación sin nombre cuando denominó el perfil ficticio de las personas de veintitantos años como *Generación X*. Después de todo lo que se dijo sobre los *baby boomers*, o los nacidos en los años inmediatamente posteriores a la segunda guerra mundial (la mayor parte de nuestros padres), el mundo quiso rotularnos. Así nació el estigma de la Generación X. Todavía no existe consenso sobre si se debe congratular a Doug por su éxito comercial o maldecirlo por marcarnos como "la generación a la que nada le importa". Yo no estoy de acuerdo con esa descripción, y aparentemente tampoco lo están *The Wall Street Journal*, la revista *Forbes* y varios otros cientos de publicaciones que hoy en día nos describen como "la generación más empresarial hasta el presente". Si lo han calificado de "miembro de la Generación X" más veces de las que recuerda, seguramente sentirá ganas de darle un puño al primer periodista que se le atraviese. Pero no se preocupe: este rótulo se está convirtiendo rápidamente en un lugar común.

En noviembre de 1993, la revista *Success* fue una de las primeras publicaciones en sacar un artículo de portada sobre el movimiento empresarial de nuestra generación. Aunque informó que, en efecto, existía un fuerte movimiento empresarial entre los jóvenes, también afirmó que, en términos generales, los miembros de la Generación X eran un grupo de "náufragos sociales de entre veinte y treinta y cinco años, a la deriva en un mar de desesperación". Según la revista, los miembros de la Generación X creían que sus padres y sus antepasados habían destruido cualquier oportunidad que hubieran podido tener de un futuro feliz y exitoso. Sostuvo que el medio ambiente, la economía, el estado del mundo y los jóvenes del planeta estaban condenados. Los miembros de la Generación X creían que les habían repartido una mano mala, y ya no querían seguir jugando.

Infortunadamente, para muchos de nosotros el rótulo de Generación X se convirtió en una profecía que nos encargamos de hacer cumplir. Luego de que los educadores, los economistas y los pares nos dijeron cuán poco prometedor se presentaba el futuro, a muchos les pareció más fácil ahorrarse el tiempo y el esfuerzo de tratar de desmentir el rótulo y aceptaron empleos como autómatas dispensadores de yogur helado o cajeros de tiendas de discos hasta que cumplieron los treinta. Por consiguiente, en esos años los jóvenes empresarios no sólo tuvieron que afrontar la actitud derrotista según la cual "la gente de veintitantos años no es capaz de fundar una empresa" (y muchísimo menos si se era aún más joven), sino que encima de todo tuvieron que luchar contra este rótulo de gente floja.

Sin embargo, muchos empresarios jóvenes, entre ellos yo, resolvimos ser excepciones a la regla y actuar de modo diferente. Una de las razones por las cuales posiblemente me han visto a mí y a The Young Entrepreneurs Network figurar con frecuencia en la prensa es porque no podíamos observar en silencio la dureza con que se criticaba públicamente a nuestra generación, cuando tantos de nosotros estábamos produciendo una gran cantidad de cambios en nuestras comunidades y en nuestro país. Estábamos fundando más empresas de lo que había hecho antes cualquier otra generación de nuestra edad. Y el simple hecho de que fuéramos una generación numéricamente mucho más reducida no significaba que íbamos a dejar pasar nuestra vida y nuestras oportunidades de hacer cosas grandiosas.

Así pues, cuando mi escaso personal y yo decidimos, con muy poco dinero y casi ninguna experiencia en el trato con los medios de comunicación, lanzarnos al agua, recopilamos todas las investigaciones que encontramos, realizamos algo de investigación propia y comenzamos a hablarle a quien nos quisiera escuchar hasta quedar agotados y casi en la quiebra. Seguramente se preguntará por qué siempre hablo sobre pericia, perseverancia y pasión. Pues bien, me enorgullece decir que logramos ejercer una pequeña influencia en lo que opinaba la gente sobre nuestras perspectivas futuras, y en especial sobre nuestra capacidad para fundar y desarrollar empresas exitosas. Agradecemos de todo corazón a todos los periodistas que escribieron la verdadera historia de los empresarios de nuestra generación y a todos los jóvenes empresarios independientes que finalmente pudieron contarle sus casos al mundo. ¿Quiere saber lo que usted, una sola persona, puede hacer? Nosotros hicimos que aproximadamente 40 millones de personas vieran las cosas desde un punto de vista ligeramente diferente. Imagine lo que podría hacer usted si realmente se lo propone.

Criar una nueva generación de empresarios independientes

Según un estudio realizado por la Federación Nacional de Empresarios Independientes (una de las pocas asociaciones de este tipo), los jóvenes menores de 25 años están creando empresas a una tasa más alta que la de cualquier otro grupo de edad, y el 47% de las compañías iniciadas en 1995 tuvo como fundadores a personas menores de 35. Eso no resulta sorprendente, dado que el 60% de los jóvenes entre 18 y 24 años y el 70% de los estudiantes de secundaria quieren ser dueños de sus propias empresas. Sin embargo, pese a estos estudios (divulgados en 1995 por el Directorio Internacional de Empresarios Jóvenes y la Fundación Kauffman, respectivamente) muchas personas siguen cuestionando el significado de los jóvenes empresarios en la sociedad actual, así como el papel que desempeñaremos en el futuro.

Si se examinan las habilidades y la experiencia que le dan una base sólida a la creación de empresas, no es raro descubrir que los jóvenes son, quizás, quienes están mejor equipados para el trabajo independiente. Cinco factores ambientales claves contribuyen a esta revolución.

Seguridad financiera

Por una parte, muchos jóvenes de veintitantos años todavía son mantenidos por sus familias e incluso viven en el hogar paterno. Al no tener la carga de la independencia financiera, quienes permanecen o regresan al hogar familiar tienen la oportunidad adicional de poner a prueba sus ideas empresariales y aun así contar con una buena comida al finalizar el día. Incluso los más jóvenes aspirantes a empresarios tienen más probabilidades de crear y experimentar con varias empresas pequeñas cuando aún viven en casa de sus padres. Cada sueño, cada intento y cada fracaso pueden enseñar lecciones invaluables. El flujo de caja, la fijación de precios, el trueque, las técnicas de ventas y el sacrificio personal son todas habilidades que se aprenden al dirigir un negocio, trátese de un puesto de venta de limonada o de una compañía de comercio internacional.

Tecnología

La tecnología es otro gran activo con el cual cuentan los jóvenes empresarios. Siempre fue que le sirvieron a esta generación todas esas horas de videojuegos y MTV. En la actualidad, los jóvenes de veintitantos años conforman el grupo de edad que más sabe de tecnología. (Examine no más las estadísticas demográficas de la industria de la computación.) Como es apenas natural, la explosión de *hardware* y *software* de computación, rápidamente adoptados por la gente de nuestra edad, ha creado una ansiedad generacional por explorar cualquier cosa relacionada con la tecnología. Además, nos da una ventaja en comparación con los empresarios actuales que no crecieron con sus dedos oprimiendo ansiosamente el botón de misil del Sega.

Contactos personales

Nunca había sido tan fácil como ahora construir una red personal de amigos y colegas de negocios. Cualquier persona que haya pasado cierto tiempo en un servicio en línea o en un grupo de noticias sabe que cuando uno busca ponerse en contacto con otros, por lo general responden muchas más personas de las que uno imagina. Internet ofrece oportunidades maravillosas, de las cuales la mejor es, quizás, el establecimiento de contactos personales con gente a quien probablemente nunca tendríamos la oportunidad de conocer. Todos nos reímos cuando escuchamos que alguien encontró a su novia en línea, pero lo cierto es que hay millones de personas que encuentran contactos empresariales, mentores e incluso inversionistas a través de sus computadores.

Compañías virtuales

Ahora que la realidad virtual *es* una realidad, el concepto de almacén físico ha adquirido nuevas dimensiones, antes inimaginables para los dueños de tiendas tradicionales. Con computadores modernos, telefaxes, módems, buscapersonas, teléfonos celulares y sistemas de correo de voz, casi cualquier persona puede hacer negocios desde cualquier lugar... y lo hace. El trabajo mientras se está de viaje o desde el propio hogar se ha popularizado tanto que muchos anunciadores, como Sharp, la IMB, Sky Tel y Motorola, están atendiendo específicamente las necesidades de quienes utilizan estos métodos de trabajo.

Esta nueva mentalidad ha instado a más de 24 millones de personas a crear empresas desde sus propios hogares (como informa Link Resources). Los empresarios jóvenes, que por lo general carecen del capital necesario para iniciar un negocio, ahora pueden trabajar con costos de operación iniciales insignificantes.

Educación

Si el estudio de la economía fue la tendencia de los años 80, la creación de empresas propias fue la opción más popular de los 90 y probablemente lo seguirá siendo en este siglo. En 1995, Roper Organization halló que el 38% de los estudiantes universitarios creía que ser dueño de un negocio propio era el mejor camino hacia una carrera exitosa. En términos generales, el interés de nuestra generación en la creación de empresas es fenomenal. Todos los días se ofrecen nuevos cursos, organizaciones y programas. Más significativo aun, la cantidad de universidades que ofrecen programas gerenciales formales aumentó de 16 en 1970 a más de 1 000 en la actualidad.

Así como las empresas pequeñas dominan la economía, las organizaciones educativas más pequeñas también han crecido en popularidad. Por todas partes se han ido creando pequeños clubes, grupos y redes empresariales informales. En The Young Entrepreneurs Network recibimos casi a diario solicitudes de ayuda de todos los rincones del mundo, de personas que quieren fundar programas y redes locales.

No se tienen datos muy precisos sobre la cantidad real de iniciativas empresariales de los jóvenes y de los recursos disponibles, pero la tendencia creciente de la capacitación administrativa es evidente, y ya no se limita a los estudiantes universitarios. Así como la Small Business Administration trabaja con empresarios de más edad, se está ofreciendo mucho soporte en la capacitación de personas de todas las edades. Hoy en día, los programas empresariales para estudiantes tanto de primaria como de secundaria son tan comunes como los que se dictan a nivel universitario. La Fundación Nacional para la Enseñanza de la Creación de

> **LAS CINCO PRINCIPALES ESCUELAS DE ADMINISTRACIÓN PARA EMPRESARIOS INDEPENDIENTES**
>
> En 1998, la revista *Success* comisionó al College Counsel una encuesta de 130 facultades de administración en los Estados Unidos, para determinar cuáles eran las más aptas para capacitar a empresarios independientes. La encuesta se concentró en cinco áreas: calidad del currículo (que representaba el 25% del puntaje); fortaleza del cuerpo docente (25%); apoyo a los estudiantes (20%); capacidades de los estudiantes (15%) y potencia empresarial general (15%). Los siguientes son los principales cinco programas empresariales de posgrado en los Estados Unidos:
>
> 1. University of Southern California (USC)
> 2. DePaul University
> 3. University of Pennsylvania (Wharton School of Business)
> 4. University of California Los Angeles (UCLA)
> 5. University of Arizona
>
> Fuente: Revista *Success*, septiembre de 1998.

Empresas, (National Foundation for Teaching Entrepreneurship, NFTE), por ejemplo, es la organización líder en esta materia para los jóvenes. Steve Mariotti, el fundador de la NFTE, pasó casi diez años desarrollando un currículo antes de que la comunidad académica le prestara atención. Hasta la fecha, la NFTE ha capacitado a más de 15 000 niños discapacitados, ofreciéndoles un curso simplificado de gerencia. Cada uno de los estudiantes elabora un plan de negocios, diseña tarjetas profesionales y funda un negocio propio. Ahora la gente sí presta atención.

También existe cerca de media docena de organizaciones estadounidenses más con el propósito de enseñar cualidades empresariales. Junior Achievement [Logro Juvenil], la más antigua, ha enseñado exitosamente a cientos de miles de estudiantes de primaria y secundaria los principios de administración de una empresa propia a través de sus programas de economía. An Income of Her Own [Una Renta Propia] les enseña a las adolescentes las virtudes de la autosuficiencia financiera, en tanto que Inventors Workshop International [Taller Internacional de Inventores] les ayuda a los jóvenes a transformar sus ideas creativas en proyectos generadores de dinero. KIDZ IN BIZ, Camp Lemonade Stand, One to One y EDGE/Kids Way son apenas algunas organizaciones de los Estados Unidos que comparten la misión de capacitar a los jóvenes en este tipo de habilidades.

Hacer un inventario personal y evaluar los recursos con los cuales cuenta

Si tiene planeado fundar un negocio propio, uno de los mejores consejos que le puedo dar es saber en qué se está metiendo y saber si tiene acceso a los recursos necesarios para triunfar. Los empresarios independientes tienden a subestimar lo que necesitan para iniciar sus negocios. La verdad es que cualquiera puede fundar una empresa, pero sólo un pequeño porcentaje de quienes lo hacen logra establecer firmas exitosas. De una u otra forma, la razón del fracaso casi siempre tiene que ver con los recursos. Las empresas que fracasan suelen hacerlo porque carecen de dinero, de pericia en el ramo o de un plan estratégico viable. Todos éstos son insumos, o recursos, trátese de capital intelectual (conocimientos) o de capital monetario.

Utilice el cuadro que se presenta a continuación para hacer un inventario personal de los recursos de que dispone para crear su empresa. Si aún no ha estructurado bien la idea para un negocio, use el cuadro para identificar qué tan bien equipado está para incursionar en el mundo empresarial. (Por ejemplo, en el rubro "conocimientos" presuma que tendrá que saber cómo administrar dinero, elaborar estados financieros, tener algo de experiencia administrativa o empresarial, entender una industria en particular, tener habilidades mejores que las del promedio, y así sucesivamente.) Tan pronto como haya puntualizado la idea para su negocio, vuelva a llenar este cuadro. Quizás le convenga mantenerlo a la mano mientras está en la etapa de planeación, para actualizarlo hasta que

Cuadro de inventario personal

RECURSOS	DESCRIPCIÓN (ASPECTOS ESPECÍFICOS)	POSEO	PUEDO OBTENER	QUIZÁS	NO POSEO
Conocimientos					
Contactos					
Equipos					
Financiación					

se sienta seguro de contar con los recursos claves que necesita para comenzar.

Si lo desea agregue otras categorías de recursos y, de ser posible, en la columna Descripción (aspectos específicos) clasifique los elementos en orden de importancia, cada uno en su propio renglón. Luego simplemente vaya marcando las casillas pertinentes, para identificar qué tan accesible es cada recurso *en este momento*. Es importante que esta lista refleje su situación actual, para que no descuide algo que deba aprender u obtener.

Estudie minuciosamente el cuadro ya completado y actualícelo con frecuencia. Si lo desea lo puede dibujar en una hoja de papel, en un pizarrón borrable o en una hoja de cálculo electrónica, con lo cual podrá editarlo más fácilmente. Le será de gran ayuda para iniciar su empresa de la manera correcta, que es la manera inteligente.

PARTE II

Planeación: la clave del éxito

CAPÍTULO 2

Su "gran idea"

En lo que respecta a proyectos empresariales, existen dos escenarios de inicio clásicos: el empresario que tiene una idea y la convierte en empresa, o una idea empresarial que convierte a alguien en empresario. ¿Cuál de los dos debe venir primero? Cada situación es diferente. Algunas personas simplemente tienen suerte. Quizás están en un bar, viajando en tren, recostadas en la cama o realizando cualquier actividad rutinaria, cuando de repente se les viene a la cabeza la idea.

También están los otros, aquéllos con unas ganas enormes de crear algún negocio propio pero que no tienen ni idea cuál. Entonces buscan y buscan. Leen sobre otros empresarios, conversan con sus amigos, asisten a ferias especializadas y buscan oportunidades en todas partes. Algunos incluso llegan a obsesionarse con el tema. (La obsesión puede ser muy valiosa para un empresario cuando está creando su negocio. No le crea a nadie que le diga lo contrario.)

Si ya tiene su "gran idea", ésta podría parecerle como la mayor oportunidad del mundo. Seguramente pensará: "¿Por qué no se le ha ocurrido esto a nadie? Es una idea insuperable. ¡Soy un genio!" Pero habrá muchas otras ideas brillantes, grandes y pequeñas. La mayor parte de los empresarios independientes, sobre todo los más jóvenes, tienden a tener una nueva idea cada vez que uno conversa con ellos. Cuando se comienza a pensar como empresario, todo se convierte en nutriente para un nuevo proyecto empresarial. Es simplemente uno de esos apremios subconscientes incontrolables que nos llevan a analizar, investigar, reestructurar y mejorar cualquier oportunidad empresarial que nos llame la atención.

Como infantes virtuales en el mundo de los negocios, a veces confundimos nuestro entusiasmo frente a la idea de la empresa propia (nuestra propia Disneylandia mental) con el entusiasmo frente a nuestra idea empresarial del momento. En otras palabras, perdemos nuestro punto focal. Es importante que nuestra idea empresarial nos despierte ese entusiasmo infatigable, pero a veces los conceptos empresariales en sí, que serán los que convertirán esa idea en una realidad tangible, pierden prioridad en medio de la alharaca.

Es fácil decir que se es empresario, pero lo cierto es que antes de ser realmente uno es preciso encontrar el negocio apropiado y despegar. Iniciar un negocio tan pronto se toma la decisión de ser un empresario independiente es como casarse antes de siquiera salir con alguien. Primero es preciso investigar todas las ideas, y luego tratar de comprometerse seriamente con una de ellas. ¿En dónde está la demanda? ¿Cuánto le costará crear la empresa? ¿Cuenta con los recursos necesarios? ¿Es lo suficientemente interesante como para que usted le consagre toda su atención el día entero, todos los días?

Si la edad aporta algo de sabiduría profesional, ésta es (lamentablemente) el escepticismo. Ya no explicitará todas las ideas que se le vengan a la mente. Aprenderá a controlar su entusiasmo sin freno, a aceptar la realidad de su entorno. Con el tiempo sabrá evaluar mejor las nuevas ideas, para poder distinguir de inmediato entre lo factible y lo absurdo y entre la inteligencia y la emotividad.

Separar las ideas buenas de las malas

Con el ánimo de ayudarle a adquirir ciertas ventajas, le haré algunas sugerencias que le permitirán detectar las ideas malas y concentrarse en las buenas.

Determine qué aporta usted

Orville Reddenbacher era un granjero que ideó una mejor manera de cultivar el maíz para hacer crispetas, y creyó que la gente iba a pagar más por esta versión mejorada. Desde su adolescencia, Bill Gates fue el típico *nerd* de la computación, que sabía que nunca iba a lucir un traje formal todos los días y mucho menos plegarse a la visión empresarial que tenía para él su convencional padre. Por su parte, desde que tenía cinco años a Mary Kay le encantaba repintar los rostros de sus muñecas.

Debe existir una razón muy convincente por la cual usted quiere ser empresario. Y tiene que haber una razón aun más imperiosa para que escoja un determinado negocio. Piense en qué hace usted bien, qué conoce realmente y, sobre todo, qué es lo que de veras le gusta hacer.

Elimine cualquier cosa que la gente inteligente haría gratuitamente

¿Quiere crear una empresa especializada en degustar helados? ¿Su plan es fundar una compañía que clasifique y asesore a modelos potenciales para la revista *Playboy*? ¿Tal vez le parece que debería establecerse un programa que certifique los hoteles de lujo? Buen intento. Ensaye otra vez. Piense en un *trabajo* que le guste, no en una fantasía.

Busque oportunidades de negocios "poco atractivas"

Desde luego, Internet es muy atractivo. Y sin duda alguna las revistas son seductoras y llamativas. Pero la competencia es fuerte. Demasiado fuerte si no tiene una idea en verdad extraordinaria. Parte de lo que hace buen empresario es la originalidad, no la capacidad de aprovechar el éxito de otro. Busque ideas empresariales nuevas en áreas "poco atractivas". Nunca se sabe cuál ostra cubierta de algas abriga en su interior una hermosa perla.

Determine si lo que quiere hacer es factible

A mi juicio, uno de los errores que más cometen los jóvenes empresarios independientes tiene que ver con la *visión*. Están tan concentrados en iniciar su empresa que no hacen planes para la siguiente etapa en el desarrollo de la compañía. Una vez supere el período de arranque, sucederá una de dos cosas: o bien su empresa crecerá muy rápidamente o bien crecerá con gran lentitud. Tiene que estar preparado para ambas posibilidades.

Tome como ejemplo la proverbial cura para el cáncer. Supongamos que usted tuviera en sus manos el conocimiento científico para fabricar una pastilla que curara todos los cánceres. ¿Tendría todo lo que se requeriría para afrontar las multitudes del mundo entero que golpearían a su puerta para comprar la pastilla? ¿O acabaría completamente extenuado al cabo de unos años por tratar de satisfacer la gran demanda de este producto?

La gente cree erróneamente que la etapa más difícil del desarrollo de una empresa es el arranque. Eso equivale a decir que la parte más difícil de tener un hijo es el parto. El arranque de una nueva empresa es física y emocionalmente agotador, pero la parte más difícil es ayudarle al bebé a que crezca hasta convertirse en adulto. El empresario exitoso supervisa el presente al tiempo que planea para las dos siguientes etapas.

Defina si es capaz de conseguir el capital que requiere la empresa ahora y en el futuro

Si su empresa requiere una enorme capitalización a medida que vaya creciendo, es mejor que tenga un plan para captar esos recursos en cada una de las etapas. De eso depende el crecimiento saludable de su compañía. Es posible que Ted Turner y su empresa de cable sean el ejemplo por excelencia de una idea "grande" que exigía una gran capitalización para comenzar, e incluso mayores infusiones de dinero para progresar en las etapas iniciales. ¿Cree que también usted puede conseguir fondos?

Los negocios más populares de los empresarios jóvenes

¿Qué tipo de libro sería éste si no incluyera una sección sobre tendencias? A continuación le indicaré cuáles son las industrias que más atraen a los demás miembros de su generación. Obviamente, algunos de estos ramos están más maduros (saturados) que otros, de modo que tenga en mente los ciclos de vida de cada industria. Las tendencias no duran eternamente (lo más probable es que encuentre evidencia de ello en su guardarropa). Antes de incursionar en cualquier negocio o industria, investigue. Si las tasas de crecimiento se están desacelerando, tome nota y proceda de conformidad. El hecho de que éstos sean los negocios más populares del momento no necesariamente significa que dentro de cinco años mantendrán el mismo ritmo de crecimiento. Tenga eso en cuenta al repasar la lista de las tendencias más populares de la actualidad. La visión es clave. Quién sabe: a lo mejor usted podría lanzar una nueva tendencia.

¿Qué es lo más popular?

Aunque los sueños de muchos jóvenes empresarios han dado lugar al nacimiento de todo tipo de empresas diferentes, sí existen algunas tendencias identificables. En la actualidad, los empresarios jóvenes tienden a agolparse en torno a cinco industrias distintivas: alta tecnología, entretenimiento, confecciones, marketing multinivel y comercio internacional.

ALTA TECNOLOGÍA

El desarrollo de *software*, el establecimiento de comunidades y redes de contactos, la publicación en línea y el diseño gráfico son apenas algunos de los negocios de alta tecnología iniciados por empresarios jóvenes, para quienes la programación es como una segunda naturaleza. El mundo empresarial ya no puede eludir la superautopista de la información. Siendo así, ¿quiénes esgrimen el poder de los *microchips*? Los jóvenes que saben de computación. En el período de arranque de estos proyectos, no es raro que un dormitorio o apartamento universitario sirva de oficina, ni que las asignaciones mensuales de los padres para alimentos y libros contribuyan a pagar las cuentas telefónicas y las facturas en línea.

Entretenimiento

Entre las empresas relacionadas con el entretenimiento se cuentan las compañías promocionales, la producción y edición de música, los revendedores de boletos para espectáculos, el rodaje de películas y la planeación de eventos especiales. Estos proyectos muchas veces son desarrollados por estudiantes con la idea de promoverse socialmente, pero con frecuencia acaban convirtiéndose en empresas lucrativas que imponen un estilo de vida. Tal vez los proyectos más comunes de este tipo son la promoción y fundación de clubes y la conformación o administración de grupos musicales. Las compañías de promoción permiten ganar dinero al tiempo que se hace algo divertido. Quienes promueven bares, restaurantes o clubes locales también acaban siendo enormemente populares. Por lo general es un negocio superficial, pero brinda grandes recompensas financieras y una notoria popularidad.

Ropa

La industria de confecciones crea todo un espectro de negocios relacionados con estilos de vida que llaman fuertemente la atracción de los más modernos de nuestra generación. El negocio de camisetas es el equivalente actual del tradicional "puesto de limonada", y numerosos jóvenes empresarios pintan, diseñan, imprimen en *screen*, comercializan y venden las camisetas puerta a puerta, sobre todo en las universidades. Los empresarios de veintitantos años tienen más probabilidades de desarrollar un poco más sus intereses en este tipo de industria, y exploran la posibilidad de importar o exportar un producto popular, de crear su propia marca o de obtener la licencia de una ya existente para fabricarla y distribuirla.

TK MAB (Two Kids Making A Buck, es decir, Dos Muchachos Haciendo Plata) fue creada por dos hermanos, Michael y Jonathan Eisenberg, y Larry Dear, un amigo de la universidad. Aunque originalmente la empresa se concentró en imprimir camisetas, cuando sus fundadores ya se acercaban a los treinta TK MAB obtuvo la licencia para diseñar y fabricar trajes de baño de marca Harley Davidson. En el primer año, la empresa registró cuatro millones de dólares en ventas. A semejanza de lo que ocurre en la industria de la computación, el área de las confecciones es alimentada por empresarios jóvenes: Benetton, Cross Colors, HYP e incluso Ralph Lauren son apenas unos cuantos de los numerosos ejemplos de historias de éxito de jóvenes empresarios en este ramo.

Marketing multinivel

Comúnmente conocidas como pirámides o compañías de distribución, las empresas que se dedican a este tipo de marketing se nutren de aspirantes a empresarios con capacidad para vender. El concepto de multinivel es esencialmente el siguiente: piense en una pirámide con una persona en la cima que toma un producto y se lo vende a tres amigos. A ellos les gusta tanto el producto, que la primera persona los convence de que lo vendan con una comisión. El gestor recibe entonces una comisión por todo lo que esos tres venden. Para incrementar sus ingresos, los tres reclutan a otros para que también vendan el producto. Esto se denomina construir un *downline*, o una línea descendente. Cuanta más gente se tenga en la línea descendente, es decir vendiendo bajo usted, más dinero podrá ganar.

Como tener éxito en este campo implica reclutar gente para que trabaje para usted, se trata de una idea emocionante para jóvenes acostumbrados a tener grupos de amigos, pertenecer a fraternidades y hermandades, equipos deportivos y muchas otras situaciones sociales. Independientemente del producto que se venda (cremas para la piel, vitaminas, maquillaje, tarjetas telefónicas), las compañías multinivel ofrecen una capacitación intensiva y soporte, la fascinación de ser dueño de su propia empresa y deslumbrantes historias de éxito, del estilo "esto también le podría suceder a usted".

Comercio internacional

Esta carrera, que solía reservarse a empresarios de gran experiencia, se ha convertido en una oportunidad dorada para la generación actual de jóvenes. Desde canastos tejidos a mano y bluyines hasta pescado al por mayor y teléfonos celulares, en el mundo entero jóvenes como nosotros están promoviendo e influenciando el comercio internacional desde sus hogares, dormitorios universitarios, apartamentos e incluso oficinas elegantes. Los jóvenes empresarios exitosos en el ramo de la importación y la exportación se han dado cuenta de que muchos productos y servicios que en los Estados Unidos se dan por sentados no siempre existen en otros países, detectan la necesidad donde se presente y la satisfacen.

Otra de las razones que explica la popularidad de las importaciones y las exportaciones es que estos negocios se pueden manejar fácilmente al tiempo que se trabaja en algo más o cuando aún se es estudiante, gracias a las facilidades que brinda la tecnología moderna. Las líneas telefónicas, las conversaciones en línea e incluso las teleconferencias en vídeo ponen a disposición de todos una comunicación instantánea en tiempo real. Si tiene algunos instantes de sobra, puede enviar un fax o un correo electrónico a cualquier parte del mundo en dos minutos. En cuanto al envío de paquetes, ¿cuántas empresas no ofrecen en la actualidad despachos de un día para otro? Mientras las generaciones anteriores tenían un contacto limitado con personas de otros países, para nosotros establecer relaciones con individuos o compañías en otras naciones es tan fácil como oprimir el botón "Enviar" en nuestros computadores.

Escoger la idea apropiada para una empresa

¿Cuál es la mejor manera de hallar la idea apropiada para una empresa? Supongamos que usted no tiene una idea, ningún punto de partida. Aunque el siguiente proceso de toma de decisiones es bastante novedoso, a varios conocidos que quieren lanzarse a fundar una empresa les ha funcionado bastante bien.

Adam Guild, de 24 años, era un analista de temas económicos del grupo de proyectos financieros de un importante banco internacional cuando comprendió que su empleo no le estaba dando la satisfacción de hacer las cosas que más le gustaban. Desde el punto de vista profesional, Adam sabía que sus puntos fuertes eran manejar gente, organizar sistemas y comercializar nuevos productos. Su empleo actual era completamente inadecuado para él. Entonces Adam hizo algo que a la mayor parte de las personas de su edad jamás se les ocurriría hacer: fue al Centro de Investigación Johnson O'Conner (conocido como el "laboratorio de ingeniería humana") y se sometió a pruebas de aptitud. El objetivo de estas pruebas era determinar qué tipo de empleos serían los mejores para él, teniendo en cuenta sus habilidades y su motivación. A Adam no le sorprendió que el psicólogo a cargo de las pruebas le dijera que estaba en el campo equivocado.

Adam tenía un amigo de su época universitaria que era un genio empresarial en materia de computadores. Durante varios meses, Adam había estado pensando seriamente en la posibilidad de renunciar a su empleo y asociarse con su amigo en una empresa. De inmediato le surgieron cuatro interrogantes cruciales:

- ¿Estaba listo para tomar la decisión de fundar una empresa, es decir, estaba dispuesto a trabajar muchas horas, asumir responsabilidades y riesgos enormes, sacrificar una buena remuneración y dedicar la mayor parte de su tiempo a la nueva empresa?
- ¿Se sentiría cómodo en el entorno de una empresa pequeña después de haber pasado varios años en el gran mundo corporativo?
- Como el negocio de su amigo era muy reciente, no tenía empleados y aún no contaba con financiación por parte de inversionistas, ¿era inteligente asumir el riesgo de renunciar a un empleo seguro por otro que parecía bastante precario?
- ¿Le encantaba el negocio, o por lo menos la empresa, lo bastante como para convertirla en su vida?

Formúlese estas preguntas. Luego, como mínimo, si realmente toma el asunto en serio, sabrá que está tomando una decisión sólida e inteligente sobre iniciar o participar en un proyecto empresarial.

A medida que vaya dando estos pasos, su propósito principal debe ser limitar la búsqueda. Una vez tomada la decisión de abandonar el escenario corporativo, comience a eliminar mentalmente las industrias y categorías que no le llaman la atención. La mayor parte no le interesará. No sienta como si estuviera limitando sus opciones, porque esto le ayudará a percibir mucho más claramente las posibilidades reales. Ah, y si todavía se está preguntando qué sucedió con Adam, pues siguió el consejo que le dio el psicólogo y reevaluó la situación. Trabajar en la empresa naciente de su amigo resultó ser una posibilidad menos atractiva de lo que había pensado al comienzo. Más bien, Adam ingresó a una pequeña empresa de teleconferencias y vídeos empresariales. Su trabajo allí le permitió tantear el terreno sin necesidad de asumir un gran riesgo.

**Paso número uno:
averigüe si realmente tiene espíritu empresarial**

La mejor manera de descubrir si realmente tiene espíritu empresarial es interactuar con empresarios y poder degustar su mundo. Conozca a todos los que pueda, lea todo lo que se le atraviese sobre el tema, haga todas las preguntas que se le ocurran y vaya afinando constantemente su enfoque. Los empresarios son un tipo diferente de gente. Si usted no tiene un espíritu empresarial muy marcado, tal vez lo más conveniente es trabajar con alguien que sí lo tenga, como hizo Adam, de modo que pueda ensayar este estilo de vida pero sin tener que asumir un gran riesgo. La principal prioridad es definir esto. Si todavía no está seguro de ser apto para la vida empresarial, imagínese este escenario:

Mañana va a ir a trabajar a su nueva empresa. Por teléfono, su socio comienza a enumerar la lista de tareas que se deben realizar el día siguiente, lo cual le recuerda una docena de cosas adicionales que debe hacer. Piense en cada tarea como si realmente tuviera que organizar, administrar, resolver y analizar todo eso que se le viene encima. Piense en cómo completaría la lista y en cómo organizaría el día.

- Tiene que volver a hacer el pedido de las tarjetas profesionales porque el tipógrafo cometió un error e insiste en que usted debe pagar por él.
- La empresa de teléfonos le envió una notificación de desconexión.
- Sigue necesitando un número de cuenta de Federal Express.
- Las revistas especializadas a las que se suscribió le siguen llegando a su vecino.

- Mañana comienza a trabajar un nuevo pasante y aún no ha decidido qué oficio encomendarle.
- El periódico local necesita algunos datos biográficos suyos y de su socio para publicar un artículo.
- El cajero automático ni siquiera le quiere dar 20 dólares de su cuenta, su tarjeta de crédito ya alcanzó el tope y más tarde tiene que invitar a unos clientes a tomarse unas copas.
- El arrendador insiste en pedirle los documentos de compensación de sus empleados y usted todavía no tiene ni idea en dónde los debe conseguir.
- Un importante cliente potencial quiere que le envíe folletos sobre la compañía, pero éstos no estarán listos sino dentro de otras dos semanas. Usted le había asegurado al presunto cliente que se los haría llegar hace una semana.
- Alguien le acaba de informar que tiene que pagar trimestralmente los impuestos de industria y comercio.
- Tres clientes iracundos llamaron a quejarse por algo. Tiene que devolverles la llamada y solucionar el problema.
- Acaban de sacar la nueva versión de Quickbooks. Usted derramó su café sobre el disco número 3 mientras lo estaba desempacando hace tres semanas y decidió esperar a que saliera la nueva versión antes de intentar devolverlo. ¿Alguien ha visto el recibo de compra?
- El banco quiere la nueva versión de su plan de negocios antes del final de la semana.
- Hay dos computadores congelados y su impresora sólo quiere imprimir en tinta azul.
- El seguro del automóvil está a punto de vencerse.
- Si logra diseñar un anuncio de aquí a mañana, una amiga suya lo publicará en una nueva revista que va a lanzar y que está dirigida al segmento de mercado que a usted le interesa.

- Su padre acaba de llamarlo para preguntarle si no ha considerado la posibilidad de conseguir un "trabajo de verdad".

¿Cómo se siente? ¿Agotado? ¿Tiene dolor de cabeza? ¿Se siente nervioso? ¿O todo esto le produce emoción? Cuando lea esta lista, la sensación que le produzca es un buen indicio de cómo podría sentirse en la vida real. Los empresarios de corazón comienzan a pensar a un millón de kilómetros por minuto, barajando mentalmente las tareas y asignándoles prioridades. Cuando se recuerda una tarea por realizar, se vienen a la mente cuatro cosas más. Sí, nosotros también nos agotamos; pero la presión, el estrés, las situaciones abrumadoras y el caos general son apenas parte del juego. Si no puede imaginar cómo la gente afronta este tipo de situaciones *todos los días*, probablemente lamentará haber dejado el refugio seguro de su vida anterior.

Pero quizás la sola idea de hacer todo lo que figura en esa larga y apabullante lista y de tener un horario cotidiano tan poco estructurado hace que su corazón lata un poco más rápido. Si la grata sensación de ser dueño de un negocio propio es superior a todas esas situaciones extremas y de angustia que le acabo de presentar, entonces definitivamente va por el camino correcto.

A un empresario, una actividad tan insignificante como limpiar las ventanas de la oficina le produce una sensación de satisfacción porque pertenecen a *su propia oficina*. Se siente tan contento por el simple hecho de estar ahí –de tener cuatro paredes que representan su negocio–, que una actividad de éstas casi le resulta placentera. Cuando se le acaban los sobres en medio de un importante envío de cartas, el hecho de comprar otras con su propia tarjeta de crédito empresarial hace que el problema parezca tonto. Después de haber luchado como deben hacerlo los jóvenes empresarios para triunfar, su oficina, sus ventanas y sus tarjetas corporativas se convierten en símbolos de su progreso y de sus logros profesionales. Desde luego, estas pequeñas emociones se van desvaneciendo con el paso del tiempo, pero siempre van surgiendo otras nuevas que las reemplacen. A un empresario le encantan incluso estas pequeñas satisfacciones.

Paso número dos: defina qué le gusta realmente

El proyecto empresarial ideal sería aquél en que usted estaría dispuesto a trabajar sin remuneración (¡lo más probable es que de todas maneras tenga que hacerlo al comienzo!). Si no está absolutamente enamorado de su idea, le será muy difícil motivar a los demás (por ejemplo a clientes y empleados), y ni qué hablar de motivarse usted mismo. Los mejores vendedores son aquéllos que realmente creen en el producto que están vendiendo. Si usted no ama su empresa y el producto o servicio que ofrece a los clientes, la gente se dará cuenta. Sin embargo, lo más probable es que exista un proyecto empresarial relacionado que sea el ideal para usted.

Sin pensar en oportunidades empresariales específicas, dedique algún tiempo a reflexionar sobre las cosas que le gusta hacer. Haga una lista de sus aficiones, sus pasiones y sus intereses. Enseguida, haga otra lista de todas aquellas cosas que usted sabe hacer bien, para las cuales tiene habilidades especiales o cuenta con un diploma o certificado. Examine las dos listas con atención. Luego haga una tercera lista de oportunidades relacionadas. No trate de ser demasiado práctico ni se muestre crítico. Simplemente anote todo lo que se le ocurra en donde sus habilidades y aficiones podrían ser útiles desde el punto de vista empresarial. Muestre la lista a algunos amigos cercanos y pídales sus opiniones. Existe una buena posibilidad de que alguna otra persona detecte su vocación empresarial incluso antes que usted. Comience a intuir posibles proyectos empresariales que se ajusten a su estilo de vida, intereses y talentos.

Algo que ayuda enormemente es salir y comprar una serie de revistas especializadas en empresas pequeñas. No dude en conseguir ejemplares de *Entrepreneur, Inc.* y *Success*, que son las tres principales revistas para empresarios independientes. Luego adquiera un ejemplar del diario empresarial de su ciudad. Incluso podría echar un vistazo a los más recientes ejemplares de *The Wall Street Journal, Business Week* o *Forbes*. Dedique entre un par de días y una semana a leer con mucha atención estas publicaciones. Marque las páginas que le llamen la atención. Lea cualquier cosa que le parezca atractiva e ignore las demás. Pero asegúrese de revisar todas las páginas. Nunca se sabe en qué momento se pueda perder de algo importante por haber echado un vistazo demasiado a la ligera. Cuando termine de leer todas las publicaciones, anote los temas que más le llamaron la atención. Haga una lista de los temas que encuentre en todas las páginas que marcó. ¿Detecta alguna similitud, repetición o patrón? Trate de identificar qué tipos de negocios y oportunidades le atraen más.

Es conveniente consignar toda esta información en una hoja de papel. Muchos expertos en negocios convienen en que la gente que escribe sus metas tiene más probabilidades de alcanzarlas. Una de las razones principales por las que resulta tan efectivo escribir las cosas es que nos permite barajar una gran cantidad de ideas y volver sobre ellas después, algo que no podemos hacer mentalmente. Otra de las razones es que sus ideas iniciales podrían parecer mejores más tarde, después de haber tenido tiempo para reflexionar sobre ellas y perfeccionar la idea original, o de compararlas con otras.

Paso número tres:
realice su propia investigación sobre la industria

Una vez se haya decidido por una industria o una idea, lo mejor que puede hacer es crear su propio libro de texto, totalmente adaptado a su industria y sus intereses. Para crear un libro de texto, deberá invertir bastante tiempo y energía en investigar la industria que seleccionó y las oportunidades empresariales que se ofrecen en ese ramo.

Empiece por visitar una biblioteca o utilice su computador para buscar artículos sobre esa área de interés. Lexis/Nexus es una de las principales bases de datos en línea que le permite buscar entre millones de artículos publicados en el mundo entero. (El sistema Lexis/Nexus está disponible en la mayor parte de las bibliotecas universitarias. Las bibliotecas públicas muchas veces ofrecen un sistema comparable, pero tienden a tener menos computadores dedicados a efectuar las búsquedas.) Averigüe quiénes son los expertos en la industria y efectúe una búsqueda de artículos sobre ellos. Luego pídale a un bibliotecario libros de referencia en donde pueda hallar estadísticas demográficas relacionadas con su ramo. Muy probablemente le indicarán fuentes que contienen estadísticas sobre tamaño del mercado, ingresos anuales de la industria y perfiles de clientes. Busque cuadros y gráficos, pues éstos harán más interesante su estudio y más creíble su conocimiento del tema.

Cuando haya localizado diversos artículos que le llamen la atención, imprímalos para poder contar con sus propias copias. Luego efectúe una búsqueda en la Red. Utilice uno de los principales motores de búsqueda de Internet, como Yahoo o Webcrawler, para buscar portales relacionados con la industria que le interesa. Imprima copias de la información que encuentre. Si encuentra datos sobre asociaciones u organizaciones que tengan que ver con su industria, llámelas y pida folletos. Tome todos los artículos, boletines, folletos y casos de estudio que logre conseguir y organícelos en una carpeta. (Si lo desea, también puede pedir que se los encuadernen, lo cual le dará una apariencia profesional y no le costará mucho.)

Lleve su libro de texto personal a donde quiera que vaya. Resalte las ideas, información y datos estadísticos importantes. Lea un artículo o una página cada vez que tenga algunos minutos libres. Ésta es, de lejos, una de las mejores maneras de investigar una industria y darse una buena idea sobre ella. Otro gran beneficio es que puede conservar su libro para referencias futuras. Lo más probable es que, si dedicó todo ese tiempo y esfuerzo para efectuar la investigación sobre una industria determinada, incluso si se decide por un ramo diferente, tarde o temprano encontrará información que de todas maneras le servirá. Por consiguiente, conserve todo este material. Los artículos publicados nunca pierden valor, porque cuando no nos están enseñando sobre las tendencias actuales, sí nos proveen información histórica sobre el tema.

Hacia el final del paso número tres, deberá estar mirando más atentamente varias oportunidades selectas en la industria que escogió. Recuerde que para seleccionar el negocio correcto debe refinar constantemente su punto focal.

Paso número cuatro:
conviértase en un experto en su negocio

Incluso si no ha iniciado formalmente su empresa o si todavía no ha desarrollado del todo su idea, tome el tema que más le interese y concentre su atención en él. Repita todo lo que pueda del paso número tres, utilizando su mejor idea empresarial como tema de investigación. Luego busque a sus competidores. Solicite información a todas las firmas rivales que encuentre. Comience a coleccionar artículos, información y literatura. Cree un suplemento de su libro de texto original. Busque información sobre cualquier curso, feria o evento que se relacione con su negocio y asista a ellos si puede. Estas experiencias pueden ser sumamente valiosas, pues allí encontrará expertos y otros entusiastas como usted, y el resultado general es que aprenderá más sobre su negocio. Entre a Internet y busque grupos de noticias o *chats* relacionados con él.

Converse sobre su idea con el mayor número de personas posible. La gente que ya está en el ramo es la que mejores consejos le puede dar sobre el potencial de su idea empresarial... siempre y cuando que sean honestos con usted. Si habla con personas que podrían ser competidores directos, es posible que algunos intenten desalentarlo e incluso podrían utilizar su idea ellos mismos. Busque a otros empresarios jóvenes que trabajen en el mismo ramo. Es más probable que ellos compartan con usted su experiencia, pues a la mayor parte le complace ayudar a otros que estén en una situación similar a la de ellos. Además, a *todo el mundo* le encanta hablar sobre su propio negocio. Si encuentra personas que en algún momento tuvieron una empresa similar a la suya pero fracasaron o la abandonaron, le podrán dar información valiosísima. Las personas que incursionaron en un campo determinado, sobre todo si eran los dueños de la empresa, muchas veces tienen puntos de vista muy claros y recuerdos vívidos de sus anteriores experiencias empresariales. Si no les fue bien, obtendrá información incluso más valiosa sobre las posibles causas del fracaso y/o sobre cuáles son los aspectos importantes que se deben tener en cuenta. En este caso, las malas noticias pueden evitarle tomar una decisión frustrante, dispendiosa, costosa y en general mala.

Si sigue estos pasos, investigar, aprender e ir limitando su foco de interés, el negocio con el cual finalmente decida comprometerse tendrá muchas más probabilidades de éxito.

¿Son compatibles usted y su empresa?

Si tiene intenciones serias de fundar una empresa, esto debería ser bastante obvio para usted. ¿Su negocio mejorará o destruirá su estilo de vida? ¿Le exigirá su empresa que haga regularmente cosas que detesta hacer? Aunque todos tenemos deberes que no nos gusta cumplir –como ocuparse de cuestiones administrativas o archivar, por ejemplo–, es tan sólo parte del precio que es preciso pagar si se quiere fundar una compañía propia. Examine al panorama más amplio. Por ejemplo, si su empresa es de servicios, más vale que le *encante* tratar gente. Si su negocio consiste en acicalar mascotas, deben gustarle los animales. *Use el sentido común*. No incursione en un negocio si le va a exigir ocuparse de cosas que detesta.

Michelle Barsamian, una estudiante de 16 años, se matriculó en un curso libre que dictaba yo sobre creación de empresas. Un día llegó a la clase y anunció que su padre le había dado otra idea para un negocio. La idea era vender parafernalia de Las Vegas en Boston, en quioscos ubicados en centros comerciales. Su padre pensó que si Las Vegas era un destino turístico tan popular, a la gente de la costa este le encantaría poder comprar productos de Las Vegas en la localidad. Michelle no estaba segura de si debía seguir los consejos de su padre o no. Después de reflexionar bastante sobre la idea, se dio cuenta de que 1) no le entusiasmaba la idea de permanecer en un quiosco en un centro comercial el día entero, 2) probablemente no tendría empatía con los clientes potenciales y 3) detestaba la parafernalia de Las Vegas. Sin duda, se trataba de un negocio inapropiado para ella.

Si sabe qué le gusta hacer y está consciente del tipo de persona que es, preste atención a estas pistas. Lo ideal es que su negocio verse sobre algo que le encante, o por lo menos que le guste lo suficiente como para dedicarle la mayor parte de su tiempo.

Fijación de metas y planeación estratégica

Imagine que podría sentirse más feliz de lo que jamás creyó posible, con una vida perfecta, ejerciendo la profesión o el oficio ideal y rodeado de gente a quien admira y respeta. Tómese un par de minutos, cierre los ojos y recree la imagen de una vida ideal. Ahora, sin pensar en los obstáculos que podrían interponerse en su camino, ni en impedimentos personales, elabore un plan para lograr lo que desea.

Steven Covey, autor de *Los siete hábitos de la gente altamente efectiva*, dice que para hacer esto se debe comenzar con un propósito en la mente. Para convertir los sueños en realidad, primero es preciso tener una imagen clara de qué es lo que se desea. Algunas de las personas más exitosas en la historia atribuyeron luego gran parte de sus éxitos al hecho de haber tenido una imagen clara en su mente que les sirviera de guía. Si quiere llegar a un arrecife con una maravillosa vista del océano, no se va a concentrar en los obstáculos que debe superar para alcanzar su destino. Más bien piensa en por qué está allí: está allí para ver el océano.

¿En dónde se sitúa usted en su vida? ¿Es un estudiante, un joven dueño de una empresa propia, un empleado de alguna compañía? ¿Por qué está en donde está en este momento? ¿Cuáles son las principales razones por las que está haciendo lo que hace en su vida? ¿Lo que hace lo hace porque otro quiere que lo haga? ¿O está persiguiendo un sueño propio?

Si no siente pasión por sus metas y no se dedica lo suficiente a cumplirlas, a dar lo mejor de sí, ¿para qué pierde el tiempo?

Visualice el panorama del océano: sus metas, sus sueños, su futuro. Utilice su negocio para convertirlos en realidad.

Investigación de mercados

Cuando se es joven, se tiende a pensar que uno todo lo sabe. La verdad es que, cuanto más se aprende, más se da cuenta uno de lo poco que en realidad sabe. Cuando yo era adolescente, mi frase favorita era "confía en mí". Mi padre fue quien me enseñó que no era tan "sabihonda" como pensaba. Aunque muchas veces pensaba que sólo quería desinflar mi burbuja, lo cierto es que estaba enseñándome a reconocer mis propios límites intelectuales, no para aceptarlos simplemente, sino para darme cuenta de lo que no sabía y poder aprender lo que necesitara.

Incluso hoy, mientras más aprendo sobre un tema –hasta sobre mi propia industria–, más me doy cuenta de que aún me queda muchísimo por aprender. Aunque desarrollar la inteligencia trae miles de beneficios, uno de los más satisfactorios es canalizar esa energía hacia una empresa propia. Tampoco sobra recordar que cuanto más joven se es, más personas cuestionarán su capacidad de dirigir un negocio exitoso.

En "Escoger la idea apropiada para una empresa" (página 51), bosquejo cuatro pasos para definir un proyecto empresarial. Si siguió esos pasos, la mayor parte de los interrogantes que se plantean en esta sección ya habrán sido resueltos. El propósito de esta sección es ayudarle a prepararse para su nueva empresa, asegurándose de que sabe qué es lo que otras personas supondrán que usted sabe.

Historia

Independientemente de cuál sea su industria, ésta tiene una historia. Averigüe cómo se creó y desarrolló su industria e investigue cuáles fueron los sucesos principales que influyeron en su progreso. ¿Quién fue la primera persona que ofreció el producto o servicio que usted piensa ofrecer? Si fue una corporación importante o si la idea fracasó en un comienzo, averigüe por qué. Si alguien le pide información sobre los antecedentes de su negocio, parecerá mucho más experto si sabe cómo era el ramo antes de que usted incursionara en él.

Conocimientos técnicos

Los conocimientos técnicos son cruciales y es imposible eludirlos. Si tiene intenciones serias de fundar un negocio en un campo en particular, tiene que saber cuáles son las habilidades técnicas que se requieren para triunfar. En las revistas especializadas y en sus conversaciones con expertos podrá enterarse de los más recientes avances y técnicas con los cuales deberá familiarizarse.

Tendencias

Manténgase a la vanguardia de las tendencias de su industria. Si se requieren determinadas habilidades para mantenerse al día con las tendencias, apréndalas. No hay nada peor que un contador que no sepa utilizar un programa de hoja de cálculo electrónica, o que un plomero para situaciones de emergencia que no tenga un buscapersonas. Si es un artista gráfico, debe conocer todos los principales programas de *software*. Si su empresa tiene que ver con la industria de las comunicaciones, es indispensable tener una cuenta de correo electrónico.

Expertos en la industria

Muchas veces, los principales expertos en la industria son sus competidores. No sea tímido. Busque a la competencia y converse con ella. Si son expertos en su ramo, usted deberá asistir a los mismos eventos, ferias y conferencias a los que van ellos. Hágase conocer en su industria conociendo a los expertos establecidos. Si logra crear una buena relación con ellos, le darán consejos fabulosos, percepciones y muchas veces incluso referencias. Y lo mejor de todo es que cuando alguien le pregunte sobre un experto famoso, podrá decir que no sólo sabe de él sino que lo conoce personalmente.

Competencia

Nada será suficiente cuando se trata de recalcar el valor de la información. Entender a la competencia es importante por muchas razones:

- Siempre debe tener una buena idea sobre cuál es su posición en el mercado.
- Si no conoce a la competencia, corre el riesgo de subestimar la posibilidad de que se apodere de sus clientes o de su participación en el mercado.

- Después de la innovación, la imitación puede ser un camino excelente hacia el éxito (siempre y cuando que sea honesta y legal).
- Podría descubrir que puede compartir ciertos negocios. Si hay épocas en que está tan ocupado que tiene que rechazar algunos clientes, el hecho de referirlos a un competidor demuestra buena voluntad y preocupación por la satisfacción de sus clientes. Si usted hace algo así, muchas veces obtendrá una respuesta similar de la competencia. Además, su gesto indica que los respeta y respeta su trabajo.

Cómo buscar información sobre la industria

Con la cantidad de posibilidades para buscar información que existen en la actualidad, no deberá ser difícil aprender sobre la industria que le interesa. Recuerde, el conocimiento confiere poder. Los jóvenes empresarios independientes terminan teniendo que probar su valía en el mundo de los negocios una y otra vez. El conocimiento sobre su campo es la mejor línea de defensa. En las técnicas de investigación más fáciles y en las más complejas y dispendiosas, trate de tener en cuenta los aspectos que se exponen a continuación.

Elabore una lista de competidores

Crear una lista propia de competidores lo forzará a descubrir contra qué se enfrenta en su negocio. No sólo podrá entender mejor quiénes son, sino que una lista le ayudará a identificar algunas tendencias ocultas o la necesidad de recopilar aun más información. La simple y tradicional observación suele ser una buena manera de comenzar a elaborar esta lista. Camine por su vecindario. Hable con personas que podrían ser clientes potenciales. ¿A quién acuden en busca de servicios? También puede averiguar por competidores en la Cámara de Comercio de su localidad o incluso en las páginas amarillas del directorio.

Si su búsqueda debe cubrir un panorama nacional o internacional, ingrese a la Red. Efectúe una búsqueda con palabras clave sobre el servicio o producto que piensa ofrecer. Examine las revistas especializadas de la industria. Busque asociaciones y organizaciones gremiales. Si va a una biblioteca, pregunte en le sección de referencia por directorios de asociaciones y por directorios de directorios. Si su industria ya está establecida, lo más probable es que alguien haya fundado una asociación o haya compilado un directorio de firmas del ramo. Éstos pueden suministrarle información valiosísima sobre sus competidores. Pídale al bibliotecario otros libros de referencia. Es posible que tenga que acudir a una biblioteca especializada, pero valdrá la pena. Nunca se sabe qué tipo de información se puede hallar.

Conviértase en cliente de sus competidores

Convertirse en cliente de sus competidores puede ser la manera más fácil de aprender sobre ellos. Muchas personas creen que aprender sobre la competencia implica acciones de espionaje del tipo *Misión imposible*, ingresando a sus instalaciones a las tres de la mañana. Pero seamos realistas: aunque lo quisiéramos, ¿cómo podríamos entrar a sus edificios subrepticiamente?

Convertirse en cliente de la competencia permite aprender, observar y recopilar la siguiente información útil con muy poco esfuerzo:

- Literatura/folletos de marketing
- Métodos de venta
- Relaciones con los clientes
- Conocimiento del negocio
- Tamaño de la operación

- Sentimientos sobre la competencia (usted)
- Ventaja competitiva

En la mayor parte de los casos, lo único que tiene que hacer es ir a su almacén, pedir información o comprar algo y observar.

Cuando usted es dueño de una compañía, su principal objetivo es complacer al cliente. Ya sea que le toque prestarle atención especial, contestar sus preguntas o tomarle la mano mientras trata de entender su servicio o producto, usted lo debe hacer. Ahora bien, imagine que ése es el competidor y usted es el consumidor. Bastante fácil eso de aprender sobre la competencia, ¿no cree? Sin embargo, cuanto más grande y más diversificada sea la compañía, más difícil será obtener una idea completa sobre cómo operan y hacen dinero; pero haga la tarea y seguramente averiguará la mayor parte de la información que necesita para competir, o incluso para lanzar una idea empresarial original, mejor que la de sus rivales.

Si le parece que es un método un poco sucio, es porque sí lo puede ser. Qué tan lejos piensa llegar es algo que sólo usted podrá decidir, pero yo le recomendaría que se limite a acciones limpias. Si juega sucio en un negocio, la gente lo averiguará... y le devolverá el favor. *Sí* es posible crear una compañía exitosa con honestidad y sentido de ética, y ganarse el respeto de la competencia, que es la hazaña más ardua de todas.

Sondee publicaciones y artículos sobre la industria

El mejor sitio para conseguir información detallada sobre su industria y sus competidores es una publicación o artículo que se refiera a ellos. La lectura de revistas especializadas contribuirá enormemente a aumentar sus conocimientos sobre el ramo que le interesa y, más importante aún, le dará un indicio excelente sobre el punto comparativo en que se encuentran usted y su negocio.

Lea estudios de caso pertinentes

Si estudió en una facultad de administración, probablemente ha leído más estudios de caso que los que pueda soportar, pero no renuncie a ellos. Para quienes no están familiarizados con el término, los estudios de caso son informes o documentos que cuentan la historia de una empresa u organización. La mayor parte suministra información sobre los antecedentes, estadísticas demográficas de la industria, crónicas personales de los principales ejecutivos y el personal, y estados financieros detallados. Si bien varias facultades de administración publican sus propios estudios de caso, Harvard Business School Press es no sólo la editorial de mayor prestigio en este tipo de publicaciones, sino también la más exitosa. Si puede obtener un catálogo de sus estudios de caso y encontrar uno sobre una empresa similar o sobre sus competidores directos, muchas veces recibirá uno de los documentos más completos libremente disponibles sobre la industria.

Haga una encuesta entre personas de su mercado objetivo

Entrevistar personas que forman parte de su mercado, una práctica extraordinaria pero aún muy subutilizada, es una de las mejores maneras de averiguar si su producto o servicio *tiene*, en efecto, un mercado. Muchas personas se juegan su reputación con algo que creen que es maravilloso, que consideran que a todo el mundo le gustará, y sin embargo no tienen una razón válida para creerlo, salvo su propia intuición. No desperdicie su tiempo y su dinero en un negocio a menos que esté seguro de que existe un mercado para lo que piensa ofrecer. Haga una encuesta objetiva y no persuada a la gente ni la lleve a contestar a favor de su producto.

Luego vaya a un lugar en donde podrían reunirse personas que formen parte de su mercado objetivo, como un centro comercial, un gimnasio, un campus universitario o incluso un tablero electrónico en línea.

Pídales amablemente a las personas que contesten su encuesta (lo cual dicho sea de paso no debe tomar más de cinco minutos). Dígales que quiere introducir un nuevo producto o servicio al mercado y que realmente apreciaría que le concedieran un par de minutos de su tiempo. No espere que todo el mundo le ayude. Si es amable, sonríe y se muestra sinceramente interesado en sus opiniones, la gente estará más dispuesta a colaborar. Agradézcales a todos, ya sea que le contesten la encuesta o no. Así mismo, obtenga una muestra de buen tamaño. Dependiendo de qué tan grande deberá ser su base de clientes o de cuán especializado sea su servicio, un buen inicio es recopilar por lo menos cincuenta encuestas.

Tabule los resultados y escriba un resumen de sus hallazgos. Esta información le será muy útil a usted, así como al personal, a los clientes potenciales y a los inversionistas, en caso de que elabore un plan de negocios. Con este tipo de información, estará en una posición excelente para satisfacer las necesidades de su mercado.

Trabaje para la competencia

La verdad es que no existe una mejor manera de aprender sobre un negocio que trabajar en él. Si logra permanecer en una empresa el tiempo suficiente para entender el negocio "mientras otro corre con los gastos", tanto mejor. Dependiendo de la industria, algunas empresas podrían pedirle que llene un "formulario de no competencia", que dice básicamente que usted renuncia legalmente al derecho de trabajar en una empresa que compita con ésa. Esto es más usual en los sectores de alta tecnología, finanzas, empresas de servicios y compañías que tienen información patentada que desean proteger. Si firma un formulario de éstos, renuncia a su derecho de crear o trabajar en una empresa que se considere competencia. No tome a la ligera este compromiso. No querrá que lo demanden y probablemente tampoco querrá que sus competidores sean sus archienemigos.

Recursos

Existen valiosos recursos para buscar información sobre otros negocios que le servirán de ayuda cuando emprenda su investigación. Algunas compañías y editoriales publican excelentes libros para empresarios independientes, algunos de los cuales se actualizan anualmente. Son claves los directorios telefónicos, de faxes y correos electrónicos, y los directorios especializados por ramas de la industria que publican distintos gremios y entidades.

CAPÍTULO 3

El temible plan de negocios

A LGUIEN ME DIJO ALGUNA VEZ QUE PARA ELABORAR UN PLAN DE NEGOCIOS efectivo tendría que encerrarme en un cuarto durante dieciséis horas seguidas y simplemente hacerlo. Al comienzo no lo creí, pero tras cinco meses de estar elaborando el último que he hecho, el consejo comenzó a parecerme bastante certero.

De todas las pruebas de disciplina que atravesará en su vida, ésta será seguramente la peor. Es un poco miedoso elaborar un plan de negocios. De hecho, puede parecer como una pesadilla, pero considérelo como una tesis magisterial para su empresa. Muchas más personas emprenden el proyecto que las que lo terminan. Pero quienes lo concluyen reciben su recompensa. La recompensa como empresario es la validación de su idea empresarial. Si termina su plan de negocios y las cifras y los análisis que contiene tienen sentido, entonces podrá seguir adelante con confianza, y no con temor o incertidumbre.

¿Es realmente necesario?

La respuesta es un rotundo ¡SÍ! Debe elaborar un plan de negocios no porque otras personas se lo exijan, sino porque usted quiere que su empresa tenga las mayores posibilidades de éxito. A menos que planee financiar su empresa usted mismo, ningún inversionista tendrá siquiera en cuenta a su compañía si no tiene un plan de negocios. Así pues, sea para usted o como una herramienta de ventas, se requiere un plan de negocios. Veamos cuán serio debe ser.

¿Qué tan complejo debe ser?

Si tiene dudas, observe a su alrededor en busca de pistas. La industria, el tipo de negocio y el tamaño de la inversión requerida determinarán en gran parte cuán complejo debe ser su plan de negocios. Así mismo, debe tener en cuenta el público al que se dirige el plan. ¿Lo piensa utilizar para convencer a su tía de que le haga un préstamo, para ayudarle a darse una mejor idea de lo que puede hacer o para obtener una línea de crédito en un banco? Cada situación exige información y niveles de complejidad ligeramente diferentes. Si aún no está muy seguro de qué debe transmitir su plan de negocios, pregúnteselo directamente a las personas a quienes se los va a presentar. ¿Quieren cinco años de proyecciones financieras mes por mes? ¿Relaciones de ingresos personales? ¿Un vasto análisis de mercado? Tal vez por ahora sólo les interese un resumen ejecutivo muy sólido. Si tiene estos conocimientos *antes* de iniciar un proyecto de plan de negocios, puede ahorrar tal cantidad de tiempo y energía que quizás lo salve de volverse loco.

Muéstreme el dinero

Estoy segura de que usted ha leído sobre esas empresas de alta tecnología que captan unos cuantos millones de dólares en capital de riesgo durante sus primeros seis meses en el negocio. Pues bien, si esto le parece una posibilidad realista para usted y su compañía, entonces más vale que su plan de negocios valga un millón de dólares. Para captar unos cuantos millones, probablemente tendrá que invertir algún dinero para que su plan de negocios esté a la altura. Existen muchos libros excelentes sobre planes de negocios que sirven para orientar incluso al empresario más novato. (Para una lista de recomendaciones, revise la sección de recursos al final de este capítulo.)

Procure conseguir otros planes que hayan logrado obtener una financiación semejante. Converse con capitalistas de riesgo y con profesores de administración que se especializan en enseñar a hacer planes de negocios o que han conocido bastantes. Los banqueros de inversión tienen su propia versión de un plan de negocios, que se denomina "circular de oferta". Utilizadas más que todo para conseguir dinero mediante la venta de acciones de una corporación, algunos jóvenes empresarios han recurrido a circulares de oferta para atraer rápidamente inversionistas. Si su plan de negocios supera sus propias capacidades, pídale a un estudiante de administración que le elabore uno, o asista a una reunión sobre establecimiento de contactos empresariales. Las reuniones para establecer contactos empresariales también son un lugar excelente para conseguir capital de inversión cuando esté listo para ello. Podría incluso matar dos pájaros de un tiro si participa en una.

Desde luego, sería maravilloso conseguir un millón de dólares, pero eso es mucho más de lo que necesita para lanzar su empresa. Quizás requiera cincuenta mil, tal vez un par de cientos de miles o incluso tan sólo mil dólares. ¿Qué tipo de información sobre su empresa debe dar para demostrar que tanto ella como usted tienen potencial de éxito? Una vez más, ¿quiénes son sus inversionistas? Ellos serán quienes determinen qué tipo de información quieren obtener de usted. Elabore este plan de negocios usted mismo. En este nivel de inversión, deberá poder crear un plan lo suficientemente sólido como para hacerlo usted mismo. Sea diligente y trate todos los temas que mencionaré a continuación. Es posible que este tipo de plan sea más fácil de hacer, pero eso no quiere decir que no se deba esforzar.

Supongamos que en realidad no necesita conseguir dinero para su empresa. ¿Aun así necesita un plan de negocios? ¿Qué le dije antes? Cuanto más tiempo y energía invierta en la planeación, más posibilidades tendrá de lanzar una empresa exitosa. Hágalo por su bien. Un fracaso empresarial es una experiencia dolorosa, pero resulta muy útil para cualquier empresario. ¿Por qué? Porque el fracaso enseña las lecciones más difíciles. Su plan de negocios lo obligará a analizar objetivamente los problemas potenciales y a tenerlos en cuenta.

Haga un esquema y luego elabore el plan para cada sección. Hágase todas las preguntas que los demás probablemente harían. ¿Qué piensa hacer para comercializar su producto? ¿Cómo sabe que la gente se lo va a comprar? ¿Está seguro de que debe fijarle al producto un precio de 69 dólares en vez de 59? ¿El precio de venta cubre todos sus costos? ¿Tuvo en cuenta todas las cuestiones legales y tributarias? ¿Cuándo alcanzará el punto de equilibrio? Si puede contestar preguntas como éstas y sentirse a gusto con este tipo de interrogatorio, lo más probable es que haya realizado toda la investigación que requiere. El hecho de consignar todo esto por escrito no sólo fortalece sus conocimientos sobre el negocio sino que le permite reevaluar y actualizar su estrategia periódicamente. Cuando uno dirige una empresa, es posible ocultar una cantidad de cosas... especialmente a uno mismo. Un plan de negocios saca todo afuera, aireando problemas que deben resolverse si se quiere que el plan tenga valor. Así pues, éstas son las opciones: hacer un plan o arreglárselas sobre la marcha. Considere su plan de negocios como una póliza de seguros. Aunque tal vez no tenga mucho que perder, sí tiene muchísimo que ganar.

Cómo comenzar

Antes de comenzar, recopile todos los artículos, libros, literatura e información que tenga sobre su negocio e industria (ahora sí le será muy útil ese "libro de texto" del que le hablé en el capítulo 2). Va a necesitar una gran cantidad de datos, cifras y estadísticas que quizás nunca antes ha utilizado, de modo que es mejor tenerlos a mano cuando comience a crear un esquema para el plan. Si no tiene un esquema, su plan de negocios puede salirse de madre muy rápidamente. Como existe tanta información para organizar, mientras más esté consciente de ella al comienzo, más fácil le será hallarle un lugar y hacer que todo fluya al final. Comience por ordenar las principales secciones. Luego empiece a anotar los lugares en donde se pueden incluir diversos tipos de información. A medida que haga esto, quizás le sea útil tener a la mano una lista de cosas por hacer. Como parte del proceso, encontrará que faltan muchos datos y trozos de información. Cuanto más diligente sea en seguir los pasos necesarios, más rápidamente podrá terminar el plan.

Guía para elaborarlo

A continuación presento un esquema general que le ayudará a elaborar su plan de negocios definitivo. Utilice esta información para fomentar su propia creatividad. Algunas secciones exigirán que agregue otro tipo de datos, mientras que otras serán irrelevantes y deberá descartarlas. Comience por crear su propio esquema. Determine qué información se debe incluir y qué preguntas es preciso formular y luego vaya rellenando el esquema con listas con viñetas de los temas importantes o introduciendo información que ya haya compilado. A medida que avance, tenga en cuenta los siguientes puntos:

- Sea lo más profesional posible.
- Escriba su plan con la perspectiva de un tercero.

- Sea honesto.
- Pida a por lo menos una o dos personas familiarizadas con el mundo empresarial que revisen su plan.
- Asegúrese de incluir TODA la información pertinente sobre su empresa.
- Explique todo con claridad y concisión.
- Utilice un computador y una impresora láser (preferiblemente de color).
- Utilice elementos visuales en los anexos (fotos del producto, gráficas, cuadros).
- Haga encuadernar la copia definitiva.
- Utilice un interlineado de uno y medio y márgenes de por lo menos dos centímetros y medio.

A menos que encuentre un modelo más útil, siga este esquema. Con él ya está listo para comenzar a escribir su plan de negocios. Como ya dije, hay muchas maneras de elaborar un documento de este tipo. Ésta es simplemente una de las muchas maneras eficaces de comunicar su idea a los inversionistas.

El plan de negocios

I. Resumen ejecutivo

El resumen ejecutivo debe ser una breve síntesis de su plan de negocios. En una o dos páginas (¡pero no más!), deberá permitir que un tercero entienda la esencia de su negocio. En esta parte no debe dar detalles. Es simplemente una síntesis de lo que se desarrollará más adelante. Es la oportunidad para convencer a alguien de que lea el resto.

Aunque es una de las partes más importantes del plan y es lo que debe ir primero (después de la página de título), el resumen ejecutivo se debe *escribir al final*, por una buena razón. No se puede hacer una síntesis precisa sino después de haber pensado en todos los detalles, cosa que la mayor parte de la gente en realidad no hace sino después de haber elaborado sus planes de negocios. Sin embargo, este resumen deberá darles a los lectores una idea sobre qué van a encontrar en cada una de las principales secciones: Producto/Servicio, Descripción del mercado, Plan gerencial, Operaciones, Marketing y publicidad, Ventas y distribución y Aspectos financieros. Utilice esta sección a manera de abrebocas. La mayor parte de la gente leerá primero el resumen ejecutivo, y muchas veces no proseguirá con la lectura. Esta primera sección le permitirá a los lectores revisar rápidamente su plan de negocios y darse cuenta de qué tan bien elaborado está el resto del documento.

> **DE: DEVIN SCHAIN –**
> **SOBRE MARKETING EN EL CAMPUS**
>
> Cuando inicié mi negocio en la universidad hace 10 años, tomé un curso en The Wharton School denominado gerencia para empresarios independientes. Hice un plan de negocios de la compañía que había iniciado un año antes, denominada Campus Carpets. Mi profesor dijo "reduzca sus expectativas a la mitad". Pues bien, me gustaría modificar ese consejo como resultado de mi experiencia personal. Superé mis metas de ventas en un 125% en 1986, aunque mis ingresos netos fueron casi en un 75% inferiores a mis proyecciones originales. No sabía, entre otras cosas, que existían los impuestos FICA y FEUDA. La moraleja de mi experiencia es que tal vez se tengan la visión y las ventas necesarias para lograr las cifras, pero los costos siempre resultan siendo mayores de lo que uno calcula. Existen muchos costos ocultos que uno no percibe sino cuando dirige una empresa pequeña y tiene que pagar impuestos reales y tratar con los gobiernos estatal y nacional.

II. Descripción del negocio

A. *Introducción*. Una presentación personal es como el discurso de un minuto que usted pronunciaría para presentarse ante un grupo. Utilice esta presentación personal para explicar rápida y concisamente la esencia de su negocio. Al escribir su plan de negocios, debe prestarle incluso más atención que a su presentación verbal, porque quedará consignada en blanco y negro. Comience por describir qué hace, qué produce y/o qué servicio ofrece. Ilustre los atributos de su servicio o producto. ¿Por qué es diferente? ¿Quiénes son sus clientes ideales? (Sea breve. Más tarde, en la sección sobre marketing y ventas, tendrá la oportunidad de referirse con más detalles a su mercado objetivo.) ¿Qué beneficios ofrece a sus clientes?

B. *Antecedentes.* En uno o dos párrafos, explique de dónde proviene la idea de su empresa. ¿Acaso alguna experiencia personal le ayudó a reconocer una necesidad en el mercado? ¿Le pareció que usted podía proveer un producto o un servicio mejor que otras empresas en el mercado? No sea tímido al explicar sus razones. Ésta es la oportunidad de hacer gala de su intuición y de sus conocimientos sobre el negocio.

C. *Descripción del producto o servicio.* Si tiene varios paquetes, modelos o productos diferentes, separe con claridad cada uno y enseguida describa las diferencias en detalle. Sea específico y muy claro acerca de qué proveerá su empresa a los clientes. Indique cuánto pagarán los clientes por cada producto o servicio, y si el impuesto incluye el impuesto sobre las ventas, o si éste se le añade después. (Esta información no es obligatoria, pero es bueno incluirla si es posible. Si tiene alguna pregunta sobre los requerimientos de su empresa, consulte a un funcionario de la oficina de impuestos). Asegúrese de que cualquier persona que no esté familiarizada con su negocio entienda bien qué pretende usted hacer luego de que terminen de leer la descripción de su negocio.

D. *Constitución legal.* Describa la condición legal de su empresa. Por ejemplo: "La firma XYZ está legalmente constituida como compañía de propiedad de una sola persona y está registrada en la ciudad de Boston, MA".

III. Descripción del mercado

Esta descripción del mercado debe incluir clara y específicamente cuál es el mercado objetivo, y también debe poner énfasis en la necesidad que piensa satisfacer. Agregue la investigación de mercado que realizó, así como las encuestas de mercado. (Vea la sección sobre investigación de mercados en las páginas 62-65.) Divida éstas en distintas secciones y asegúrese de mostrar cuánto trabajo realizó. Esto le da una oportunidad excelente de demostrar cuán bien entiende su mercado y sus clientes.

En esta sección también podría incluir un cuadro de "segmentación de mercado". Éste es un cuadro que identifica los clientes potenciales para una compañía. El desagregar los clientes potenciales en grupos diferentes le permitirá identificar luego diferentes características de cada grupo, como cuántas personas lo conforman, en dónde se las puede hallar, cuál es la mejor manera de ofrecerles el producto o servicio, y así sucesivamente.

Tenga en cuenta que los encabezados de las columnas se pueden adaptar de modo que representen cualquier inquietud o tema importante que deba abordar cuando inicie su empresa. Otros posibles encabezados podrían incluir metas/inquietudes de grupo, persona con quien se puede establecer contacto, eventos típicos, consideraciones legales, viajes potenciales deseados, etc. Recuerde que este cuadro debe ser único, especialmente adaptado a su línea de negocios.

Puede incorporar fácilmente un cuadro de segmentación de mercado a su plan para impresionar a los inversionistas con su entendimiento del mercado. Indique claramente quiénes son sus clientes objetivo y por qué; identifique a sus competidores; de ser posible, muestre cuál es su participación en el mercado objetivo, cuáles son las estimaciones y cuáles son sus proyecciones sobre la posible participación. En la página siguiente se aprecia un ejemplo de una matriz de segmentación de mercado para una agencia de viajes que se especializa en paquetes para grupos. Utilícela como marco de referencia de acuerdo con sus propias necesidades.

Matriz de segmentación de mercado

GRUPOS	TAMAÑO DE LOS GRUPOS	CÓMO LLEGARLES	INGRESOS DISPONIBLES	FRECUENCIA CON QUE VIAJAN
Grupos/clubes universitarios (fraternidades, gobierno escolar, grupos culturales)	Varía, por lo general entre 20 y 50 personas	Correo directo, presencia en reuniones de los grupos, documentos escolares	Limitados desde el punto de vista individual, pero puede haber financiación para viajes conseguida mediante actividades del grupo	Hasta cinco veces por año, incluidas las fiestas principales y las vacaciones
Grupos profesionales (cámaras de comercio, asociaciones de marketing, organizaciones industriales con capítulos locales)	Varía, entre 50 y 200 miembros	Correo directo, presencia en reuniones de grupos, publicidad en revistas y periódicos empresariales locales, reunión con directores de asociaciones	Ingresos más estables provenientes de empleos permanentes, tendencia a tener dinero ahorrado, disposición de gastar una cantidad razonable para efectuar un viaje estupendo	Una o quizás dos o tres veces al año, dependiendo de las vacaciones que puedan tomarse en las empresas donde trabajan
Empresas locales	Por lo general entre 20 y 100 empleados	Varía según el tipo y el tamaño de la compañía; a veces coordinar viajes y ofrecer compartir los costos con los empleados	Presentación al dueño de la empresa o al director de recursos humanos; publicidad en revistas y periódicos locales	Probablemente entre una y tres veces al año, según la empresa

IV. Plan gerencial

En esta sección deberá describir sus antecedentes, de qué manera su experiencia es pertinente para lo que hace su compañía, quién estará a cargo de cuáles funciones y cómo se remunerará a los empleados (incluido usted). Indique a quiénes se les pagará por comisión y quiénes, si es el caso, devengarán un salario. Si más de una persona dirigirá la empresa, identifique claramente a cada una de estas personas e incluya sus datos biográficos. Podría hacerlo de la siguiente manera:

Jessica Hunter – Presidente
Jessica ha sido una líder de la comunidad reconocida desde que se graduó de la secundaria en 1994. Como jugadora de *softball* en todas las ligas, Jessica obtuvo conocimientos de primera mano de las necesidades de los atletas jóvenes. Para ayudar a satisfacer una necesidad que ella reconoció desde las primeras etapas de su carrera, Jessica se incorporó a The Softball Services Company para ayudarles a atletas jóvenes como ella... etc.

Jason Marcus – Vicepresidente
Jason inició su carrera empresarial a los quince años, cuando fundó una compañía que vendía camisetas preimpresas a los espectadores de partidos de fútbol americano en los colegios de secundaria. La firma se mantuvo durante un año, y luego Jason la cerró cuando comenzó su siguiente año escolar... etc.

Haga una lista de los cargos que tendrán los miembros de su empresa y explique claramente cuáles son sus responsabilidades. (Mantenga un formato uniforme. El estilo que se utilizó en el ejemplo también se puede adaptar fácilmente en esta sección.) Si lo desea, puede combinar esta sección con la anterior, si ya tiene asignados los cargos a personas específicas.

Presidente – Remuneración: 10% de comisión sobre todas las ventas
El presidente tendrá la responsabilidad de supervisar a los gerentes y al personal de ventas y de determinar los aspectos financieros de la compañía. Tendrá a su cargo todas las funciones contables. El presidente también representará a la empresa ante los medios de comunicación y otros líderes de la comunidad.

Recuerde mantener variable el mayor número posible de costos. La mejor manera de hacer esto es pagarle a todo el mundo por comisión. Una buena regla es ofrecer a los vendedores (consulte con un contador si puede considerarlos contratistas independientes) entre el 10 y el 20 por ciento del precio de venta de los bienes y/o servicios. Aunque éste es un rango adecuado, tenga en cuenta que su situación puede exigir que pague ligeramente más o menos dependiendo de sus circunstancias. Si le cuesta trabajo decidir cuál sería un porcentaje adecuado, examine su balance de ingresos y revise sus costos y utilidades. No pague comisiones más altas de las que pueda razonablemente, dejando un margen de utilidad para usted.

Si le parece que sus antecedentes empresariales son un poco débiles, inserte esta información después de la descripción de los cargos gerenciales, a fin de restarle importancia a cualquier falta de experiencia. Aunque todo el contenido de su plan debe basarse en datos reales, puede poner énfasis en ciertas secciones mediante unas descripciones elocuentes. Una manera de reforzar esta sección es identificar a dos o tres personas con experiencia comprobada que actuarán como asesores no remunerados de la compañía.

V. Plan de operaciones

Esta sección se puede manejar de dos maneras diferentes. Utilícela para explicar los procesos que se utilizarán para fabricar y distribuir sus productos a la clientela o para prestar el servicio al cliente. Trate de crear un diagrama de flujo de operaciones que indique que usted ha planeado cuidadosamente la fabricación y entrega de su producto y servicio. Especifique los pasos que se seguirán desde el instante en que el cliente hace un pedido hasta que usted presta el servicio final y recibe el pago.

VI. Plan de marketing y publicidad

¿Cómo se enterarán los clientes potenciales de la existencia de su empresa? ¿Qué métodos de marketing o publicidad utilizará como divulgación? Identifique, en orden de importancia descendente, sus canales de marketing más confiables y enseguida descríbalos brevemente. Sea específico; mencione los contratos ya asegurados o las relaciones establecidas que tenga con alguien para que le comercialice sus productos. Así mismo, identifique a cuántos clientes espera llegar a través de cada canal. Si puede canjear espacio publicitario o promover su producto o servicio en intercambio con otra empresa, éste es un lugar excelente para hacer gala de su ingenio para conseguir recursos.

VII. Ventas y distribución

¿Cómo piensa vender sus productos? ¿Los va a vender a través de una organización, en tiendas locales, en la escuela o por correo? De nuevo, si ha hecho arreglos con vendedores locales, ésta es la sección en donde los debe detallar. ¿Cómo piensa recolectar los pagos? ¿Cuándo va a recolectar los pagos? ¿Por anticipado, en el punto de venta, mediante facturación?

VIII. Aspectos financieros

Comience con una breve descripción de cuál será el costo de establecer y capitalizar la empresa y de cómo planea hacer dinero. ¿Cuáles son los ingresos y los costos? ¿Por qué algunos son mayores que otros?

Esta sección debería contener la siguiente información financiera crucial: costos por unidad, costo de productos vendidos, estados de ingresos, estadísticas históricas, balances y un análisis del punto de equilibrio. Sin embargo, antes de comenzar a arrancarse el pelo, efectúe algo de investigación sobre su negocio y converse con algunos asesores sobre lo que realmente necesita. Si quiere conseguir un préstamo bancario o capital de riesgo, existen pautas muy estrictas que deberá seguir. La información que ofrezco aquí es MUY simplista. Tiene como único propósito darle una idea de lo que tendrá que hacer. Si piensa escribir un plan de negocios serio, le recomiendo comprar un libro especializado o que tome un curso sobre este tema.

Para quienes necesiten alguna ayuda con los fundamentos esenciales, vamos a revisarlos con el documento financiero esencial que cualquier plan de negocios debe incluir: el estado de ganancias. Este documento contiene varios elementos que usted quizás no conozca. Después de las proyecciones financieras, el estado de ganancias es lo primero que la mayor parte de la gente querrá revisar en esta sección, y muchas veces en todo el plan.

Un estado de ganancias indica cuánto ha ganado su empresa durante un período específico (por lo general un año o un mes). Básicamente se trata de un estado financiero que identifica cuánto dinero ha generado, cuánto ha gastado y cuánto le queda como resultado. Es un documento factual que no se puede "maquillar" para que parezca más atractivo. Por consiguiente, es la mejor indicación de la estabilidad financiera de una empresa. Si aún no ha tenido ganancias, deberá elaborar un *estado de ganancias pro forma*, en el cual calculará cuánto dinero gastará y ganará en un período determinado. Dedique algún tiempo a estudiar los diversos tipos de estados financieros, porque habrá de depender de ellos a medida que su empresa crezca y busque financiación externa.

Antes de mostrarle el formato, veamos rápidamente algunas definiciones:

Ventas: Cualquier entrada de dinero proveniente de la compra de su servicio o producto. También se conoce como *ingresos*.

CBV: Los *costos de bienes vendidos* se refieren sencillamente al costo de las materias primas, ya sea adquiridas (por lo general a un precio mayorista) o producidas, o a cuánto le cuesta proveer el servicio. Los CBV son los costos efectivos o *directos* de sus bienes y están directamente relacionados con el precio de venta. No incluya aquí el alquiler, los gastos de oficina ni otros costos *indirectos*.

Utilidad bruta: La utilidad bruta indica el dinero que le queda después de recibir el pago por una venta y restarle el costo directo del producto o servicio (CBV). Utilidad bruta = Ventas – CBV.

Gastos variables: Los *gastos variables* son los gastos que cambian todos los meses (lo opuesto a los gastos fijos). Un costo variable podría ser la compra de *software*, las comisiones pagadas, los gastos de arranque, los honorarios de consultoría, los gastos de viaje y cualquier otro gasto esporádico asociado con la fabricación de su producto, aunque no directamente relacionado con él (a diferencia de los CBV).

Gastos fijos: Los *gastos fijos* son aquéllos que permanecen constantes a lo largo del tiempo. La renta, el pago de seguros, los salarios (no las comisiones) y cualquier pago de intereses se consideran gastos fijos. También se conocen comúnmente como *gastos generales* y son muy importantes, pues muchas empresas tienden a tener gastos generales más altos de lo necesario, cosa que puede ocasionar problemas.

GAI: Las *ganancias antes de impuestos* también se conocen como *utilidades antes de impuestos*. Se refieren a la cantidad de dinero que queda después de haber pagado todos los gastos. Infortunadamente, sin embargo, éste no es el monto que llevamos a casa, sino más bien la cifra que utiliza el gobierno para determinar cuánto "se lleva a casa" él. GAI = Utilidad bruta − Gastos variables − Gastos fijos.

Impuestos: Dependiendo de cuánto se gane, la administración de impuestos le exigirá pagar un determinado porcentaje de su GAI a manera de impuestos. Deberá averiguar este porcentaje en la oficina de impuestos o preguntárselo a su contador; normalmente fluctúa entre el 15 y el 40 por ciento.

Utilidad neta: La *utilidad neta* es su utilidad real, es decir, lo que puede llevar a casa o reinvertir al final del día. A veces escuchará a la gente hablar de "estar en negro" o "estar en rojo". Eso se refiere a la utilidad neta, y a si es positiva (negro) o negativa (rojo), lo cual indica pérdidas.

Utilice el siguiente formato para crear su propio estado de ganancias:

Ventas	10.000
CBV	3.000
Utilidad bruta	7.000
Gastos variables	1.000
Gastos fijos	2.000
GAI	4.000
Impuestos (25%)	1.000
Utilidad neta	$3.000

No olvide sus demás estados financieros. Como es muy difícil predecir las necesidades específicas de las miles de personas diferentes que lean este libro, cada lector tendrá que investigar por sí mismo. Al fin y al cabo, no querrá gastar tiempo en calcular cifras de documentos que no necesita, y con seguridad no querrá dejar por fuera algo esencial. A fin de ayudarle en su búsqueda de datos, le indicaré algunas preguntas que deberá tener en mente:

- ¿Qué documentos considera esenciales su inversionista?
- ¿Cuántos años de cada documento necesita? (Por ejemplo, ¿cuántos años/trimestres de balances pasados requiere? ¿O cuántos años de proyecciones de ingresos?)
- ¿Cómo se deben desagregar en materia de tiempo? A algunos inversionistas les gusta ver los documentos financieros mensual, trimestral o anualmente.
- ¿Necesita que sus estados financieros sean certificados por un contador?

Cuanto más específico pueda ser acerca de estos requerimientos, menos tiempo desperdiciará y más sólido será su plan. Un último consejo: siempre pídale a alguien de su confianza y que entienda de finanzas empresariales que revise sus documentos para evitar errores y omisiones.

IX. Anexos

Utilice los anexos para incluir elementos que suministran información adicional para los lectores. Éstos podrían incluir artículos publicados en la prensa, cuadros y gráficas, folletos, fotografías, contratos, documentos legales y otros. Al utilizar este tipo de información adicional, lo único que tiene que recordar es (1) asegurarse de referenciarlos con números en el texto del plan (por ejemplo, vea el anexo 5), (2) rotular claramente cada anexo, (3) colocarlos en la parte final en el mismo orden en que figuran en el plan y (4) separar la sección de Anexos de la misma manera en que separaría cualquier otra sección del plan.

Toques finales

Como en todo lo relacionado con sus negocios, preste mucha atención a la imagen que proyecta. El plan de negocios no es ninguna excepción.

Como es un documento que los representará tanto a usted como a su empresa, cerciórese de que cause una buena impresión. Los siguientes son algunos consejos de último minuto:

- Agregue una tabla de contenido al comienzo.
- Inicie cada nueva sección en una nueva página.
- Cite todos los datos de investigación.
- Incluya cuadros y gráficas para ilustrar casos.
- Imprima el documento en una impresora láser de muy buena calidad.
- Utilice papel de muy buena calidad.
- Revise la ortografía dos veces.
- Coloque su logotipo y la información de contacto en la cubierta.
- Haga encuadernar el documento para darle una apariencia profesional.
- Utilice márgenes de por lo menos dos centímetros y medio.

Recursos

Si quiere que su plan de negocios sea realmente profesional, consulte a algunos expertos. Aunque seguramente le sería muy costoso pedirles consejos en persona, con leer sus libros le bastará.

PARTE III

Lanzar su empresa

CAPÍTULO 4

Aspectos básicos para la creación de una nueva empresa*

Antes de salir corriendo a fundar su empresa, existen algunos otros aspectos importantes que es preciso mencionar. Por tediosas que sean estas exigencias, si las ignora con la esperanza de que desaparezcan podrían ocasionarle serios problemas o incluso llevarlo a la cárcel.

¿Cuál es su dirección comercial? ¿Es usted el único propietario de la empresa, o su idea es crear una compañía con un cierto número de accionistas? ¿Qué crédito tiene? ¿Guarda algún registro del último pago que le hizo a la empresa telefónica? ¿Puede demostrar que ese viaje a Nueva York sí fue un "viaje de negocios"? ¿Está consciente de que un cliente también puede pedirle que respalde un informe de gastos con recibos, o no?

---

* El contenido de este capítulo corresponde a la realidad legal y empresarial de los Estados Unidos, donde opera la autora. El lector debe tener en cuenta que muchos aspectos pueden no corresponder a los vigentes en su país y debe adaptarlos a sus propias circunstancias (*nota del editor*).

Si usted se parece a la mayor parte de los nuevos dueños de empresas, muchas de estas preguntas, que muy pronto dejarán de parecerle extrañas, se las van a hacer. Y es mejor que tenga algunas respuestas listas.

Constitución legal de la empresa

Vamos a lo primero. ¿En dónde va a funcionar su compañía? ¿En la casa, en una oficina, en un cobertizo abandonado, en la Suite 412 (que a veces se disfraza como Box 412 en los apartados aéreos locales)? Independientemente del lugar donde se ubique, tendrá que hacerle saber a mucha gente, sobre todo a ciertas entidades del gobierno, cuál es la dirección oficial de su empresa.

En los Estados Unidos, para registrar la empresa, tendrá que ir a la oficina del City Clerk, o secretario municipal, por lo general ubicada en el edificio del ayuntamiento. Allí deberá llenar un formulario corto denominado DBA Statement (en donde debe figurar su nombre, su dirección, el nombre de la empresa, etc.), pagar entre 20 y 50 dólares o alguna otra suma relativamente módica (varía según el estado), y con ello el estado en donde reside lo reconocerá oficialmente como empresa. DBA significa "Doing Business As", o "hacer negocios como", lo cual quiere decir que el documento con que sale de la oficina del City Clerk será su prueba legal de que está "haciendo negocios como" tal empresa.

¿Por qué se necesita esta prueba? Imagine que yo quisiera retirar una suma de dinero de la cuenta de mi empresa en el banco, o aclarar algo sobre mi declaración de renta con la oficina de impuestos. ¿Cómo más pueden ellos saber que realmente soy el dueño de mi compañía? El formulario DBA Statement le demuestra a cualquier banquero, funcionario del gobierno o incluso arrendador potencial que usted sí tiene derecho de revisar y hacer enmiendas a documentos legales relacionados con su empresa.

Estructuras legales

Al fundar una empresa, tiene que decidir primero cuál va a ser su estructura legal. Esto afectará la manera como la organice, maneje sus asuntos de negocios, pague sus impuestos y asuma ciertas responsabilidades. La estructura legal de una empresa también determina quién recibe utilidades, quién tiene voz y voto y qué opciones de financiación hay. La decisión sobre el tipo de constitución legal de la empresa es algo muy importante que nunca se debe tomar a la ligera. Como verá a continuación, la decisión que tome afectará sus derechos y su libertad como dueño de una empresa, de modo que proceda con cautela.

Existen cuatro tipos principales de estructura legal para una empresa: *propiedad de una sola persona, sociedad en comandita, sociedad anónima* y *organización sin ánimo de lucro*. (También son cuatro tipos de empresas diferentes, como veremos más adelante.) Lo más probable es que sus primeras empresas sean de propiedad de una sola persona o sociedades en comandita.

Propiedad de una sola persona

Como su nombre lo indica, en este caso la empresa le pertenece por completo a una sola persona, y ésta asume toda la responsabilidad por ella. El DBA Statement indica que usted, Jane Doe, está haciendo negocios con el nombre de su empresa, Doe Enterprises. Así pues, en cierto sentido la compañía es lo mismo que su dueño. Si su empresa gana dinero, usted gana dinero. Si a su empresa la demandan, a usted lo pueden demandar personalmente debido a su responsabilidad ilimitada.

Casi toda la gente que inicia una empresa opta por registrarla como de propiedad de una sola persona, porque es la manera más sencilla, exige menos trámites, los impuestos son menores y el dueño mantiene el control total de la compañía. La principal desventaja es la dificultad que entraña conseguir financiación para una empresa de propiedad de una sola persona. Como el dueño asume la totalidad del riesgo, es él el responsable de pagar a los inversionistas en uno u otro momento. Si el empresario individual no tiene los recursos financieros para cumplir con lo que prometió, es riesgoso que alguien más invierta en la empresa. (Ésta es otra de las razones por las que a veces se escucha la frase "los inversionistas invierten en usted, no en su empresa".)

SOCIEDAD EN COMANDITA

La *sociedad en comandita* se parece bastante a la empresa de propiedad de una sola persona, aunque con algunas diferencias. La primera es que la empresa tiene dos o más propietarios. La sociedad se puede dividir y estructurar de la manera como decidan sus dueños. Este entendimiento se define en un contrato de asociación, un documento estándar que se crea cuando dos o más personas se reúnen para fundar una empresa. Algunas sociedades en comandita son 50-50, es decir, los fundadores dividen el trabajo y las utilidades y son dueños de la empresa por partes iguales. También hay sociedades en comandita en las que uno de los socios se encarga, por ejemplo, de realizar todo el trabajo o las labores administrativas, mientras que el otro sólo aporta dinero a la empresa. En este caso hay una persona que maneja la empresa (socio gestor) y otro u otros que la financian, pero no participan en la toma de decisiones cotidiana (socio comanditario).

El principal beneficio que tiene una sociedad en comandita es que se comparten las responsabilidades. Eso significa que los acreedores, los banqueros, los proveedores y a veces incluso los clientes perciben el negocio como más sólido. El problema con este tipo de sociedades es que debe existir gran confianza, comunicación y compatibilidad entre los dueños. En el capítulo 5 encontrará mayores detalles sobre estas sociedades y los riesgos que entrañan.

Sociedades anónimas

Existen varias razones por las que un empresario constituye una *sociedad anónima*, pero la principal suele ser la responsabilidad personal. Constituir una sociedad anónima es como crear una persona. Así como una persona necesita un registro de nacimiento, la sociedad anónima requiere un documento denominado "escritura de constitución". Y así como los niños tienen padres que asumen la responsabilidad por ellos en sus primeros años y los van guiando a medida que crecen, la sociedad anónima cuenta con una junta directiva, que actúa como lo harían los padres en el manejo de la empresa, y accionistas que financian a la compañía a cambio de capital accionario o una parte de la propiedad.

Como entidad legal, la sociedad anónima por lo general puede ser demandada sin que los activos del dueño corran riesgo. La principal razón por la que se considera a estas sociedades como si fueran personas, o entidades vivientes, es que se les cobran impuestos, como a las personas, y se les puede demandar o hacérseles responsables por cualquier cosa indebida que hagan. Muchos empresarios prefieren hacer negocios como sociedades anónimas, porque de esta manera, si sucede algo malo, su responsabilidad personal es limitada, a diferencia de lo que sucede con las empresas de un solo propietario.

La sociedad anónima limita la responsabilidad de sus dueños porque, en cierto sentido, asume la responsabilidad por sí misma (como lo hacen las personas cuando cumplen dieciocho años). Los dueños también pueden renunciar a cantidades significativas de capital accionario o propiedad a fin de captar recursos. Por ello los verdaderos dueños de una sociedad anónima son sus accionistas, y necesariamente la(s) persona(s) que la fundaron. La propiedad de una sociedad anónima está determinada por quién posee una mayor cantidad de acciones. Así pues, al vender acciones para captar recursos, el empresario renuncia a parte de la propiedad de su empresa.

Los cuatro tipos de sociedades anónimas son:

- *Sociedades C*
- *Sociedades S*
- *Sociedades de responsabilidad limitada*
- *Organizaciones sin ánimo de lucro*

Cada una de estas modalidades se creó para suplir las necesidades de diferentes empresarios y sus negocios. Como es apenas lógico, todas tienen sus pros y sus contras.

La Sociedad C, o *C-Corporation*, es el tipo de constitución más común entre las grandes sociedades anónimas, porque es la que por lo general necesita captar grandes volúmenes de capital en diferentes épocas mientras está creciendo. (Estas diferentes etapas de búsqueda de recursos se conocen como *rondas de capitalización*. Si hasta ahora está captando sus primeras inversiones importantes, está en su primera ronda.) La Sociedad C es la estructura legal que más favorece la captación de recursos, porque permite una cantidad ilimitada de accionistas. El inconveniente es que la compañía está sujeta a doble tributación, es decir, que debe pagar sus propios impuestos sobre lo que produce, y luego se gravan los dividendos que reciben los accionistas. Esto es muy desalentador para muchos empresarios, porque de esta manera sus empresas terminan pagando cantidades sustanciales en impuestos, que pueden ascender al 40 por ciento de los ingresos.

La Sociedad S se asemeja bastante a la Sociedad C; difieren en lo que respecta a la doble tributación y a la cantidad de accionistas permitida. En lo que se refiere a impuestos, una Sociedad S, también conocida como *Sub-Chapter S*, ofrece la misma protección en términos de responsabilidad, y sólo grava los ingresos personales de los accionistas y no a la sociedad como tal. La cantidad de accionistas tiene como límite treinta y cinco residentes en los Estados Unidos. Las empresas pequeñas muchas veces se constituyen como Sociedades S porque no necesitan miles de accionistas, por lo general no requieren inversiones extranjeras y desean limitar la cantidad de impuestos que deben pagar.

La sociedad de responsabilidad limitada (SRL – Limited Liability Company (LLC)) es una nueva estructura legal que se creó para ayudarles a quienes son dueños únicos de sus empresas a disfrutar de la protección que tiene una sociedad anónima sin tener que pagar impuestos tan altos ni realizar todos los trámites que exige ésta. Las SRL existen en casi todos los estados de los Estados Unidos y ofrecen este tipo de constitución legal a muchos empresarios a quienes antes estaba vedada. Con una SRL los empresarios pueden limitar su responsabilidad, pero no tanto como con una Sociedad C. La SRL se reconoce esencialmente como una empresa de propiedad única o constituida en sociedad, con tasas tributarias y exenciones similares a las de este tipo de compañías, al tiempo que se protege a la entidad y a su(s) dueño(s) como si se tratara de una sociedad anónima.

Por su parte, una organización sin ánimo de lucro es una empresa fundada con miras a servir a la comunidad antes que a sus accionistas. Por esta razón, no puede tener accionistas ni dueños. Aunque este tipo de organización sí requiere una junta directiva que la rija y que oriente sus actividades, sus utilidades no se pueden distribuir entre los miembros de la junta. Se tiende a tener la idea equivocada de que una organización sin ánimo de lucro no es una empresa, cuando lo cierto es que sí lo es. Este tipo de organización afronta problemas administrativos, operativos, presupuestales y financieros similares a los de cualquiera otra empresa. La diferencia principal estriba en la manera en que se captan recursos.

Como no puede vender acciones, la organización sin ánimo de lucro depende en gran medida de donaciones individuales y de fundaciones y de la venta de productos o servicios, si tiene algunos que pueda comercializar. Sin embargo, en la mayor parte de los casos los servicios se prestan de modo gratuito y cualquier venta que haga este tipo de organización por lo general se destina a cubrir los gastos básicos que genera la prestación de esos servicios. Es importante mencionar que las organizaciones sin ánimo de lucro no pagan impuestos. Sin embargo, esto no es tan sencillo como parece. Constituir y manejar una organización sin ánimo de lucro es una tarea difícil y dispendiosa. Como no se pagan impuestos y la mayor parte del dinero que la sostiene proviene de donaciones, el manejo de una empresa de éstas está sujeto a grandes restricciones y a un meticuloso escrutinio.

El cuadro de la página siguiente presenta una síntesis de los distintos tipos de estructuras legales que puede tener una empresa y le ayudará a decidir cuál es la que más se ajusta a su caso.

Procedimiento

Para constituir una empresa de un solo dueño lo único que debe hacer es registrarla en la oficina del City Clerk (secretario municipal), en donde le entregarán el formulario DBA Statement. Si se trata de una sociedad en comandita, es conveniente redactar un contrato de asociación legal con ayuda de un abogado. Y si está pensando en constituir una sociedad anónima, del tipo que sea, es preciso recurrir a los oficios de un abogado. Aunque hoy en día en los Estados Unidos es posible constituir una empresa en línea y recibir la escritura de constitución al cabo de unos pocos días por un precio de 300 dólares, casi todos los expertos –y los abogados, desde luego– aconsejan buscar asesoría jurídica, lo cual probablemente le costará por lo menos otros 500 dólares. Y si lo que desea es constituir una organización sin ánimo de lucro, deberá estar dispuesto a gastar una gran cantidad de dinero en honorarios legales.

Cuanto más compleja sea su empresa, más requerirá los servicios de un abogado y de un contador. Aunque contratar este tipo de servicios le

ASPECTOS	DE PROPIEDAD UNIPERSONAL	SOCIEDAD EN COMANDITA	SOCIEDAD C (C-CORP)	SOCIEDAD S (SUB-CHAPTER S-CORP)	ORGANIZACIÓN SIN ÁNIMO DE LUCRO
Propiedad	Del dueño	De los socios	De los accionistas	De los accionistas	De nadie
Responsabilidad	Ilimitada	Ilimitada	Limitada	Limitada	Limitada
Impuestos	Tasa más baja	Tasa más baja	Doble tributación	Tasa más baja	No se grava
Distribución de utilidades	El dueño recibe todo	Los socios se reparten las utilidades según se haya estipulado en el contrato de asociación	Las ganancias se pagan a los accionistas a manera de dividendos, proporcionalmente según el número de acciones que posean	Las ganancias se pagan a los accionistas a manera de dividendos, proporcionalmente según el número de acciones que posean	Los excedentes no se pueden distribuir
Votación sobre políticas	No se requiere	Los socios	Los accionistas ordinarios	Los accionistas ordinarios	La junta directiva
Duración de la estructura legal	Termina a la muerte del dueño	Termina a la muerte de un socio	Ilimitada	Ilimitada	Ilimitada
Capitalización	Difícil	Mejor que cuando la empresa es de una sola persona	Excelente, porque la propiedad se puede vender para captar recursos	Buena	Difícil porque no existe propiedad que se pueda vender a manera de acciones

Reproducido con autorización de The National Foundation for Teaching Entrepreneurship puede costar bastante dinero al comienzo, a largo plazo le ahorrará bastante. Sin embargo, como debería hacer con cualquier persona a quien debe pagar por horas, antes de reunirse con un abogado o un contador cerciórese de conocer lo más posible sobre el tema. Seguramente querrá gastar su dinero pagándoles por su trabajo y su pericia, no para que le enseñen aspectos básicos que usted mismo puede aprender.

Asesores profesionales

Otro paso importante que tendrá que dar al establecer su empresa es buscar un abogado y un contador. Esto no significa que los tenga que utilizar de inmediato, pero sí debe haber establecido algún tipo de relación, aunque aún no sea muy formal. Lo que sucede con los asesores profesionales es que uno nunca sabe a ciencia cierta cuándo va a necesitar su ayuda. Pero cuando uno sí los necesita, suele ser de afán.

Existen varias maneras de buscar buenos asesores profesionales. Si no sabe por dónde comenzar, póngase en contacto con la cámara de comercio de su localidad o con una organización gremial de su industria. También podría comunicarse con alguno de sus antiguos profesores de administración o con un profesor de alguna universidad local que ofrezca un buen programa de administración de empresas. La mejor fuente siempre serán las referencias personales. Cuantos más dueños de pequeñas empresas o empresarios independientes conozca en su industria, tanto mejor. Y aunque es maravilloso tener un abogado o un contador en la familia que le pueda ayudar, lo cierto es que debe buscar a alguien que esté familiarizado con el tipo de situaciones que posiblemente va a afrontar. Si conoce a alguien así, usted no tiene que saber qué se espera de su empresa en materia jurídica: el abogado se encargará de saberlo y lo preparará para afrontar el futuro. Así pues, busque referencias personales de personas que están en una situación similar desde el punto de vista empresarial.

Busque firmas que han trabajado con compañías en las distintas etapas de crecimiento que usted anticipa para la suya. Cuando conversamos por primera vez con nuestra firma de contadores, lo primero que nos dijeron era que habían trabajado con decenas de empresas pequeñas en el área de Boston, muchas veces dirigidas por jóvenes empresarios independientes. También nos dijeron que les habían ayudado a muchas de estas empresas a lanzar sus primeras ofertas públicas de acciones. Más tarde, sus clientes por lo general contrataban los servicios de una de las "6 grandes" firmas, como Ernst & Young, Coopers & Lybrand o Deloit & Touche. Cuando analizamos esta firma de contadores, hicimos las siguientes consideraciones:

- Se sienten bien (y realmente disfrutan) trabajando con personas de veintitantos años.
- Casi todos sus clientes son empresas pequeñas (ninguna pregunta les parecerá tonta).
- Están acostumbrados a enseñar a empresarios independientes las prácticas contables básicas.
- Incluso pueden presentarnos a otros pequeños empresarios en la ciudad.
- Si en algún momento crecemos bastante, sabrán cómo ayudarnos.
- Varios amigos nuestros los recomendaron con entusiasmo.

Como podrá imaginar, contratarlos fue una decisión fácil. Cuando haya identificado a los mejores candidatos, siéntese con ellos y conózcalos mejor. (Es probable que la primera reunión, muchas veces denominada "consulta inicial", sea gratuita... pero no lo tome por costumbre.) Cuénteles sobre su situación, formule preguntas, plantee sus inquietudes y sus aspiraciones. En estos casos es preciso hablar con toda franqueza. Suelo decir que hay tres personas a quienes nunca se les debe ocultar nada, pase lo que pase: su médico, su abogado y su contador. Además de estar obligados por ley a respetar su privacidad, no le podrán ayudar ni anticipar los problemas que se le podrían presentar si no saben qué está sucediendo en su vida. Así es también desde el punto de vista personal. De modo que acostúmbrese a que estas personas conozcan sus secretos y temores más íntimos. Para eso están. Es su trabajo. Mientras mejores sean estas relaciones, más cómodo se sentirá al afrontar cualquier inconveniente que se le atraviese en el camino.

Desde luego, habrá algunos servicios básicos que podrán prestarle, como encargarse de la constitución legal de su empresa, patentar marcas registradas, establecer su sistema contable, elaborar la declaración de renta, etc. Pero a veces se presentan situaciones inesperadas, y sobre todo en las etapas iniciales de su proyecto empresarial usted probablemente no sabrá muy bien cómo afrontarlas.

En una ocasión, cuando mi empresa quiso solicitar un préstamo comercial, creo que llamamos a Noreen, nuestra contadora, por lo menos una docena de veces para hacerle preguntas rápidas cuya respuesta no sabíamos. Luego, cuando tuvimos que asignarle repentinamente un valor a la empresa, Noreen nos concertó una reunión con el director de la firma contable. Bill pasó toda una tarde con nosotros enseñándonos y compartiendo su experiencia y su pericia, adquiridas al haber trabajado con decenas de compañías similares a la nuestra. Francamente no sé cómo hubiéramos podido asignarle un valor lógico a nuestra empresa sin la ayuda de Gately and Associates.

Se me ocurre otro ejemplo sobre la relación con los abogados que me gustaría compartir con mis lectores. Cuando era pequeña, estaba convencida de que los abogados eran seres malvados que siempre andaban conspirando para demandar y divorciar gente. Más tarde conocí a mi abogada por intermedio de una amiga que también tenía una empresa pequeña. Desde entonces, Eleanor Uddo se ha convertido en una de mis más cercanas consejeras y en una amiga sincera. Como podrá imaginar, la llamo para que me revise los contratos cada par de semanas, y con mucha frecuencia la busco para que me aclare alguna inquietud. Hace poco incluso nos ayudó con la constitución legal de una organización sin ánimo de lucro. Sin embargo, lo que no esperaba cuando la contraté era que además iba a contar con una entrenadora personal. No sabría decir para cuántas negociaciones y reuniones importantes me ha preparado, ayudándome a puntualizar mis metas y realzando mi ego cuando más lo necesitaba. Los resultados han sido asombrosos.

Así pues, incluso si apenas está iniciando su empresa, nunca subestime el valor de los asesores profesionales. Nunca se sabe, es posible que se conviertan en sus más cercanos amigos.

Crédito comercial

Es probable que uno de los aspectos más emocionantes y no académicos de ser estudiante de primer año en la universidad es escuchar los ruegos de las compañías de tarjetas de crédito para que uno acepte su plástico. Los estudiantes pasan por el frente de sus mesas en la unión de estudiantes procurando mostrarse lo más desinteresados posible mientras los vendedores se postran ante sus posibles clientes, ofreciéndoles camisetas, dulces y tiquetes de avión baratos. Uno toma un formulario de solicitud y comienza a fantasear sobre lo que hará con su primera línea de crédito de 500 dólares, es decir, con el "dinero gratuito" que le están dando.

Si usted forma parte de las masas de estudiantes ignorantes, como lo era yo, tomará las tarjetas de crédito, irá de inmediato a un centro comercial y alcanzará el tope en un abrir y cerrar de ojos. Cuando le aumenten el límite de su crédito a un par de miles de dólares, incrementará sus hábitos de gastos de modo correspondiente. ¡Zas! Vuelve a alcanzar el tope. Le llega su siguiente estado financiero y le piden que pague 70 dólares sólo por gastos financieros. ¡Gastos financieros! ¿Alguien dijo en algún momento algo sobre intereses? ¡Y 21%, como si fuera poco! ¿Acaso no se dan cuenta de cuánto dinero es eso? Sus padres no lo consuelan, pese a que usted les implora que lo ayuden y les asegura que ni siquiera ha podido comer bien últimamente porque no tiene con qué.

Luego, un día, después de haber aprendido la lección, haber pagado las cuentas pendientes, haber dejado de recibir esas cartas amenazantes conminándolo a cumplir con sus obligaciones y haber aceptado que perjudicó su historial crediticio durante los siguientes siete años, decide fundar una empresa. De repente vuelve a sentirse como un estudiante de primer año. Alguna empresa importante lo coloca en su lista de correo como "nuevo dueño de empresa" y las compañías de tarjetas de crédito y los proveedores de artículos de oficina comienzan a pedirle que presente una solicitud para sus programas de crédito. Comienza a soñar con financiar ese fabuloso escritorio en forma de U que tiene visto, e incluso quizás una fotocopiadora o una impresora láser de alta calidad. Después de haber hecho la lista de compras y de haberse sentido feliz durante varias semanas, recibe una carta por correo. Palpa el sobre en busca de la ansiada tarjeta y luego lo abre y encuentra una carta. Es una carta breve, como aquéllas en las cuales confirman el rechazo de una solicitud para ingresar a la universidad. "Lamentamos informarle que no podemos aceptar su solicitud en este momento". Siente que el corazón se le encoge. "¡Pero si en esa época sólo era un estudiante de primer año!", grita a todo pulmón. Nadie lo escucha, ni siquiera las compañías que ofrecen crédito. Llegó el momento de tratar de reparar los daños.

Recuperarse de una mala reputación crediticia

Está bien, si usted siempre manejó impecablemente su tarjeta de crédito, es posible que ya le hayan ofrecido una tarjeta dorada y que los demás estén muertos de la envidia. Entonces, ¡deje de leer esta sección y por una vez en la vida salga a despilfarrar su dinero! En cuanto al resto de nosotros, tenemos que salir del problema en que nos metimos cuando éramos estudiantes o incluso irresponsables un poco mayores. ¿Qué debemos hacer? Supongamos que usted es hoy en día dueño de una empresa o está en proceso de fundar una y su crédito huele tan mal como su nevera aquella vez en que dejó olvidados los restos de la comida china durante más de un mes. Necesita ayuda. Yo lo sé, he estado en esa situación. Así pues, no le diré qué no puede hacer sin crédito, porque seguramente ya se habrá dado cuenta. Pero sí le diré lo siguiente: hay varias maneras en que una mala reputación crediticia puede bloquearle el camino. Si tiene un crédito "manchado", puede tener problemas al querer hacer cualquiera de las siguientes cosas:

- Alquilar espacio de oficina, incluso si se trata de su apartamento.
- Comprar cualquier cosa por cuotas (un auto, una franqueadora, un procesador de tarjetas de crédito, una fotocopiadora).
- Obtener crédito adicional (una tarjeta de crédito empresarial, cuentas empresariales para la compra de implementos de oficina, alquiler de autos, servicios de correo por entrega inmediata).
- Obtener una línea de crédito o un préstamo de un banco.
- Encontrar un inversionista.

Recuerde: usted y su empresa son la misma entidad, pero su negocio requerirá cuentas de crédito propias, que se convertirán legalmente en sus cuentas de crédito. Eso lo aprendí cuando quise comprar unos muebles para un viejo apartamento que compartía con una compañera. Mientras a ella le ofrecieron una línea de crédito generosa, a mí me rechazaron. ¿Por qué? Yo había estado pagando mis cuentas a tiempo y ya habían transcurrido cinco años desde ese año como estudiante en que no supe manejar el crédito. Incluso tenía un buen salario. Sin embargo, cuando quise averiguar la razón del rechazo, descubrí que en los últimos tiempos había hecho demasiadas solicitudes de crédito personal y, por consiguiente, parecía desesperada por obtener crédito. El problema era que las solicitudes (que yo había hecho a otros proveedores) no respondían a una necesidad personal sino que eran para mi empresa. Yo no le había pedido a nadie que me diera crédito a *mí*. Pero como seguía siendo dueña de una empresa de un solo propietario, mis solicitudes empresariales eran también personales. Así mismo, acababa de pasarme a una nueva oficina comercial y había solicitado crédito para eso y también para algunas necesidades que planteaba el local. Por lo tanto, aunque yo pagaba mis cuentas y me habían otorgado todos los créditos comerciales que había pedido, el almacén de muebles no quiso arriesgarse conmigo como persona.

La moraleja de esta historia es que, antes de constituir legalmente su empresa, debe tener en cuenta sus necesidades de crédito. Otra lección es no pedir crédito para nada que realmente no necesite. Sí: tal vez le parezca genial tener una tarjeta para pagar la cuenta del gas, o los buscapersonas, o incluso tener una tarjeta de una tienda de implementos de oficina. Pero no olvide que cada vez que pida un crédito, incluso si se lo otorgan, las oficinas de crédito lo estarán contabilizando. ¿Qué más debe hacer? Veamos otra lista, para que el asunto quede bien claro:

- Limite la cantidad de veces en que solicita crédito.
- Siempre pague por lo menos el mínimo obligatorio y hágalo a tiempo.
- Si le es preciso retrasar el pago de una cuota, avísele a la compañía.
- No utilice crédito cuando pueda pagar en efectivo.
- Lleve la cuenta de las deudas con crédito que vaya acumulando en el mes.

- No permita que nadie use una tarjeta de crédito suya a menos que confíe totalmente en la persona.
- Incluso si tiene un límite de crédito generoso, no lo use todo; deje libre la mayor cantidad posible (lo cual aumenta su crédito disponible o su razón deuda-patrimonio en su calificación crediticia).

Si algo bueno ha de salir de sus pesadillas con el crédito, que sea el nuevo respeto que le merece como elemento de ayuda para su negocio. Se diría que todo lo que acabo de explicar es bastante obvio, pero muchas veces necesitamos oír este tipo de consejos de alguien distinto de nuestros padres para que realmente lo entendamos.

Hacer las cosas como toca

Llevar registros

En esta sección hay dos lecciones sencillas por aprender: lleve un registro de todo lo que haga y siga siempre las reglas. En lo que respecta al registro, guarde todo: mantenga archivos con todos sus recibos y facturas organizados en orden cronológico (eso le ahorrará tiempo y dinero en impuestos). Incluso es buena idea mantener un registro de sus reuniones, cartas y llamadas telefónicas. Es fácil consignar las reuniones en un almanaque o una agenda, y cuando escriba cartas, siempre debe quedarse con una fotocopia y además guardarla en el computador. Cuando envíe un correo electrónico, siempre envíese a usted mismo una copia de todo lo que escriba, además de guardar toda la correspondencia comercial que reciba.

En cuanto a las llamadas telefónicas, yo me he acostumbrado a anotarlas en un cuaderno o diario. Esto puede parecer tedioso, pero en varias ocasiones me ha resultado muy útil. (Para su información: si mantiene un registro de todo lo demás en el computador, también podría incluir sus llamadas telefónicas, sus cartas e incluso las notas sobre reuniones con la ayuda de un programa de administración de contactos, como Access de Microsoft o ACT de Symmantic.) ¿Cuántas veces se le ha olvidado que habló con alguien, o recuerda una conversación pero no exactamente lo que se dijo en ella? ¿Y recuerda acaso cuándo fue la última vez que llamó a alguien o cuándo esa persona lo llamó a usted? ¿Alguna vez ha tenido que afrontar un lío legal y le ha tocado recordar las fechas en que se reunió con una determinada persona, o habló o intentó ponerse en contacto con ella?

Si llevara un registro de todo eso, probablemente sí podría. Mi registro de llamadas telefónicas me permite hacerlo e incluso me ayuda a recordar seguirle la pista a cosas que por lo general olvidaría. Si le cuesta trabajo recordar diversas "cosas por hacer", comience a consignar todo por escrito, pero no en hojas sueltas de papel o en papeletas autoadhesivas. Compre un cuaderno, coloque la fecha en la parte superior de cada página y comience a consignar todo lo que haga en su vida empresarial. De esta manera, siempre tendrá un registro físico de sus actividades diarias. Un beneficio adicional es que cuando se sienta desanimado con su negocio, puede revisar sus actividades pasadas y ver todo lo que ha hecho o le queda por hacer.

Seguir las reglas

Lo otro que debe hacer es seguir las reglas; no las que dicta la tradición, sino las que dicta la ley. Haga todo como toca. Aunque algunas leyes, como por ejemplo las tributarias, le parezcan absurdas, como ciudadano y como dueño de una empresa tiene la obligación de acatar las reglas que rigen la sociedad. Si la FDA (la entidad reguladora de alimentos y medicamentos de los Estados Unidos) dice que no puede preparar chili en su cocina para distribuir en puntos de vista minoristas, haga caso. Si su amigo, que también es dueño de una empresa pequeña, está pagando impuestos de desempleo, averigüe por qué y pregunte si usted también debe hacerlo. La ignorancia no sirve de excusa para no cumplir una ley. En lo que respecta a cuestiones legales, esfuércese siempre por averiguar todo lo pertinente, de manera que pueda cumplir las reglas. La posibilidad de que su empresa funcione ilegalmente no debe siquiera cruzársele por la mente. Independientemente de cuánto dinero podría ganar o de qué tan improbable crea que sea que lo pesquen, *nunca* vale la pena asumir semejante riesgo. No espere a aprender la lección personalmente. Abundan las personas que le pueden relatar historias deplorables sobre cuánto tuvieron que sufrir por no haber acatado las reglas.

Impuestos

No entraré en detalle en este tema pero me referiré en términos generales a los impuestos y le daré unos cuantos consejos. En lo que respecta a impuestos, sea paranoico. No es gratuito que la gente compare el IRS (Internal Revenue Service, u oficina de impuestos de los Estados Unidos) con la KGB de la Unión Soviética. El IRS puede ser implacable cuando se trata de recolectar el dinero que le deben y, de nuevo, en este caso la ignorancia no sirve de excusa. Miles de empresas y de personas se arruinan todos los años por no haber acatado las reglas tributarias, por absurdas que algunas parezcan.

Haga lo que haga, asegúrese de consultar a un representante de la oficina de impuestos, o mejor a un contador, sobre qué le deben usted y su empresa al gobierno, y cómo debe hacer su declaración de renta.

Recuerde, sea paranoico en el cumplimiento de la legislación tributaria pertinente y asuma usted mismo la responsabilidad de averiguar todo lo que debe saber sobre impuestos. El IRS no le dará un golpecito en la mano al tiempo que le dice que debe prestar más atención la próxima vez, sino que le impondrá una multa y no dudará en cerrarle la empresa si no la puede pagar.

Repasemos, entonces, los aspectos básicos que debe tener en cuenta para establecer su empresa:

- Cerciórese de escoger la estructura legal apropiada para su tipo de empresa.
- Proteja su crédito como a su misma vida.
- Establezca relaciones estrechas con los mejores asesores profesionales.
- Asegúrese de pagar los impuestos.
- Haga lo que haga como empresario, no deje de seguir las reglas legales básicas de los negocios.

No corra el riesgo de convertir la mejor oportunidad de su vida en una situación desagradable. Siga los consejos que le doy en este capítulo y podrá dormir con más tranquilidad, a sabiendas de que está haciendo lo correcto y de que cuenta con cimientos excelentes y un sistema de apoyo sobre el cual construir su empresa.

CAPÍTULO 5

La decisión de conformar una sociedad

Una de las decisiones más importantes que deberá tomar es si inicia una empresa en compañía de un socio o lo hace usted únicamente. Sobre este tema existen muchas opiniones encontradas, de modo que tómese su tiempo, consiga el máximo de información posible y tome la decisión con suma seriedad. Cuando las sociedades funcionan son maravillosas, pero cuando no resultan la experiencia suele ser muy desagradable.

Razones para contemplar la posibilidad de conformar una sociedad

Existen muchas buenas razones por las cuales la gente consigue socios. Algunos simplemente se sienten más tranquilos si saben que no están solos. Otros conocen personas que siempre han apreciado, con quienes han trabajado bien o con quienes creen que podrían hacerlo. También hay casos en que a dos o más personas se les ocurre una idea para hacer un negocio y simplemente lo hacen. Otras personas también descubren que para poder fundar una empresa propia necesitan la ayuda de alguien que cuente con capacidades complementarias o recursos para poder aprovechar exitosamente una oportunidad.

Si comprueba que le hace falta el dinero, la pericia, los contactos o la experiencia necesaria para fundar una empresa en particular, es posible que la solución sea un socio. Recuerde que existen diversas maneras de estructurar un contrato de asociación (veremos eso en detalle más adelante). Algunos socios sólo aportan dinero, toman una parte del patrimonio (un porcentaje de la propiedad) y delegan el manejo de la empresa en el otro. Otros socios querrán participar plenamente y trabajar con usted día a día. Como se imaginará, también hay muchas otras modalidades intermedias. Reflexione bien sobre el tipo de relación que le gustaría establecer si tuviera un socio y sobre el tipo de relación que podría tolerar si la opción que considera ideal es imposible.

Otras razones para pensar en conseguir un socio

- Necesita una suma de dinero que no puede conseguir solo, y un tercero que sí la tenga podría interesarse en su negocio y querer participar en él.
- Es estudiante y tiene muy poco tiempo para ocuparse de todo.
- Es su primer proyecto empresarial.
- Su socio ya ha hecho este estilo de cosas antes, mientras que para usted todo es nuevo.
- Uno de ustedes tiene inclinaciones administrativas y el otro posee algún talento especial que se puede ofrecer y vender a los clientes (esto sucede con frecuencia en el campo de la alta tecnología).
- Detecta una gran oportunidad para combinar recursos.

- Quiere iniciar un negocio de modo informal, por pura diversión, y no como un oficio serio.
- Está consciente de que tiene algunos puntos débiles que le impedirían manejar exitosamente una empresa usted solo.

Las mejores sociedades son aquéllas en las que las dos (o tres, o cuatro) personas se complementan. Esto es válido en lo que respecta a habilidades y recursos, y resulta especialmente importante en cuestión de personalidades. Una persona muy introvertida puede tener una idea o una pasión increíble, pero sin la ayuda de un vendedor extrovertido no llegará muy lejos. Si siente que puede trabajar bien junto a otra persona, encontrar funciones diferentes en la empresa que a ambos les gustan y no estar fastidiándose uno al otro todo el tiempo, entonces conformar una sociedad puede ser una decisión muy inteligente.

Razones para no conformar una sociedad

Uno de los deseos más comunes de los jóvenes con espíritu empresarial es fundar una empresa con un amigo. Parece lo más lógico, ¿o no? Confían uno en el otro, se llevan de maravilla, entonces ¿por qué no hacerlo?

Le diré por qué. Si es un joven empresario que inicia un nuevo negocio, ya de por sí enfrenta bastantes probabilidades de tener problemas. Doble esas probabilidades si consigue un socio y triplíquelas si el socio participa por partes iguales con usted en todo. Una sociedad puede fácilmente convertirse en un desastre.

¿Por qué? Piense un poco. En primer lugar, conseguir un socio que intervenga por partes iguales en la empresa elimina de inmediato una de las principales razones que lo llevaron a fundar una empresa propia. Si quería justamente no tenerle que responder a otra persona (un jefe, por ejemplo) o pretendía evitar cualquier tipo de burocracia dispendiosa, ambos incentivos quedan eliminados. Casi todas las decisiones, grandes y pequeñas, deben consultarse con el socio, y cada decisión podría requerir horas y tal vez días de discusión interna.

En segundo lugar, todo socio por partes iguales siente que está haciendo más que su compañero. Pregúnteselo a cualquiera. Un socio siempre cree que trabaja más horas, más duro, que se entrega más y que lo aprecian menos. El otro –¡sorpresa!– cree exactamente lo mismo. Por consiguiente, el potencial de resentimiento en este tipo de sociedades es muy grande. Si la empresa no prospera, es posible que su socio comience a cuestionar cada centavo que se gaste, cada minuto que usted no esté en la empresa trabajando y cada llamada telefónica personal que reciba.

La dinámica de este tipo de relación pronto se deteriora de otras maneras. Muchas veces se convierte en una competencia de voluntades entre dos personas. Si uno de ustedes o ambos son del tipo entusiasta/ enérgico/competitivo, cada cuestión que se debata se convertirá en un desafío psicológico de quién cede primero. Comenzará a llevar cuentas de maneras que ni se imagina.

Más importante aún, cualquier problema y hostilidad entre los socios no sólo afecta a las dos personas. El personal de operaciones se siente frustrado y confundido al no tener un líder claro. ¿A cuál de los jefes obedecen? Incluso a los clientes les puede ser difícil determinar quién está verdaderamente a cargo. Por último, si se separan, muchas veces la división le propina un golpe mortal al proyecto. ¿Cómo se divide la empresa? ¿Alguno de los socios tiene suficiente dinero para comprar la parte del otro? Es una situación muy desagradable y muchas veces no hay ganadores.

Alternativas

Sin duda alguna, cuando inicie una nueva compañía va a necesitar una persona clave (y muchas más) para que le ayude en el funcionamiento de la empresa. La pregunta que usted como empresario independiente debe hacerse es: ¿esa persona tiene que ser necesariamente un socio? ¿O acaso un cargo diferente mantendrá al socio potencial profundamente involucrado sin que ello debilite su control sobre la empresa? Las siguientes son algunas opciones:

- *Presidente/Vicepresidente:* Piense en esto como una situación en la cual hay un piloto y un copiloto. Ambos son vitales para que el avión vuele, pero uno de ellos tiene el poder y responsabilidad finales en la toma de decisiones. No tiene nada de malo ser la persona número dos. La solución de "usted como presidente y su colaborador no socio como vicepresidente" también facilita de división de labores. Si las contribuciones de su segundo son marcadamente financieras, otros cargos ejecutivos, como director financiero o contador, podrían ser más apropiadas.
- *Accionista minoritario.* Aunque advierto fuertemente a la gente contra ceder acciones de su empresa (eso equivale a ceder control), en este caso, el hecho de dar algunas acciones le da a un no socio una "voz" en la compañía, sin que por ello se menoscabe el control último que usted ejerce.
- *Consultor temporal.* Supongamos que se piensa instalar en la capital para hacer cabildeo a favor de un grupo de interés especial. Es posible que más que un socio lo que necesite es alguien que tenga experiencia en una área específica y que trabaje con usted de manera continua durante cierto tiempo (no para siempre). No le entregue la mitad de la empresa ni la mitad del control a alguien a quien eventualmente no necesitará. Págele más y conviértalo en consultor.
- *Contratista independiente.* Supongamos que su nuevo producto implica un elemento de tecnología láser, campo en el cual usted

carece de experiencia. Necesitará estos conocimientos especializados para desarrollar un prototipo del producto y para que le ayuden a estructurar el proceso de manufactura. Luego es posible que necesite este tipo de ayuda periódicamente, pero a largo plazo, y no de tiempo completo.

La decisión

Siéntese usted solo y haga una lista de pros y contras. Esto puede parecerle un poco simplista, pero lo cierto es que le puede servir de gran ayuda para tomar decisiones sólidas como éstas. Incluso puede asignarle un puntaje de importancia a los diferentes elementos, como por ejemplo darle más peso a las responsabilidades financieras. Dedique un par de días a esta tarea. Asegúrese de tomarse el tiempo suficiente y de ser brutalmente honesto. Si lo desea, puede mostrarle la lista a alguien de su confianza (que no sea su socio potencial), para que la comente con usted y se cerciore de que no deja nada por fuera. Esta lista le debe dar una buena idea sobre si va por el camino correcto o no.

Antes de conseguir un socio por partes iguales, piense bien en las razones por las cuales necesita un socio. Otros factores que debe tener en cuenta son los siguientes:

PERCEPCIÓN	REALIDAD
El trabajo y la responsabilidad se pueden compartir.	Es muy difícil medir el trabajo y la responsabilidad y resulta imposible dividirlos 50-50.
Siempre habrá dos opiniones.	Siempre habrá dos opiniones.
Una empresa es más fuerte si la manejan dos personas.	Tener a dos personas a cargo confunde y genera frustración al personal y a los clientes.

Casi todos los empresarios independientes necesitan ayuda para no tener que hacer todo ellos mismos.	Nadie hace las cosas de la misma manera que uno.
Si hay dos personas, las ideas se pueden compartir y afinar más fácilmente.	El disenso causa conflictos.
Trabajar con un socio puede hacer más divertido el trabajo.	Trabajar con un socio puede acabar con una amistad.

Ahora bien, si piensa en su empresa como un proyecto comercial de corto plazo o como algo divertido, no tiene que ser tan paranoico. Pero si piensa invertir una gran cantidad de tiempo, energía y dinero en su negocio, lea atentamente esta sección.

Dedique algún tiempo a averiguar sobre su(s) socio(s). Esto significa que debe emprender una investigación propia. Converse con algunos de sus antiguos socios comerciales o colegas. Hable con amigos mutuos. Incluso podría averiguar muchas cosas si habla con sus padres. Si sus socios potenciales son un poco mayores y tienen más experiencia, o si han dirigido otras empresas antes, probablemente podría obtener un informe financiero sobre ellos o incluso buscar recortes de periódico sobre ellos y sus actividades. No sea entrometido, pero asegúrese de averiguar un poco más sobre un posible socio de lo que él mismo quiera decirle.

El siguiente paso es pasar bastante tiempo con su socio potencial. Siempre he pensado que debería haber algo similar a la consejería prematrimonial para los dueños de empresas, sobre todo si son socios. Al saber que existen tantos programas orientados a parejas en los que se obliga a las partes a exteriorizar sus sentimientos sobre todo tipo de cosas, desde el sexo y los hijos hasta los suegros, las carreras profesionales, la jubilación y las metas personales, siempre me he preguntado a cuántas personas podría beneficiar una "asesoría en proyectos preempresariales". Mientras tanto, elabore su propia lista de temas y preguntas por hacer. Piense en temas que podrían surgir diariamente e incluso en situaciones que quizás no se presenten en años. Las siguientes son algunas áreas a las que se debe referir:

- Las funciones individuales.
- La autoridad y la toma de decisiones.
- El dinero (inversiones, flujo de caja, administración financiera, informes, metas).
- La contratación de empleados.
- Otros socios/sociedades potenciales.
- Conflictos de personalidad.
- Crecimiento.
- Metas a largo plazo (personales y profesionales).
- Filosofía y misión de la empresa.
- Motivos para conformar una sociedad/empresa.
- Estrategias de salida (cómo y cuando podrá salirse uno de los socios de la empresa en algún momento futuro).

En este momento es cuando deberá sacar a la luz sus más profundos secretos e inquietudes que puedan afectar más tarde la relación. Si alguna vez lo demandaron, lo despidieron de alguna firma, si tiene deudas o tiene una mala reputación crediticia, debe decírselo a su socio. ¿Tiene alguna otra obligación que pudiera interferir con el hecho de ser un buen socio? ¿Tenía pensado tomarse un mes de vacaciones durante el verano? ¿Tiene planes para casarse o tener hijos en el futuro cercano? ¿Siempre le ha prometido a su madre incluirla en cualquier negocio que emprenda? Porque lo cierto es que en realidad se está casando, por así decirlo. Por eso debe tomar esta decisión con sumo cuidado. Sea su propio abogado del diablo y trate de esclarecer cualquier cosa que eventualmente podría convertirse en problema. Piense que cualquier cosa que no saque a colación en este momento habrá de ser abordada después, posiblemente en circunstancias mucho más estresantes.

Un último consejo: antes de seguir adelante, asegúrese de entenderse bien con su socio en cuanto a la comunicación. Ambos deben entender desde este momento que la falta de comunicación puede afectar a su empresa. Si ambos se sienten a gusto hablando sobre temas difíciles y pueden acudir uno al otro para comentar cualquier problema o inquietud, van por el camino correcto. Cuanta más comunicación franca exista, más exitosa será su sociedad (y su empresa).

Antes de dar el paso

Una vez haya averiguado todo lo que necesite y se sienta seguro en su decisión de convertir a esta persona en socio de su empresa y su vida, todavía quedan algunos cabos sueltos.

El contrato de asociación

El contrato de asociación es probablemente el documento más importante que habrá que redactar. Se trata básicamente de consignar por escrito las leyes que regirán su empresa y se parece bastante al contrato prenupcial que muchas parejas redactan antes de casarse. Durante este proceso, aprenderá mucho sobre la flexibilidad, el compromiso y la creatividad de su socio potencial. De hecho, bastantes "matrimonios" nunca se celebran porque la pareja no es capaz de dirimir sus diferencias en un acuerdo prenupcial. Verá que en el caso de una empresa la situación es muy parecida.

Esencialmente, el contrato de asociación especifica los términos de la sociedad: división de poder, responsabilidad y, más importante aún, las condiciones de separación en caso de necesidad. Si las condiciones de terminación no se negocian de antemano, el final será supremamente doloroso. Evítele a todo el mundo este trauma. Son muy pocos los divorcios amistosos.

Los siguientes son los temas básicos que debe incluir un contrato de asociación:

- De dónde proviene el dinero y en qué cantidades.
- Pago de intereses sobre préstamos.
- División de utilidades y porcentajes de propiedad.
- Funciones y responsabilidades.
- Inclusión o retiro de socios (cláusula de compra a socios).
- Transferencia de propiedad.
- Procedimientos para la venta de la empresa.
- Restricciones en el gasto de dinero.
- Resolución de disputas.
- División de autoridad.

Un último consejo. Las condiciones del contrato son tan importantes como las cantidades de dinero. Es importante redactar una cláusula de no competencia. Ésta básicamente estipula que el socio que deja la empresa no podrá iniciar o participar en ningún negocio que pudiera competir potencialmente con su compañía durante un tiempo determinado. Si la sociedad se disuelve, reiniciar una nueva empresa ya de por sí es bastante difícil como para tener que afrontar la competencia de un antiguo socio. Protéjase.

Un abogado

Como probablemente habrá adivinado, debe buscar la asesoría de un abogado en la revisión del contrato, para estar seguro de que el documento tiene fuerza legal. Si redacta un borrador del contrato de antemano, ahorrará bastante dinero en honorarios legales. ¿Para qué desperdiciar el tiempo de su abogado en cosas en las que usted ha debido pensar de antemano? Mientras más aporte usted a los abogados cuando esté listo para hacer el contrato definitivo, menos tendrán que hacer ellos y más puntuales serán las conversaciones.

Si lo desea, converse también con su abogado sobre cualquier tema que lo pudiera afectar personalmente.

La disolución

Es difícil decidir qué va a pasar con la empresa si la sociedad se disuelve. Por lo general, las opciones son:

- Cerrar la empresa;
- Un socio le compra su parte al otro; o
- La empresa se vende a un tercero y se dividen las utilidades.

Por lo general, uno de los socios compra la parte del otro. En este caso, un tercero independiente debe establecer un precio de mercado justo. Trate de obtener tres avalúos independientes y decídase por el precio intermedio.

¿Qué sucede si ambos socios quieren quedarse con la empresa? Como seguramente no querrá echar una moneda al aire, habrá que llegar a algún tipo de acuerdo mutuo. Por ejemplo, un socio escoge si paga ese precio por quedarse con la empresa, o recibe esa suma por marcharse. Desde luego, el primer socio tiene que estar preparado para respetar su propia oferta.

Como verá, la decisión de conformar una sociedad no se debe tomar a la ligera. Sea responsable, profesional y honesto, y así podrá concentrarse en lo que realmente importa: ¡cómo convertir a su empresa en un negocio altamente exitoso!

CAPÍTULO 6

Conformar un equipo administrativo

Aunque no necesariamente en este orden, por lo general cuando se inicia un proyecto empresarial se hace la constitución legal, se asegura la financiación, se empieza a vender y se consigue una oficina donde pueda funcionar la empresa. A medida que la compañía crezca y deje de ser un pequeño negocio ubicado en su apartamento o en el sótano de sus padres, tendrá que conformar un equipo administrativo. Éste puede ser uno de sus mayores retos.

Un equipo administrativo es lo mismo que el personal de la empresa, ¿no es cierto? ¡Se equivoca! El equipo administrativo será un pequeño grupo íntimo que, además de ejercer las funciones propias de sus miembros en la compañía, interactúa como una unidad para ayudarle a tomar decisiones que harán "crecer" la empresa.

Usted, el fundador, es el corazón de la compañía. Su equipo (del cual desde luego usted forma parte) será su alma. El corazón ama la empresa, la cultiva, la inspira para conducirla a la grandeza. El alma es la estructura que provee sustancia, dirección y coraje para guiar a la firma por el camino del crecimiento continuo. Al fin y al cabo, un crecimiento estable y controlado es lo que mantiene a una empresa joven, vital y rentable. Si su compañía no está creciendo, en el mejor de los casos estará estática... que es el primer paso hacia el desastre empresarial.

No se puede estructurar un buen equipo en una semana. Según Peter Drucker, considerado por muchos el gurú por excelencia de los empresarios, es posible que se requieran entre doce y dieciocho meses para encontrar la combinación óptima de personas para la empresa; pero créame, valdrá la pena.

El primer paso consiste en reflexionar sobre qué cualidades deben tener los miembros del equipo. Seguramente ya habrá pensado en el tipo de experiencia, nivel de educación y personalidad que considera convenientes para su firma y que puede darse el lujo de pagar. Es probable que piense en contratar a la gente que conoce. Le aconsejo que resista esta tentación. Este estilo de gerencia termina siendo lo que suelo denominar "la teoría del armario": un armario lleno de ropa que no combina y que lo deja a uno sin nada que ponerse. Además, el estilo ecléctico puede funcionar cuando uno escoge qué ponerse para ir a ese nuevo y moderno club el viernes por la noche, pero no sirve a la hora de seleccionar su equipo administrativo clave.

Si conforma un equipo al azar, no estará conduciendo su empresa a la grandeza, sino que se convertirá en árbitro de disputas "familiares". Luego, a los seis meses, estará harto de todos, los despedirá y comenzará a publicar anuncios para estructurar un grupo completamente nuevo, pero con idénticos resultados. Así es como comienza el síndrome de la "puerta rotatoria". Absorbe la energía, afecta a los clientes y no le hace ningún bien a su reputación empresarial (que, como bien lo saben todos los jóvenes empresarios, no es tan fácil de consolidar).

A semejanza de todos los demás aspectos relacionados con el inicio de una empresa, la conformación de un equipo exige un plan. Hay muchas teorías sobre cómo estructurar un buen equipo administrativo: sin embargo, hay una en particular que me resulta muy útil para hacerlo. El concepto aparece explicado con gran detalle en *Corporate Lifecycles: How and Why Corporations Grow and Die and What to Do About It* (Prentice Hall, 1988), de Ichak Adizes, quien ha analizado miles de empresas a lo largo de treinta años. Las ideas son un poco etéreas, pero conforman un esquema sólido y seguro para el éxito continuado. A continuación haré un breve resumen, que deberá darle una idea más clara sobre quiénes deben formar parte de su equipo y qué funciones se les deben asignar (aunque definitivamente le aconsejo que consulte el libro en algún momento).

El equipo administrativo perfecto

Como se deduce del título del libro, Adizes sostiene que todos los organismos vivientes están sujetos a un fenómeno denominado ciclos de vida. Las plantas, los animales, las personas y sí, las empresas, siguen un curso similar en la medida en que nacen, crecen, envejecen y mueren. Al ir siguiendo su curso, se establecen patrones de comportamiento previsibles.

El pilar del sistema de Adizes se denomina RAEI, un acrónimo para cada una de las cuatro principales funciones en el equipo administrativo perfecto. Naturalmente, no hay consenso sobre si, en efecto, existe el equipo "perfecto". Incluso Adizes, con todos sus años de estudio, aún no lo conoce, pero hay excelentes ejemplos de firmas que lograron cumplir muy bien tres o tres y media de estas cuatro funciones, logrando resultados envidiables. Una de las historias de éxito más impresionantes con el método Adizes es Domino's Pizza, que en siete años creció de ser una compañía de 150 millones de dólares a una de 1 500 millones.

Usted asumirá una de las funciones, probablemente la parte E, que representa "empresario", además de su papel como fundador y tomador final de decisiones. Luego, a semejanza de un director que contrata per-

De Peter Kraft, presidente de Link–The College Magazine

Lo más importante que puedo decir sobre cómo iniciar una empresa propia, es que uno debe rodearse de gente inteligente y confiable. No trate de hacerlo todo solo, asumiendo todas las funciones. Sé que al comienzo es clave no gastar mucho para poder sobrevivir, pero existe un equilibrio entre no gastar mucho y cubrir los aspectos esenciales. Sin duda alguna, la gente buena puede considerarse como un aspecto esencial. Cuando fundé mi empresa, contraté a personas que sabían mucho más que yo en sus áreas respectivas. La razón para hacer esto es muy sencilla. Poner a marchar una empresa (al decir esto me refiero a los primeros tres o cuatro años) es extremadamente duro para el presidente, porque tiene que afrontar muchísimas experiencias nuevas que le absorben una gran cantidad de tiempo. Lo denomino el "factor desconocido". Y pronto comprende uno que aquello para lo que creía que tendría tiempo al comienzo es imposible de hacer sin ayuda.

Según un dicho, la creación de una empresa exige "el doble de tiempo y el doble de dinero" del que se pensó al comienzo. Esto se debe al factor desconocido; incluso si se tiene un plan de negocios detallado, es posible que tenga que hacer cosas que no anticipó. Y todas esas cosas exigen mucho tiempo de reflexión porque son nuevas. Más reflexión significa más dinero (ya sea gastado o no ganado) y, por consiguiente, lo que pensó que sólo tomaría el 25 por ciento de su tiempo está consumiendo el 50 por ciento o más. Y como todos sabemos, el tiempo es dinero.

Los buenos colaboradores no son un lujo sino una necesidad absoluta. Y por buenos colaboradores no me refiero a su mejor amigo (yo cometí ese error), sino a personas que puedan hacerle sugerencias, que tengan iniciativas. No caiga en la trampa de contratar a sus amigos sólo porque puede confiar en ellos. Si no tienen la experiencia que exige el trabajo, pasará una enorme cantidad de tiempo supervisándolos, con lo cual nadie ganará. Los buenos colaboradores son aquellas personas que han demostrado su valor en el área que usted necesita. Es posible que cuesten más y, de hecho, probablemente tendrá que pagarles más de lo que se paga a usted mismo, pero, repito, el valor es evidente. Estas personas son cruciales para darle a usted, el presidente y fundador de la empresa, tiempo para ocuparse del crecimiento de su negocio.

PERO (siempre hay un pero) igualmente importante que contratar buenos colaboradores es no permitirles que impongan sus propias ideas y

> determinen qué curso debe seguir su compañía. Los buenos le enseñarán, porque eso hace mucho más efectiva su relación con usted. Pero tenga cuidado de no permitir que sus tres "buenos colaboradores" dirijan su empresa por donde ellos quieran. A usted le corresponde mantener la visión y la dirección y cerciorarse de que su gente trabaje en ese sentido. Los buenos colaboradores son una excelente inversión.

sonajes específicos para una obra de teatro, deberá encontrar gente que desempeñe las otras tres funciones... incluso si al comienzo sólo puede pagarle a una persona que deba asumir los tres papeles.

Esencialmente, lo que se busca en el sistema RAIE son tres padres sustitutos que, junto con usted, combinarán sus esfuerzos para criar a este niño, su empresa. Cada "madre" o "padre" concentrará sus esfuerzos en una serie diferente de metas de corto y largo plazo que, combinadas, criarán una saludable, feliz y exitosa entidad.

La siguiente es una breve descripción de las funciones RAEI:

R – *Realizador*. Ésta es la persona con quien cuenta para apagar incendios, que tiene una actitud de "hagamos esto hoy mismo". Este individuo es un hacedor sensato. Si se acaba el papel en la oficina, R sale y consigue una resma *de inmediato*.

A – *Administrador*. Éste es el organizador y, en esencia, una persona sistemática que siempre está preguntando: "¿Cómo podemos hacer esto mejor?". Si se acaba el papel en la oficina, A dice: "Organicemos un sistema para que no nos volvamos a quedar sin papel".

E – *Empresario*. Esta función exige dos características: creatividad y capacidad para asumir riesgos. Adizes define en este caso la creatividad como sinónimo de planeación, o "decidir qué hacer hoy a la luz de lo que se espera para mañana". La creatividad, dice, es necesaria para construir escenarios futuros, de modo que se puedan predecir los cambios que ocurrirán. "La función del (E)mpresario no es adaptarse al entorno cambiante. Adaptarse significa ser reactivo, no proactivo. Debemos proactuar, proyectar cómo va a ser el futuro, y luego hacer algo al respecto". Ahora, regresemos al problema del papel en la oficina. La pregunta que haría *E* es: "¿Y para qué necesitamos papel? Desarrollemos un sistema en el que no necesitemos papel".

- *I – Integrador.* Mientras el equipo trabaja como una unidad para criar la empresa, la función de *I* es hacer las veces de "madre" del equipo. Así como una madre nutre a los hijos, los alienta a jugar unos con otros y a protegerse contra el mundo exterior, así también *I* busca desarrollar dentro de la empresa una cultura de interdependencia y afinidad. Como dice Adizes, la función de *I* es "fomentar una religión corporativa única en la empresa". Al confrontar una escasez de papel, *I* haría la siguiente pregunta: "¿Estamos seguros de que nadie más en la empresa tiene algunas hojas que podamos compartir?".

Además de los deberes específicos que deben realizar R, A, E e I, es igualmente importante que los cuatro se comuniquen con franqueza entre ellos. Así como una madre y un padre interactúan para tomar decisiones durante el desarrollo del niño hasta la edad adulta, así también su equipo administrativo se concentrará en metas empresariales específicas, algunas inmediatas y otras a largo plazo.

Manejar conflictos entre los miembros del equipo

Según el sistema RAEI, cada miembro del equipo tiene voz en el proceso de toma de decisiones. No es una voz igual a la suya porque, en último término, será usted quien tome la decisión final. Sin embargo, cada voz, por ser miembro del equipo, tiene el derecho de ser escuchada. Hasta cuando llegue el momento de tomar la decisión final, su equipo es una democracia. (Luego se convierte en una monarquía constitucional, con usted desempeñando el papel del monarca que toma la decisión.)

Sin embargo, es mejor que esté preparado. El equipo no siempre estará de acuerdo en cuanto a cuál es el mejor curso de acción para la compañía... ni debe estarlo. Adizes dice que siempre que exista un equipo complementario, surgirán conflictos que se derivan de las diferencias de estilo. No se sorprenda. Si estructuró un equipo RAEI sólido, se presentarán conflictos porque habrá escogido deliberadamente cuatro estilos diferentes que deberán trabajar en conjunto. A veces el conflicto puede deberse al ego, y otras veces obedece a una lucha de poder.

Como director del equipo, usted debe entender tres cosas. Ante todo, habrá conflicto entre los cuatro miembros del equipo. En segundo lugar, y esto puede exigirles a algunos un acto de fe, el conflicto no sólo es bueno sino saludable. Por último, dése cuenta o por lo menos recuerde cuando sea pertinente que usted no siempre tiene la razón. Deje de desear o de pensar que habrá una armonía perfecta en su equipo todo el tiempo. La magia del sistema RAEI es que el conflicto forma parte de él. Si pasan semanas sin que su equipo tenga un desacuerdo importante, significa que por lo menos dos miembros están dormidos.

Sin embargo, es preciso entender que existe una gran diferencia entre un conflicto constructivo y uno destructivo. "El conflicto es constructivo cuando produce el cambio deseado. No existe cambio sin fricción y la diferencia entre revolución y evolución es el grado de fricción y la forma que ésta adopta", dice Adizes. El conflicto se vuelve especialmente destructivo cuando el asunto deja de ser empresarial y se vuelve personal. Evite esto a toda costa.

Así pues, ¿cómo se mantienen constructivos los conflictos? Desde el punto de vista mecánico, se trata de un proceso de dos pasos en donde la clave es el respeto. Cuando se presenta un conflicto (que no sea personal), muchas veces se debe a que una de las partes tiene alguna información que no posee la otra. Por consiguiente, el primer paso es establecer un entorno de aprendizaje en donde las partes en conflicto escuchen y se esfuercen por entender un punto de vista diferente. Si esto se hace en una atmósfera de respeto mutuo (que usted y el miembro I del equipo se han esforzado por crear), entonces invariablemente ambas partes aprenden algo, lo cual lleva a un entendimiento.

Un equipo administrativo sólido y funcional es como una especie de sistema de frenos y equilibrios: inspira o fomenta una discusión saludable que lleva a una decisión, y luego pone en práctica las decisiones que conducen al crecimiento. Ésta es la unidad que, cuando se actúa al unísono y teniendo en mente lo que más le conviene a la empresa, le ayudará a tomar y ejecutar las decisiones que contribuirán a que la empresa crezca o muera.

Definir el objetivo del equipo

Ya tiene el equipo. Entiende sus funciones individuales y la manera en que interactúan sus miembros. ¿Ya definió el propósito general del equipo?

La respuesta que daría un aficionado es "hacer dinero". Pero pregúntese lo siguiente: ¿Por qué personas como Ted Turner, copresidente de Time-Warner, o Ron Pearlman, de Revlon, ambos multimillonarios con más dinero del que podrían ganar en todas sus vidas, siguen trabajando?

La respuesta es que *el verdadero empresario tiene un ansia que el dinero no puede calmar*. Para ellos, el dinero es el resultado del éxito, no la meta. Las utilidades son apenas un marcador que indica si está jugando bien el partido. Entonces, ¿cuál es el objetivo del juego? Para un joven empresario, podría ser lograr que la compañía supere la etapa de la infancia y pase a la siguiente, y una vez allí, mantener la empresa en ese equilibrio delicado entre flexibilidad y control. Ése es el equilibrio que permitirá que la empresa siga creciendo.

Cómo interactúa su equipo para tomar y ejecutar decisiones

Y usted creía que una decisión era la respuesta a una pregunta de "sí" o "no". Pues sí y no. "Sí", si la decisión es comer postre o no y beber café o no. "No", si tiene algo que ver con su empresa.

Para ayudarle a entender la mecánica de una decisión empresarial, Adizes la ha dividido en cuatro partes, o dimensiones, cada una de las cuales corresponde directamente a las cuatro funciones de su equipo. Una decisión tiene cuatro dimensiones, a saber:

- *Qué* hacer   –(R)
- *Cómo* hacerlo   –(A)
- *Cuándo* (y *por qué*) hacerlo –(E)
- *Quién* lo debe hacer   –(I)

Según el método Adizes, también existe una quinta dimensión: el *porqué*. Está oculta porque se incluye en el *cuándo*. El momento de ejecución de una decisión se deriva de la razón por la que se tomó la decisión. El *porqué* hacemos algo tiene que operacionalizarse en el *cuándo* se debe hacer. No se puede decidir *cuál* es el momento apropiado a menos que se sepa *por qué* se tomó la decisión. ¿Entendió? El *porqué* se oculta dentro del raciocinio que lleva al *cuándo*.

Anatomía de una decisión

Le daré un ejemplo. John (*E*) llega a la oficina después de haber almorzado con el embajador de China y le dice al equipo que este país está abriendo sus negociaciones comerciales con los Estados Unidos y quiere asignarle una alta prioridad a los productos educativos, que es justamente lo que produce su empresa. Si la compañía actúa con rapidez para negociar un acuerdo con el embajador, podría doblar sus ventas, ganarle a la competencia y fortalecer su presencia en el mundo.

La pregunta que le hace al equipo es: "¿Somos capaces de aprovechar esta oportunidad ahora?" El equipo debate el *porqué* de esta decisión. ¿Por qué es una gran oportunidad? ¿Por qué sería muy buena para nosotros? ¿Y por qué debemos aprovechar la ocasión de inmediato? Estas preguntas se responden a satisfacción de todos, pero aún no se ha tomado la decisión de proceder.

El paso 2 consiste en que el equipo analice el *cuándo*. John dice que para ser competitivos, el producto debe estar listo para despachar en 90 días. ¿Puede el equipo lograrlo en tres meses? Antes de que se conteste esa pregunta, Mark (R) interviene y pregunta: "¿Qué debe hacerse exactamente para cumplir con el plazo?". El grupo hace una lista de "cosas por hacer" que tendrían que realizarse con celeridad para poder cumplir el contrato. Examinando minuciosamente la lista, Bruce (A) pregunta *cómo* puede cada departamento incrementar su actual carga de trabajo para lograr el negocio con China. Más debate. Luego Mark señala que hay una escasez mundial de papel y que un pedido promedio de este tamaño toma unos sesenta días. Si la compañía paga un 30 por ciento más, el tiempo se puede reducir a cuarenta y cinco días.

Problemas. Además de que el costo adicional del 30 por ciento afecta financieramente a la compañía, Linda (I) señala que el personal necesita sesenta días completos para traducir el producto al chino. Incluso si se paga un costo adicional, no habría tiempo suficiente para cumplir con el plazo de noventa días. ¿Significa esto que no se puede hacer el negocio?

Bruce (A) retoma un tema anterior. ¿Y si la compañía se asegura de que el papel se entregue, sin costos adicionales, en menos de sesenta días y contrata a un segundo equipo de traductores para agilizar la traducción y terminarla en treinta días?

Buen intento, pero el costo de un segundo equipo de traductores al chino doblaría los costos de la compañía y, como señala Linda, la contratación del segundo grupo de traductores pondría en alerta a la competencia, lo cual le podría costar a la compañía el negocio completo.

John dice que mantendrán la entrega de papel en sesenta días sin costos adicionales, contratarán dos equipos de traductores al chino, la mitad en San Francisco y la otra mitad en Nueva York. Con eso no se trabajará tiempo extra y no se alertará a la competencia.

¡Ya está! Se tomó una decisión importante. Todas las dimensiones RAEI se tuvieron en cuenta y la decisión fue completa.

La importancia de la comunicación

Como dice Adizes, una buena toma de decisión exige comunicación continua entre unos y otros para evitar malas interpretaciones. Si una nueva decisión no se ejecuta correctamente la primera vez, no significa que las personas a quienes asignó la tarea sean incapaces ni que estén tratando de sabotear intencionalmente su maravillosa idea y decisión. Simplemente significa que hay que retroceder y reparar lo que se estropeó... con la ayuda y los esfuerzos combinados de su RAEI.

CAPÍTULO 7

El personal

Ahora es verdad que no tiene vida propia. Después de tres meses de quejas continuas de su familia, sus amigos y de esa persona especial en su vida, quienes ya nunca lo ven, terminó por aceptarlo. Necesita ayuda. No psiquiátrica ni médica. Necesita el tipo de ayuda que viene en forma de empleados entusiastas. Las siguientes son las señales de alerta que indican que debe contratar personal.

No recuerda cuándo fue la última vez que:

- Aceptó una invitación de tipo social.
- Durmió toda una noche.
- Hizo ejercicio.
- Vio el sol (afuera).
- Se sintió realmente feliz.
- Se sintió satisfecho con su progreso.
- Se emocionó con su negocio.
- Pasó algún tiempo con su familia y sus amigos.
- Se tomó un domingo libre (los sábados no cuentan).
- Comió algo que no provenía de una caja o un envoltorio.

¿Le suena familiar? Si en su caso se aplican la mayor parte o todas las frases anteriores, bienvenido al club. Sin embargo, no debe preocuparse demasiado. Como siempre, aquí estoy yo para ofrecerle algunas opciones. Sólo porque tiene que comenzar a pensar en incorporar a otras personas a su empresa no significa que tiene que preparar contratos de empleo y comunicarse lo más pronto posible con su abogado, su contador y sus asesores financieros. Aun sin pagar mucho dinero, puede incorporar a varias personas a la compañía.

Sin embargo, antes de cualquier otra cosa, tiene que pensar en los gastos fijos. Cuando escuche comentarios sobre cómo los gastos fijos matan más empresas que cualquier otro factor, lo que quieren decir es que muchos empresarios asumen tal cantidad de gastos fijos o mensuales que les resulta casi imposible generar dinero suficiente para cubrirlos, y mucho menos registrar alguna utilidad al final del mes.

Cuando esto sucede en algunas de las empresas más grandes del mundo, sus acciones suelen bajar cuando sus razones financieras se desequilibran. Cuando les sucede a los pequeños empresarios, por lo general aguantan lo más posible, les da úlcera en su afán por conseguir el dinero necesario o simplemente cierran el negocio.

¿Cómo asfixian los empresarios sus negocios con gastos fijos? Hay tres maneras de hacerlo:

- Calculan que pronto van a ganar el dinero suficiente para pagar sus gastos fijos (pero no lo hacen); y/o
- Se entusiasman con la idea de tener una empresa y gastan el dinero imprudentemente (todos esas visitas a las papelerías y a los almacenes de implementos de oficina van sumando bastante); y/o
- Emplean gente cuando no pueden darse el lujo de hacerlo.

Como se imaginará, el principal dolor de cabeza relacionado con los gastos fijos son los empleados. Dependiendo de diversos factores (su empresa, la industria, la organización), cada empleado de tiempo completo que contrate en los Estados Unidos puede costarle como mínimo entre 20 000 y 30 000 dólares anuales, sin incluir todos los gastos relacionados.

Así pues, antes de salir corriendo a contratar a unas cuantas personas, hágase un gran favor. Examine sus estados financieros y/o sus presupuestos, y decida honestamente si, después de pagar la renta, las cuentas telefónicas, los gastos de marketing, el transporte, etc., realmente puede darse el lujo de asumir la responsabilidad de tener más empleados. Recuerde, como empleador no sólo es responsable de su empresa y de sus necesidades personales. Ahora sus empleados vienen primero, de muchas más maneras de las que imagina.

Sin embargo, hay varias otras opciones. Existen tres tipos de personas que puede incorporar a su empresa: empleados de tiempo completo, contratistas independientes y pasantes. Me referiré primero a los pasantes por la mejor razón del mundo: son gratuitos.

Pasantes

Para comenzar, debo admitir un sesgo de mi parte. Soy una de las más grandes defensoras de los pasantes porque sin ellos mi empresa probablemente no existiría hoy. Y aunque me encantaría hacer un paréntesis y agradecer a todas las personas que han trabajado para mí bajo esta modalidad, tendría que pasar varias páginas para llegar al final de la lista. Quizás le resulte difícil de creer, pero hace poco conté a más de 70 estudiantes que han trabajado para The Young Entrepreneurs Network. También calculé que me ahorraron más de 150 000 dólares en costos laborales a lo largo de varios años.

¿Cómo salvaron los pasantes mi empresa de una muerte prematura? Pues bien, como la mayor parte de los jóvenes empresarios universitarios, al comienzo tuvimos que salir adelante sin mucha ayuda, pues no contábamos con una cuenta bancaria repleta de dinero. De hecho, trabajé con cerca de 20 pasantes antes de poderme dar el lujo de contratar a alguien de tiempo completo. Lo mejor de todo fue que en mis relaciones con los pasantes siempre nos beneficiamos todos.

¿Por qué? Porque yo necesitaba la fuerza laboral, la imagen de tener empleados, las ideas innovadoras, la energía y la motivación para continuar. Mis pasantes necesitaban algo interesante para hacer, un aprendizaje empresarial real, experiencias que les ayudaran a ir construyendo su hoja de vida, excelentes recomendaciones de empleadores y algo de orientación. Yo era apenas unos pocos años mayor que ellos, y les parecía muy emocionante trabajar para alguien de su misma generación. También les gustaba el ambiente de nuestra oficina: caótico pero informal, flexible, divertido y tolerante. Caminábamos por la oficina sin zapatos, les pedíamos pizzas, nos reíamos constantemente, los llevábamos en nuestros viajes, los invitábamos a presenciar grabaciones de televisión y, en general, les dábamos a los estudiantes más responsabilidad y experiencia de lo que les habría dado cualquier otro empleador. Y sí, así funciona en la mayor parte de los casos. Ahora bien, si aún no está convencido, le daré otras razones para demostrarle cuán interesante es esta opción cuando piense en contratar personal.

Sin embargo, primero responderé las preguntas que la mayor parte de la gente hace sobre el trabajo con estudiantes en pasantías.

¿POR QUÉ QUERRÍA UN ESTUDIANTE TRABAJAR GRATIS?

Por una muy buena razón: además de su diploma, a los estudiantes les interesa otro documento que se llama hoja de vida. Aunque usted, en su condición de empresario independiente, quizás lleve trabajando o creando compañías propias desde que tenía diez años, muchos de sus contemporáneos pasaron todos esos años en fuentes de soda y en los centros comerciales. Cuando finalmente les llega el momento de ingresar al "mundo real", a nadie le va a impresionar mucho su experiencia como empacador en una tienda de abarrotes durante el verano. Todos los años miles de estudiantes entran en pánico cuando se dan cuenta de que no poseen ninguna experiencia práctica real que puedan ofrecer a empleadores potenciales. En este momento de su vida, la palabra dorada es *pasantía*: trabajar sin remuneración, obtener experiencia y luego sí conseguir un empleo. Es muy sencillo. También es una práctica muy popular y respetada entre los estudiantes. En muchos casos estarán dispuestos a trabajar sin remuneración, siempre y cuando que la experiencia valga la pena.

Los pasantes saben que usted, como empleador, puede ofrecerles varias cosas valiosas:

- Referencias y recomendaciones personales.
- Contactos con otros empleadores potenciales.
- La oportunidad de un cargo remunerado permanente.
- Excelentes oportunidades de obtención de experiencia práctica.
- La posibilidad de mencionar cargos que impresionan (muy bueno para la hoja de vida).
- Conocimientos para compartir con ellos: la capacidad de enseñar y ofrecer orientación en sus carreras, así como conocimiento de una industria.
- El prestigio de trabajar para una empresa exitosa, conocida, joven y quizás única.

Esencialmente, usted como empleador tiene el poder y la capacidad de reforzarles sus posibilidades de conseguir buenos empleos futuros, simplemente tratándolos como parte de su empresa.

¿Qué tan competentes son en realidad?

Créalo o no, a veces los pasantes son uno de los activos más valiosos de una empresa nueva. No sólo son personas muy libres, sino que son decididas y se sienten motivadas y comprometidas con el éxito a corto plazo de cualquier proyecto que les encargue. Con frecuencia, los pasantes estarán dispuestos a trabajar largas jornadas y harán todo lo posible para aprender rápidamente. En muchos casos son estudiantes de administración de empresas o de comunicación social, y quizás sepan más que usted sobre contabilidad, investigación de mercados, relaciones públicas o estrategia publicitaria. Si su compañía (o su fuerza de ventas) es bien impresionante, y tiene la suerte de estar ubicada cerca de una universidad importante, muchas veces podrá obtener empleados de categoría superior en el año siguiente. No subestime los conocimientos de un estudiante. Debido a su capacitación incentiva en el aula de clase, es incluso posible que estén más actualizados que usted en cuanto a tendencias y sucesos en la industria.

¿Por qué es buena idea trabajar con pasantes?

Existen muchas razones válidas para acoger pasantes en su empresa. Personalmente, yo lo hice porque quería ofrecer a estudiantes (en especial los de mi alma máter) empleos más emocionantes y porque quería introducir sangre e ideas nuevas en nuestra compañía. Está bien... también me gustaba tener a todas esas personas adicionales correteando por la oficina. No sólo parecíamos una empresa de mayor tamaño, sino que el trabajo se volvía mucho más emocionante.

Los estudiantes tienen la energía y los conocimientos necesarios para triunfar, pero muchas empresas no los contratan porque sólo pueden trabajar durante el verano o medio tiempo mientras terminan sus estudios y porque, desde luego, no cumplen con el requisito de "mínimo dos años de experiencia". Sin embargo, estas situaciones pueden beneficiar a un empleador. Los estudiantes universitarios ansían experiencia, pues ésta muchas veces es más valiosa para ellos que el salario.

Contratar pasantes también es una manera excelente de detectar a futuros empleados exitosos que se ajusten bien a la empresa. No existe una mejor manera de determinar si una persona está calificada para ejercer un cargo que poder comprobar cómo es su desempeño. Si contrata a los pasantes cuando ya hayan salido de la universidad, tendrá una menor rotación de personal. Como los antiguos pasantes están familiarizados con su entorno laboral y han demostrado sus capacidades, necesitarán muy poca supervisión. Pueden manejar más responsabilidad que una persona nueva porque no parten de cero.

A propósito, los estudiantes extranjeros pueden ser un recurso asombroso para su empresa. Sus antecedentes culturales variados, así como su conocimiento de diferentes idiomas, pueden ser un recurso valiosísimo para una compañía nueva. Proveen nuevas perspectivas y pueden ser contactos futuros en el exterior. Como tienen visas de estudiante, muchas veces no se les puede pagar por su trabajo, pero están ansiosos por utilizar lo que aprendieron en las aulas. Al contratar a un estudiante extranjero como pasante no remunerado, usted adquirirá un excelente recurso y un excelente empleado sin que le cueste, y el estudiante adquirirá la experiencia que requiere. Es una situación en la cual todos se benefician.

¿Cómo encontrar pasantes calificados?

Paso 1: Defina las tareas o funciones que debe realizar

Cree una descripción específica de cargo que defina claramente qué implicará la pasantía. El peor error que se puede cometer es ser ambiguo. Defina metas y expectativas mensurables. Una pasantía debe tener dos características: responsabilidad real y oportunidad de aprender. Aunque cualquier pasantía va a incluir algo de trabajo administrativo, la manera más rápida de desanimar a un pasante es pedirle que todo el tiempo esté enviando faxes y archivando. El objetivo principal de un estudiante es descubrir cómo es el entorno laboral. Una pasantía exitosa tiene que ser de doble vía.

Paso 2: Determine qué experiencia previa y qué preparación se requieren para el trabajo

Recuerde que la experiencia puede darse de muchas maneras. Es posible que los estudiantes hayan desarrollado habilidades de liderazgo mediante el desempeño de actividades extracurriculares y conocimientos de computación en los proyectos de clase. Uno de los aspectos positivos de contratar a alguien sin experiencia es que no se tiene que preocupar por romper viejos hábitos.

Paso 3: Diseñe un volante que atraiga a los estudiantes a su compañía

Cuando haya creado la descripción del cargo, digítela en una hoja de papel con el membrete de su compañía e incluya de modo fácilmente visible la información de contacto. Asegúrese de incluir un título grande y llamativo que diga algo así como "Oportunidad de pasantía". Luego vaya directamente al grano. Explique lo más brevemente posible qué busca de alguien, qué preparación debe tener y cualquier otra información importante (como "poseer auto" o "estar dispuesto a trabajar los fines de semana"), así como lo que usted ofrece a cambio. Si no piensa ofrecer remuneración alguna, sea creativo y mencione todas las demás ventajas. Si no se le ocurre ninguna, piense en algo antes de ponerse a buscar pasantes. (Intente "horarios flexibles", "oportunidades de viajar", "trabajar directamente con el presidente", u ofrezca un cargo con un título atractivo... pero sólo si realmente es sincero.) Por último, debe dar algunas instrucciones para proceder. ¿Quiere que envíen hojas de vida? ¿Algo más creativo? ¿Quiere que acudan directamente a la oficina? ¿Que envíen un fax? ¿Que llamen para solicitar información adicional? Simplemente indique qué prefiere que hagan.

Paso 4: Póngase en contacto con universidades y colegios de secundaria en su área

El siguiente paso consiste en averiguar si alguna universidad local está dispuesta a colocar el volante en una cartelera. Si vive en una zona en donde hay varias universidades, seleccione aquéllas que ofrecen cursos específicamente relacionados con la descripción del cargo que piensa ofrecer a su pasante potencial. Por ejemplo, si la pasantía requiere algunos conocimientos de planeación y análisis financieros, póngase en contacto con planteles que ofrezcan buenos programas de contabilidad y finanzas. Algunas universidades tienen programas de pasantía formales que exigen a los estudiantes trabajar en una empresa durante un semestre. Además, muchas universidades tienen oficinas de asistencia profesional que ayudan a los estudiantes a ofrecer sus servicios y conseguir empleos en empresas locales. Algunas incluso tienen varios centros de éstos, según las distintas especialidades. Pida más información en las universidades cercanas.

Sin embargo, no se limite exclusivamente a los planteles de su zona. A muchos estudiantes les encantaría tener la oportunidad de vivir en otras regiones del país o del mundo. Una pasantía de verano puede ser muy interesante. Si busca estudiantes extranjeros, es posible que tenga que concentrar la búsqueda en las universidades de mayor tamaño, que son más atractivas desde el punto de vista internacional.

Paso 5: Entreviste a los interesados

Ésta es otra excelente oportunidad de aprender de los errores de otros. Cuando yo comencé a contratar personal, lo hice de la siguiente manera:

Con una sonrisa muy cálida y amigable, saludaba a los aspirantes, les mostraba las instalaciones, les presentaba a todos los demás y luego me sentaba con ellos a conversar. Les contaba la historia de la empresa, les decía qué estábamos haciendo en ese momento, qué buscaba en los pasantes y luego les preguntaba si les parecía interesante. Si respondían afirmativamente, como solían hacer, les hacía unas pocas preguntas superficiales y les preguntaba si tenían alguna duda. Si parecían personas agradables y aptas para el cargo, las contrataba de inmediato.

Después de unos cuantos contratiempos y varios años más en el negocio, aprendí a manejar las entrevistas como un verdadero empleador. Esto no significa que no sonriera, pero sí aprendí a no decirles tantas cosas y a dejar que fueran ellos quienes me convencieran de sus habilidades. Ése sería, entonces, mi primer consejo para alguien que no haya contratado personal antes. Desde luego, a los pasantes tiene que pintarles el trabajo gratuito lo bastante interesante como para que no puedan resistirse. Sin embargo, tiene que recordar que está manejando una empresa y que estas personas estarán representándolo a usted y también a su compañía.

Dicho esto, mis recomendaciones para realizar buenas entrevistas son las siguientes:

- Pídales que envíen de antemano, por fax o por correo, su hoja de vida, de modo que usted pueda revisar su eficiencia, su estilo, su profesionalismo y sus referencias.
- Llámelos por teléfono para agradecerles el interés y preseleccionarlos brevemente a fin de no perder tiempo haciendo ir a alguien que claramente está buscando algo distinto, o viceversa.
- Cítelos a una hora determinada en la oficina para una entrevista. Si tienen alguna información sobre sus antecedentes o ejemplos de algún trabajo pertinente que hayan realizado, pídales que los lleven. No hable mucho sobre el atuendo, incluso si usted se viste con bluyines para el trabajo, pues es una buena manera de ver su estilo particular y ver qué tan bien podrían ajustarse al estilo de

su empresa. Tenga en cuenta que seguramente se vestirán bien para impresionarla, pero eso siempre es una buena señal porque así sabrá que podrá ponerlos en contacto con clientes.

- Cuando lleguen a la entrevista, pídales primero que le hablen sobre ellos. Déjelos hablar un rato. Haga preguntas sobre sus antecedentes, estudios, intereses profesionales, metas, etc.
- Cuénteles sobre su empresa y resalte los aspectos que podrían ser interesantes para un estudiante. Así mismo, si le gusta el (la) entrevistado(a), deberá tratar de pensar en cómo podría modificar el cargo para que se adapte al estudiante. Buscar satisfacer los intereses de ellos es otra excelente manera de atraerlos.
- Pregunte qué dudas tienen.
- Pregúnteles qué buscan y si creen que podrían adaptarse al trabajo en su empresa.
- Si todo va bien hasta ese momento, comience a hablar sobre responsabilidades, horarios y ese tipo de requerimientos.
- Luego dígales que se pondrá en contacto con ellos en pocos días o contrátelos en el acto.
- Si les dice que los va a llamar hágalo lo más pronto posible, independientemente de que le hayan gustado o no.

Si sigue estos consejos, realizará sus primeras entrevistas como todo un profesional. Más pronto de lo que se imagina habrá desarrollado su propio sistema y estilo para entrevistar candidatos. Sólo asegúrese de mantener la calma, no parezca demasiado ansioso y esté siempre consciente de que usted es quien controla la situación.

Paso 6: ¡Sea selectivo!

Como a los estudiantes muchas veces se les dificulta encontrar pasantías que satisfagan sus necesidades, los empleadores que buscan pasantes suelen tener una larga lista de candidatos muy calificados entre los cuales escoger. Sepa qué quiere exactamente. Las cartas de presentación son indispensables. Una excelente carta de presentación es aquélla que se adapta a la descripción específica del cargo. Observe el estilo de redacción. ¿Es claro y conciso? ¿Tiene lógica? La comunicación es una habilidad esencial que debe exigirle a cualquier pasante.

Desde luego, deberá examinar con detalle la hoja de vida. Observe el panorama general. ¿Comunica ambición? ¿Participa el estudiante en actividades extracurriculares o tiene experiencia laboral previa? De ser así, puede ser un buen indicio de manejo de tiempo y de una ética de trabajo sólida. Las actividades de liderazgo sugieren que el candidato sabe tomar la iniciativa y actúa por sí solo. En el fondo, se trata de lo siguiente: ¿tiene el aspirante habilidades que pueda transferir al cargo?

Cuando contrate un pasante

Una vez encuentre los aspirantes ideales, ¿qué debe hacer para conservarlos? Las siguientes son algunas sugerencias que le significarán éxito, tanto para usted como para el pasante:

Asígneles a los pasantes cargos con títulos legítimos

Créalo o no, un título es muy importante para facultar al empleado. Les da a los pasantes la sensación de que son una parte integral de su compañía. Si le asignan un título en vez de referirse a él como "el pasante", es más probable que contribuya de manera importante en los proyectos, estrategias y propuestas.

Haga que el trabajo sea lo más emocionante posible

Diviértase en el trabajo. Recuerde, si su empresa es pequeña, el nombre de la compañía no será tan atractivo en una hoja de vida como, por ejemplo, la IBM o P&G. A fin de conseguir los mejores pasantes, tendrá que distinguirse de los demás. Debe ser claro que la experiencia que usted ofrece no la podrán conseguir en un aula ni en otro programa de pasantías. El hecho de ser una empresa pequeña puede ser una ventaja. Recalque que en un entorno laboral más reducido hay más oportunidades de asumir responsabilidades y ejercer un impacto en el negocio.

Asígneles responsabilidades a los pasantes

Haga que la pasantía valga la pena para los estudiantes. Cuando asigna responsabilidades específicas, los buenos internos tomarán la iniciativa para comenzar proyectos propios. La confianza se debe ganar, pero los pasantes necesitan ante todo tener la oportunidad de hacerlo. Recuerde, a un pasante le interesa aprender.

Ofrezca mucha retroalimentación a los pasantes

Piense en usted mismo como un entrenador. ¿Qué tan bien están cumpliendo los pasantes sus expectativas? ¿Qué tan bien está usted satisfaciendo las de ellos? La comunicación es sumamente importante. Ellos necesitan saber que están realizando una excelente labor, pero también requieren críticas constructivas. Recuerde que son estudiantes. Están acostumbrados a una retroalimentación constante a través de exámenes, proyectos y debates diarios en clase. Los pasantes quieren sesiones de retroalimentación que les ayuden a crecer profesionalmente.

Pase tiempo con sus pasantes

A veces es más fácil y más rápido realizar una tarea que sentarse con un pasante y explicarle qué debe hacer. Sin embargo, piense en el largo plazo. Unos pocos minutos en este momento pueden equivaler a horas enteras más adelante. Los estudiantes son esponjas. Están programados para absorber conocimientos. Así pues, comparta con ellos algo de sus conocimientos y su experiencia.

Contratistas independientes

En los últimos años, el nombre *contratista independiente* se ha convertido en una etiqueta muy popular –aunque malentendida– para un empleado de tiempo parcial o sin salario fijo. Para darle una idea sobre qué es un contratista independiente, es alguien que por lo general no trabaja únicamente para usted. Trabaja por horas o por una tarifa uniforme en un proyecto, según se requieran sus servicios. Se le considera independiente porque, desde el punto de vista técnico, debe trabajar también con otros contratistas. No hay que pagar impuestos de nómina por los contratistas independientes, pues ellos responden por sus propios impuestos, mientras que con los empleados de nómina la responsabilidad tributaria se reparte entre el empleado y el patrón. Sin embargo, sí debe reportar a la oficina de impuestos los honorarios pagados a contratistas independientes, ya sea trimestral o anualmente. Lo mejor de este tipo de contratistas es que usted no establece un compromiso a largo plazo con ellos ni tiene que incurrir en gastos fijos sustanciales para contratarlos.

Si desea mayor información al respecto, consulte con un contador público certificado o con la oficina de impuestos. Las multas por no acatar las reglas pueden fácilmente acabar con una empresa, por lo cual no debe contratar a nadie sin saber exactamente cuáles son sus obligaciones.

Empleados reales

Por "reales" me refiero a reales en opinión de la oficina de impuestos... y de su billetera. Los empleados reales, o formales, son excelentes porque están allí de nueve a cinco sin que se les atraviesen otros compromisos. Además, también es más probable que se vuelvan tan adictos a su empresa como usted. La contratación de empleados implica pagar salarios, impuestos, impuestos de nómina relacionados con seguridad social e impuestos a nivel local, estatal y federal. Cuando contrate empleados, sus gastos fijos y sus riesgos como propietario de la empresa aumentarán bastante. Asegúrese de discutir con sus asesores y con un contador público certificado las implicaciones plenas de contratar personal de planta. Aunque es posible que logre reunir el dinero necesario para pagar el salario, tal vez no pueda costear los demás gastos relacionados. Tenga mucho cuidado al contratar gente. Hay muchas consideraciones que debe hacer antes de dar este paso.

Sin embargo, para no desalentarlo sin necesidad, le daré algunos pros y contras a la hora de contratar "empleados reales" para que decida qué le conviene más:

Pros

- Si trabajan tiempo completo, son suyos 40, 60, 80 horas a la semana.
- Se sentirán más comprometidos con su empresa.
- Les interesará más permanecer un tiempo en la compañía.
- Usted podrá delegar muchas más funciones, con lo cual se liberará de bastantes responsabilidades.
- Pueden motivarlo a usted y hacer más divertido el trabajo.

Contras

- Ahora usted carga con la responsabilidad del sustento de otra persona.
- Tiene que pagarles, independientemente del desempeño de su empresa.
- Tiene que pagar impuestos por ellos y darles beneficios de salud y prestaciones.
- Sus gastos fijos aumentan.
- Es posible que tenga que alquilar más espacio de oficina.
- Es posible que les tenga que ofrecer capital accionario.

De hecho, gran parte de la decisión sobre contratar o no empleados asalariados se reduce a cuánto dinero tiene o está dispuesto a gastar. También tiene que decidir cómo cambiará su empresa y cómo afectará su estilo de vida y de trabajo. Una vez haya analizado los pros y contras, tómese su tiempo. Converse con otros empleadores y con muchos empleados potenciales. Cerciórese de que realmente confía en las personas que va a contratar y de que puede justificar los gastos. Sea honesto con ellos en cuanto a la situación de su empresa y aliéntelos a que también ellos compartan con usted sus sentimientos y sus inquietudes. Si mantiene la comunicación abierta, habrá empezado con buen pie. Ahora sólo resta que ensaye y vea cómo le funciona a usted el sistema. Es imposible saberlo antes de intentarlo. Sí, es una decisión difícil, pero considérela como otro hito en su carrera empresarial.

CAPÍTULO 8

Conseguir dinero

¿DÓNDE VOY A CONSEGUIR EL DINERO QUE NECESITO PARA INICIAR Y MANEJAR mi propia empresa? Ésa, amigo mío, es la pregunta milenaria que más afana a los empresarios. Así pues, si le parece bastante familiar, no se preocupe, no está solo. Existen soluciones viables para conseguir el dinero que necesita. Como de costumbre, lo que sucede es que tal vez tengamos que ser un poco más creativos.

Como empresarios jóvenes, tenemos que afrontar ciertas realidades en el momento de conseguir dinero.

- Es muy difícil para nosotros tener *bastante* experiencia en nuestras industrias o como dueños de empresas.
- Casi todos los inversionistas, sobre todo las instituciones de mayor tamaño, nos consideran un gran riesgo.
- Por lo general no poseemos casas, automóviles, portafolios de acciones u otros bienes que podamos ofrecer como garantía.
- Lo más probable es que no tengamos muchos antecedentes financieros que nos permitan probar que sí somos capaces de generar dinero con nuestras empresas.

- Muchas veces ni siquiera sabemos cuánto dinero vamos a necesitar, porque no hemos tenido una experiencia semejante antes.

Pero, entonces, ¿por qué tantas personas de nuestra edad son capaces de construir empresas multimillonarias si no tienen mucho más que nosotros para ofrecer? Hay bastantes razones. Básicamente, si lo desean lo suficiente, los empresarios exitosos suelen encontrar la manera de conseguir lo que necesitan. Su primera tarea cuando piense en captar recursos para su empresa es decidir con cuánto empeño desea hacerlo. Lo más probable es que no sea fácil. Considérelo como la primera gran prueba de su habilidad para triunfar en su propio negocio.

Como hay tantos aspectos por considerar cuando uno decide financiar una empresa, voy a darle una lista para que comience a reflexionar en la dirección correcta. Luego le indicaré las diversas modalidades de financiación y de fuentes de recursos.

Algunas reglas básicas

El dinero existe

Hay muchas personas que poseen grandes cantidades de dinero. Ya sea que necesite cinco mil, quinientos mil o cinco millones de dólares, hay muchas más personas de las que imagina que los tienen, los pueden obtener y a quienes se les puede convencer de que los inviertan en una nueva empresa.

Todo el mundo quiere ser empresario

Bueno, no todo el mundo, pero la mayor parte de la gente sí, incluso si nunca se decide a dar el gran paso. Eso significa que hay muchas personas a quienes les encantaría formar parte de un nuevo proyecto empresarial. Cuando esas personas tienen la oportunidad de invertir en una nueva empresa y muchas veces de ser socios de ella, adquieren esa sensación de propiedad que siempre han anhelado (inclusive si no participan para nada en el manejo de la firma) y usted obtiene el dinero que necesita para administrar la empresa.

Los inversionistas invierten primero en la gente y luego en las ideas

Si uno lo piensa, la mejor idea empresarial del mundo no llegaría a ninguna parte si detrás de ella no hubiera un empresario competente. Así mismo, los empresarios hábiles muchas veces pueden convertir conceptos empresariales incipientes en grandes éxitos. Eso significa que es mejor que comience a pensar en las razones por las cuales alguien debería invertir su dinero en usted. Puesto que el éxito o el fracaso del negocio dependen de usted, ¿por qué cree que usted podrá hacerlo funcionar?

Conozca su negocio

Si no puede hablar de modo inteligible sobre su idea empresarial, contestar preguntas y dar estadísticas, mencionar tendencias y hablar como un verdadero conocedor, se le va a dificultar enormemente convencer a otros de que confíen su dinero en su habilidad para dirigir una empresa. Cuanta más información tenga, mejor, porque no querrá quedarse sin qué decir cuando lo esté interrogando un inversionista potencial.

Investigue

Con tanta información disponible, seguramente podrá averiguar cómo se financiaron otras empresas como la suya. (También es bueno averiguar por qué a otros no les dieron el dinero que necesitaban.) ¿Quiénes fueron los empresarios que impulsaron los negocios? ¿Qué antecedentes tenían?

¿Quién les facilitó el dinero? ¿Cuánto? ¿A qué tuvieron que renunciar? Si investiga lo suficiente, es posible que pueda obtener información sobre ventas, y quizás incluso sobre utilidades. Conversar con otros miembros de su industria también le será de gran ayuda, porque es más probable que a través de ellos se entere del tipo de información financiera que deberá dar a los inversionistas.

Concéntrese en las cifras

Comience a crear y analizar sus propias proyecciones financieras. Es posible que todavía no conozca bien el tema, pues quizás no tenga idea de cuánto le van a costar la publicidad, el arriendo, la señalización y otros aspectos básicos del negocio. No se quede con las cifras en la cabeza; escríbalas en una hoja de papel. Sólo entonces podrá tener la experiencia humilde de mostrarlas a otras personas y hacer que le desbaraten sus proyecciones. (Es doloroso, pero todos tenemos que pasar por eso.) Cuanto más analice las cifras, más se familiarizará con ellas y más rápidamente comenzará a entender el potencial de utilidades que encierra su negocio. Lo que más preocupa a los inversionistas es: ¿Me devolverá este empresario mi dinero con utilidades?

Comience a hablar

A menos que su idea exija seriamente sigilo, comience a hablar sobre su empresa con el mayor número posible de gente. Si ésta no sabe que usted está buscando inversionistas, y ni siquiera que está tratando de lanzar una nueva idea, ¿cómo podrá ayudarle? Nunca se sabe con quién se está conversando. Es posible que su profesor de noveno grado tenga a una tía millonaria a quien le encantaría conocer su idea empresarial. Tal vez el padre de su mejor amigo esté buscando una nueva oportunidad para invertir, o que piense en ayudarle puesto que usted siempre ha sido como un segundo hijo para él. Observe bien su entorno. Es posible que detrás de esos rostros de amigos y parientes haya unos contactos increíbles que usted ni se imaginó.

La gente tiende a asustarse tanto ante la perspectiva de conseguir dinero que olvida algunas de estas reglas básicas. Reflexione sobre ellas y enseguida podrá avanzar a las siguientes etapas.

¿Cuánto necesita realmente?

Determinar la cantidad de dinero que se necesita para iniciar una empresa puede ser bastante complicado, dependiendo de qué tan compleja o avanzada sea su idea. Lo más importante es no subestimar los costos reales. Casi todos los empresarios hacen esto al comienzo, ya sea por ignorancia o porque temen que si piden más dinero el inversionista potencial podría dejar de interesarse en el negocio.

La mejor manera de comenzar a calcular los costos de arranque y de operación es tomar una hoja de papel y un lápiz y elaborar una lista de los productos, servicios y empleados que necesitará. No olvide incluir los siguientes elementos, incluso si son tan sólo estimaciones de los costos reales:

- Alquiler
- Salarios
- Prestaciones y beneficios sociales (salud)
- Gastos cotidianos
- Transporte y viajes
- Servicios públicos
- Teléfonos
- Seguros
- Implementos de oficina
- Impresión
- Correo

- Envíos
- Inventario

De nuevo, los costos financieros dependerán de su negocio. Es posible que tenga algunos gastos que otras empresas no requieran, y tal vez no tenga —o pueda evitar— ciertos gastos que otras firmas sí tienen. Le ayudará bastante conversar con personas que tienen negocios similares. Sea lo más conservador posible y cuando no esté seguro calcule por lo alto. Es mejor estar preparado en exceso que calcular un presupuesto insuficiente. Luego, cuando se sienta a gusto con sus costos básicos, transfiera todos estos datos a una hoja de cálculo electrónica para comenzar a elaborar los estados financieros de su plan de negocios. ¿Nunca ha visto una hoja de cálculo? Pues ya es hora de que la conozca. Existen numerosos libros sobre financiamiento de empresas nuevas, y prácticamente todos incluyen ejemplos de hojas de cálculo. Écheles una mirada.

Por último, recuerde calcular siempre un colchón de seguridad al que pueda recurrir en caso de que las cosas no funcionen exactamente como las planeó. Siempre piense que no va a poder calcular con exactitud la totalidad de los costos y que pueden surgir gastos imprevistos que excedan su presupuesto. Así mismo, asegúrese de calcular suficiente capital de operación para funcionar durante algunos meses. No hay nada peor que conseguir el dinero que se requiere para iniciar el negocio y quedarse sin recursos antes de tener siquiera la oportunidad de obtener utilidades.

Ya que hemos abordado el tema de cuánto dinero se necesita realmente, es importante que sepa que sus socios comerciales o clientes nunca deben saber que tiene problemas financieros porque:

- Se preguntarán por qué.
- Podrían concluir que la empresa va mal.
- Podrían pensar que su compañía está a punto de quebrar.

- Podrían decidir que quizás usted no es tan bueno como pensaron.
- Los clientes deben sentirse orgullosos de hacer negocios con usted.
- Podría estar demasiado concentrado en las finanzas y no prestaría suficiente atención a los clientes.
- La imagen y el tamaño importan.

El hecho de haber crecido rodeada por cinco empresarios independientes en mi familia inmediata me permitió aprender más sobre el tema de lo que podría incluir en otro libro entero. Si presumo que comencé a entender qué sucedía a mi alrededor cuando tenía dos años, tengo veinticuatro años de experiencia en parecer "más grande y más exitosa" como empresaria. Aunque pocas personas se han enterado, ha habido momentos en que las empresas de mi familia han ganado millones de dólares y otros en que casi no teníamos con qué alimentar a nuestros perros. Lo asombroso es que nadie supo nunca si teníamos problemas financieros o no. ¡No podían saberlo! ¿Por qué una corporación importante o una empresa pequeña querría hacer negocios con alguien que podría estar a punto de quebrar? Pero lo cierto es que la mayor parte de los empresarios (jóvenes o viejos) están cerca de perderlo todo con más frecuencia de lo que uno cree. Sin embargo, no espere que se lo digan. Casi por definición, los empresarios asumen riesgos que los podrían propulsar hacia el éxito o el fracaso en cualquier momento, y todos atraviesan tiempos difíciles. Las empresas de mi familia no fueron diferentes de las demás. Y tampoco lo es la mía. Si todavía no ha escuchado muchas historias de "estoy quebrado y ni siquiera lo saben", le contaré una.

En una ocasión acompañé a otro par de empresarios jóvenes a la oficina de unos banqueros de inversión muy exitosos. Yo estaba allí acompañando a mis amigos, procurando hacerlos parecer más sólidos de lo que en realidad eran mientras presentaban una circular de oferta (un plan de negocios más complejo y costoso) con la idea de captar cerca de medio millón de dólares. La reunión se desarrolló sin trabas y todos parecían muy contentos. Así pues, empaqué mis cosas en el maletín y comencé a despedirme. Justo en ese momento, uno de mis amigos se me acercó, me llevó un poco aparte de los demás y me dijo que quería pedirme un pequeño favor. Ni él ni su socio tenían dinero suficiente para tomar un taxi hasta el hotel. Yo saqué discretamente mi billetera para salvarlos. Estaba vacía. Entonces los dos inventamos alguna excusa ridícula por la cual él, y nadie más, debía acompañarme hasta la salida, y con eso podríamos correr hasta el cajero electrónico más cercano. Mientras bajábamos en el ascensor, no podíamos dejar de reirnos. Allí estaban este par, tratando de conseguir cientos de miles de dólares, y encima de todo yo, que había ido en calidad de experta en ese tipo de negocios, y nadie tenía el dinero suficiente para tomar un bus. Con los últimos 30 dólares de mi cuenta bancaria pudimos salvar nuestro prestigio. (Y sí, mis amigos consiguieron la financiación que requerían.)

El no tener dinero al comienzo es apenas parte del juego; uno se acostumbra en el corto plazo, pero el objetivo es no ser pobre en el largo plazo. Así pues, aférrese a sus sueños de enriquecerse con su empresa, porque todo el tiempo va a necesitar ese incentivo.

¿Patrimonio o deuda?

Independientemente de lo que haya leído en otros libros o revistas empresariales, debe entender y aceptar que no todas las opciones de financiación van a ser aptas para usted, y mucho menos que estarán fácilmente disponibles. Así son las cosas. Al comienzo, tenga en cuenta que cuando esté pensando en conseguir recursos para su empresa, deberá tomar dos decisiones importantes. La primera se refiere a cómo le gustaría captar el dinero y la segunda es de dónde provendrán los recursos.

Su primera opción en una estrategia de financiación podría no ser necesariamente la mejor o la más disponible, de modo que hay que aprender a ser flexible y a mantener abiertas las opciones. Como me dijo en alguna ocasión un hombre de negocios durante una oferta de inversión, "quien tiene el oro hace las reglas". Tal vez eso no lo disuada de su punto de vista como tampoco lo hizo con el mío, pero debe darse cuanta de que ésta es la posición que muchos inversionistas asumirán frente a su negocio. Así pues, manténgase firme pero sea razonable e inteligente al tomar su decisión.

La primera decisión que tendrá que tomar es si va a entregar patrimonio o si prefiere endeudarse para conseguir dinero. Si entrega patrimonio, significa que acepta vender parte de su empresa a un inversionista a cambio de un monto determinado de dinero. Por el contrario, si opta por una financiación con deuda, toma prestado sin renunciar a parte de la propiedad y deberá reembolsar la deuda o préstamo en un período prefijado a una tasa de interés previamente especificada. Decidir si es más importante la propiedad o el endeudamiento es algo sobre lo cual debe reflexionar bastante. Incluso puede decidir no escoger entre una u otra opción. Casi todas las compañías captan recursos mediante una combinación de financiamiento por deuda y por cesión de patrimonio. Al fin y al cabo, ninguna regla dice que el dinero debe provenir de un sólo lugar. De hecho, puede ser más inteligente conseguir dinero de más de una fuente, y con eso no se vuelve uno demasiado dependiente de ella.

Dónde conseguir el dinero

La segunda decisión que deberá tomar es dónde va a captar el dinero. Las siguientes son las opciones más usuales.

Ángeles

Ángeles es el término que se utiliza para describir a inversionistas privados que podrían ser parientes, amigos o individuos ricos que creen lo suficiente en usted y su negocio como para darle dinero. La inversión de ángeles es la más común porque es la más fácil de obtener y puede reembolsarse a manera de préstamos, ofrecida como subvención o entregada a cambio de parte del patrimonio o de un porcentaje de la propiedad. Las condiciones de una inversión de ángel son totalmente negociables y pueden ser, básicamente, lo que el ángel y el o los empresarios acuerden. Cualquier persona puede ser un ángel –su abuela, un profesor, un vecino o un socio comercial–, de modo que no descarte a nadie.

Bancos

Tal vez ésta no sea su mejor opción, sobre todo si la sección sobre crédito comercial lo dejó un poco inquieto. Sin embargo, en caso de que quiera contemplar la posibilidad, con un banco se tienen dos opciones, ambas relacionadas con financiación por endeudamiento. Puede hacerse un préstamo por prácticamente cualquier cantidad de dinero, pero es preciso tener garantía y activos suficientes para respaldarlo. Básicamente, un banco no hace préstamos a menos que uno tenga dinero para respaldarlos. Siendo así, ¿por qué habría uno de pedir dinero prestado si ya lo tiene como garantía? Buena pregunta. También es un gran problema. El banco sólo puede asumir un determinado riesgo al darle el dinero, de modo que esté preparado para revelar todos sus bienes materiales de algún valor, darlos en prenda como activos y ofrecer además una garantía personal. Una garantía personal quiere decir que, incluso si no tiene el dinero para reembolsar el préstamo, acepta la responsabilidad personal de pagarlo, sea como fuere.

La segunda opción de la financiación bancaria es mediante una línea de crédito. Una línea de crédito es una tarjeta de crédito virtual para su empresa. Después de haberlos sometido tanto a usted como a su compañía a un escrutinio similar al que haría una institución financiera para una solicitud de préstamo, un banco podría ofrecerle una línea de crédito en donde se colocará un monto previamente aprobado de dinero en su cuenta comercial como reserva. De esta manera, si su cuenta bancaria tiene tres mil dólares y le asignan una línea de crédito de quince mil, su balance seguirá indicando tres mil, pero contará con los quince mil dólares adicionales a manera de crédito. Cualquier dinero que utilice de la línea estará sujeto a pagos de intereses por los que tendrá que responder mientras tenga el dinero en préstamo. Si usted mantiene una cantidad suficiente de dinero en la cuenta pero cree que podría necesitar bastante más o le preocupa que se le presenten gastos inesperados, podría ser un buen candidato para una línea de crédito.

El funcionario encargado de los préstamos en el banco le dirá cuáles son los trámites necesarios y le informará si es probable que el banco le preste o no el dinero. Como su trabajo consiste en otorgar préstamos –los bancos hacen dinero cobrando intereses–, por lo general le dirán gustosos qué necesita para que le aprueben la solicitud. Si aún no lo ha adivinado, la primera exigencia probablemente sea un plan de negocios (véase el capítulo 3).

Capitalistas de riesgo (CR)

A menos que necesite conseguir un par de cientos de miles o algunos millones de dólares, olvídese del capital de riesgo por ahora. Todo el mundo parece pensar que para captar recursos para una empresa es preciso tratar con capitalistas de riesgo, pero eso es falso. Los capitalistas de riesgo han financiado algunas de las compañías más grandes del mundo, pero por lo general no les interesa financiar empresas con costos de arranque relativamente bajos.

Por lo regular, una firma de CR invertirá gran parte de su tiempo evaluando nuevas negociaciones y escuchando a diversos empresarios explicar por qué su proyecto es una excelente inversión. Por consiguiente, se realiza la investigación usual, en donde se evalúa todo acerca de la empresa y el empresario, y luego se toma una decisión. Si la firma de CR decide invertir en la empresa, por lo general compromete una cuantiosa suma a cambio de una participación importante en la empresa o un porcentaje grande de la propiedad. Cuando se captan recursos con capitalistas de riesgo, lo más usual es que haya que entregar la mayor parte –o menos, pero de todas maneras una cantidad dolorosa– de la propiedad del negocio. Sin embargo, los empresarios recurren a los capitalistas de riesgo debido a las grandes cantidades de dinero que pueden invertir.

Uno de los principales beneficios de la financiación con capital de riesgo es que un miembro de la firma inversionista participa en la junta directiva de su empresa y actúa como socio o asesor clave. La meta de la firma de CR que invierte en su compañía es hacer que ésta crezca lo más rápido posible y genere todo el dinero que pueda, para luego inscribirla en la bolsa de valores. Al hacer esto, se permite que el público en general adquiera acciones de la empresa en una bolsa de valores. Cuando eso sucede, los capitalistas de riesgo venden su participación en la empresa con grandes utilidades.

Casi todas las firmas de CR prefieren invertir en un determinado perfil de negocios, el cual suele incluir un cierto nivel de inversión necesaria y una industria en particular, como alta tecnología, entretenimiento o publicaciones. Antes de perder el tiempo acudiendo a una firma de CR, averigüe cuál es su perfil de inversión típico y determine si su empresa pertenece a esa categoría. Así mismo, sea muy realista en cuanto al tipo de dinero que necesita y a si tiene el potencial de crecimiento exponencial, que es un requerimiento para la financiación con capital de riesgo. Casi todos los capitalistas de riesgo le otorgarán algunos minutos para que les cuente sobre su negocio, pero el reloj estará marcando el tiempo y, por cortesía, deberá retirarse cuando se lo indiquen. Estas firmas deben examinar cientos de negocios antes de encontrar uno que realmente les interesen. Es posible que el suyo no sea el elegido. Aprenda a aceptarlo. Ahorrará tiempo, y a lo mejor de paso entabla amistad con algunos CR.

Organizaciones

Las organizaciones son otra posible fuente de financiación. Vale la pena examinar de cerca algunas de las industrias y asociaciones relacionadas con su negocio. Incluso si la relación es vaga o remota, busque metas comunes. Muchas veces, las organizaciones de mayor tamaño tienen fundaciones afiliadas cuyo objetivo principal es la educación, la legislación o el activismo. Si se le ocurre un proyecto especial que le ayudará a entender mejor su industria, atraer nuevos clientes o llamar la atención de los medios, piense en cómo se podría ajustar a las metas de una empresa. Si lo hace, diríjase a ésta y plantée la posibilidad de una sociedad conjunta en la que ellos provean la financiación. Aunque no son una fuente de financiación muy conocida, las fundaciones y organizaciones pueden contribuir significativamente al crecimiento de una empresa, y eso sin hablar del reconocimiento que significa.

La posibilidad de financiar proyectos mediante organizaciones fue una de las lecciones más curiosas que aprendí. Como deseaba generar información sólida –estadísticas, datos– sobre empresarios jóvenes, atraer la atención de los medios hacia el mercado y lograr una mayor reconocimiento de nuestra firma como expertos en el área, emprendí una investigación sobre una organización que conocía a través de mi familia. Aunque el enfoque de la organización eran las franquicias, tenían una fundación educativa especial cuyo fin era fomentar, mediante franquicias, la creación de empresas nuevas entre la siguiente generación. ¡Bingo! Aunque nuestra empresa no tenía mucho que ver con franquicias, sí remitíamos a muchas personas a dicha organización para que les dieran información adicional, y en cuanto a la siguiente generación, pues ahí sí éramos expertos.

Así pues, al cabo de varios meses de presentar propuestas por escrito, tuve la oportunidad de conversar con la junta de administración en la convención anual de la fundación en Honolulu. Presenté nuestra firma como el socio perfecto para una empresa conjunta, y ofrecí realizar un estudio sobre empresarios jóvenes, en el que se investigarían sus intereses empresariales y sus ideas sobre las franquicias como opción empresarial válida. (También mencioné que había estado asistiendo a sus eventos con mi familia desde que tenía cinco años. Esa información no sobraba.) Para cuando finalizó la convención, yo había recibido la donación más grande en la historia de la organización –veinticinco mil dólares–, que era justamente lo que necesitaba para realizar un estudio psicográfico y la campaña de relaciones públicas que jamás se había hecho sobre las investigación en ese campo.

Ah, ¿y olvidé mencionar que uno de los miembros de la junta incluso me ofreció un empleo? Sin embargo, no me veo en el negocio de decoración de interiores.

Así pues, éstas son las maneras en que puede financiar su negocio. Tenga en cuenta que más del ochenta por ciento de las empresas iniciadas por empresarios jóvenes se financian a través de amigos, familia, tarjetas de crédito y ahorros personales. Los bancos y los capitalistas de riesgo siempre estarán allí, de modo que si no tiene suerte con ellos en esta ronda de captación de recursos, es probable que más tarde pueda buscarlos de nuevo. Lo mejor es que converse con muchas personas, mantenga sus costos fijos y sus gastos en un nivel bajo y no crea que tiene asegurado el dinero sino cuando ya le hayan firmado los documentos o tenga el cheque en las manos. (Esto último me lo enseñó mi papá, aunque he tenido que volverlo a aprender por mí misma varias veces.)

CAPÍTULO 9

Establecer relaciones comerciales

Una de las mejores maneras en que puede invertir su tiempo libre como empresario es saliendo y conociendo a otras personas. Como empresario joven, construir su red de negocios debe ser una de sus primeras prioridades. Desde luego, cuanto más inmerso esté en su empresa, menos tiempo podrá dedicarle a establecer redes de contactos, pero no olvide que la expansión de su red personal puede incrementar sus oportunidades.

Lamentablemente, a algunas personas les atemoriza conversar con desconocidos. Si usted es una de estas personas, va a tener que aprender a superar ese temor: simplemente no puede darse ese lujo. En cuanto al resto de nosotros, los que no podemos dejar de hablar, tenemos que afrontar un tema que se denomina "control".

Al Kao, un estudiante de último año de secundaria que fundó una empresa de correo directo, se sentía aterrorizado ante la idea de entablar conversaciones con adultos. Con personas de su edad solía ser extrovertido, aunque era evidente que le faltaba confianza en sí mismo. Después de conversar con él un rato, descubrí que Al temía "dañar" sus conversaciones con empresarios. Le atemorizaba decir cosas incorrectas. Me tomó algún tiempo, pero logré convencerlo de que su temor no sólo era infundado, sino que estaba impidiendo que desarrollara su habilidad para conocer nuevas personas.

Si usted tiene un problema similar, como temor de abordar a extraños, no olvide que la práctica hace al maestro. Haga todo lo posible por conversar con personas con quienes normalmente no hablaría. Entable conversaciones con los empleados de los lotes de estacionamiento, las camareras, la gente que viaja a su lado en un bus o los estudiantes. Luego dé un paso más. Ofrézcase como voluntario para colaborar unas horas en un servicio telefónico, busque una pasantía como recepcionista en una oficina o trabaje en una tienda minorista. La mejor manera de afrontar el temor a lo desconocido es simplemente saltar y aprender a nadar. Si se sumerge en una situación en la que se verá obligado a hacer aquello que teme, aprenderá a hacerlo.

En el caso de Al, le ofrecí un proyecto de pasantía que exigía que llamara a más de trescientas personas para actualizar sus datos en el registro de miembros. Debo admitir que al comienzo no me sentí muy optimista. Se sentía aterrorizado y se le notaba. Sin embargo, al cabo de unas pocas horas ya estaba charlando con los miembros que le parecían interesantes y no parecía querer soltar el teléfono. En una sola semana, Al, de 18 años, adquirió más experiencia "telefónica profesional" de lo que la mayor parte de la gente tiene a los veintitantos.

Reconocer el temor y entender cómo combatirlo es la mejor manera de afrontarlo con efectividad. En la mayor parte de los casos, los temores que siente la gente de hablar con desconocidos son infundados e ilógicos, como sucede con casi todas las fobias. Una vez confrontados los temores, es mucho más probable que se puedan superar.

En caso de que tenga dudas sobre las posibles ventajas de conversar con extraños, le daré un par de ejemplos breves. Una noche, Scott Mendelson, de 27 años, se topó por casualidad con Donald Trump en un bar en el Trump Plaza. "Bonito traje", fue lo único que se le ocurrió decirle en ese momento, y aunque se odió a sí mismo después, su originalidad sí inició una breve conversación con el magnate.

Candy Brush, profesora de la Universidad de Boston y reconocida experta en empresas de mujeres, una vez sostuvo una animada conversación con una mujer con quien coincidió en los baños para damas durante una conferencia. La mujer resultó ser reportera de *The Wall Street Journal* y algunas semanas después Candy se vio citada como experta en un artículo que escribió la periodista.

A veces un sencillo comentario puede ser el inicio de una fabulosa conversación. Ríase si quiere, pero hacer un comentario sobre el clima, el servicio en un restaurante o el bronceado de alguien puede ser el inicio de una excelente relación. Piense en la última vez que pasó una buena parte de un viaje en avión hablando con su compañero de asiento. ¿Cómo comenzó la conversación? "Es increíble cómo se retrasan los aviones". "¿Vive aquí, en Dallas?" "Por favor, ¿me alcanza la bolsa para mareos?" (Aunque ojalá no tenga que pronunciar esa frase.)

Ben Burgeosis, un planeador de eventos en Hollywood, suele conversar con todos sus compañeros de asiento en los aviones. Un buen día entabló una interesante conversación sobre su trabajo, y de repente descubrió que estaba hablando con el vicepresidente de Pepsi Co. Cuando el avión aterrizó, Ben ya tenía lo que luego se convertiría en una cuenta de siete millones de dólares.

Como verá, hay muchas maneras de conocer gente, así como muchos resultados posibles de todo tipo de encuentros. Sin embargo, si apenas está empezando, unos de los mejores lugares para hallar gente con quién conversar son las organizaciones y asociaciones gremiales.

De Bo Peabody–Tripod
El primer trago

2:30 p.m. 27 de abril de 1996 – "Hola, Tracy, soy Bo Peabody, de Tripod. Un amigo mío que trabaja con uno de sus clientes me pidió que me pusiera en contacto con ese cliente para averiguar sobre oportunidades de publicidad con Tripod. Quería ponerme en contacto con usted antes de hacerlo. Espero saber de usted pronto".

8:30 a.m. 30 de abril de 1996 – "Hola, soy Bo Peabody de nuevo. Como le dije anteriormente, quería hablar con usted antes de ponerme en contacto con su cliente sobre posibles oportunidades de publicidad con Tripod".

5:00 p.m. 2 de mayo de 1996 – "Hola, soy Bo Peabody otra vez. Apreciaría mucho si me llama con respecto a ponerme en contacto con su cliente sobre posibles oportunidades de publicidad con Tripod".

10:30 a.m. 5 de mayo de 1996 – "Hola, otra vez Bo Peabody, de Tripod. Sé que está muy ocupada, pero le agradecería que me llamara para hablar sobre las oportunidades de publicidad con su cliente. Gracias".

3:30 p.m. 6 de mayo de 1996 – "Hola, aquí Bo Peabody. Sé que está ocupada pero le he dejado varios mensajes sobre ponerme en contacto con su cliente acerca de posibles oportunidades de publicidad con Tripod. Si no he sabido de usted en un par de días, me pondré en contacto con su cliente directamente. Espero saber de usted".

5:30 p.m. 6 de mayo de 1996 – "Bo, soy Tracy, de la Agencia 555. No me gusta que me llame a amenazarme con ponerse en contacto con mi cliente directamente. Estamos muy ocupados y no tengo tiempo para este tipo de tonterías. Y a todas éstas, ¿quién es usted?".

"Gracias, Tracy, por devolverme la llamada. Me llamo Bo Peabody y trabajo en Tripod. Somos una firma de medios de comunicación con base en Internet, con sede en Massachusetts. Tenemos un sitio web y una revista impresa orientada a jóvenes y un amigo mío pensó que podría interesarle a uno de sus clientes. Pensé que lo correcto sería comunicarme con usted antes de ponerme en contacto con su cliente directamente".

"Sé que a nuestro cliente no le interesa buscar otros medios en este momento. Pero si quiere, envíeme una propuesta; nosotros la analizaremos y le llamaremos si nos parece razonable".

Ésta es una posición muy difícil. Esta mujer se está comportando como una verdadera mocosa. Y no lo dude, estoy cabreada. Pero, ¿de qué me sirve la retaliación? De nada. Así que procuro calmarme, como tiene uno que hacer en la etapa de arranque, respiro profundo y digo:

"Me parece muy bien. Tendrá la propuesta antes de finalizar el día y espero saber pronto de usted. Que esté bien y gracias por devolverme la llamada".

Desde luego, no volví a saber nada de Tracy ni de ninguna otra persona de la Agencia 555. Acabé poniéndome en contacto directamente con su cliente y al cabo de seis meses ya estábamos haciendo negocios con ellos. Un mes después supe que Tracy se había salido de la Agencia 555 para asumir un cargo ejecutivo en la empresa de otro de los clientes de su agencia. Por pura coincidencia, yo era amiga de la mujer que la contrató.

Tres meses después, las cosas marchaban muy bien para Tripod. Avanzamos notoriamente en la consolidación de nuestra audiencia y habíamos atraído a muchos grandes anunciantes. Un día, recibí un correo de voz de Tracy.

"Hola Bo. Sandy, mi jefa, me pidió que la llamara para ver si quizás pudiéramos trabajar conjuntamente para llegarles a los jóvenes. Está muy impresionada con lo que ha logrado Tripod. Estamos lanzando un nuevo producto y nos interesa llegarle a la misma audiencia de Tripod. Sé que nuestra relación no comenzó bien y quiero disculparme. Le agradecería mucho que me devolviera la llamada cuando le resulte conveniente".

Algunas horas más tarde llamé a Tracy y sostuvimos una grata conversación. Bromeé sobre lo que había sucedido seis meses antes y le dije que no tenía importancia. Dos meses después su compañía nos contrató publicidad y desde entonces hemos estado trabajando con ellos.

Es tonto quemar las naves. La gente aprecia la honestidad, pero ponerse furioso y mostrarse poco amistoso nunca paga. Las industrias son tan pequeñas que casi siempre acaba uno topándose con la misma gente una y otra vez. En el caso anterior, yo podría haber terminado con ningún contrato o con dos contratos. La decisión era mía. Y como conservé la calma, terminé con dos.

Organizaciones y asociaciones

Estoy suponiendo, al menos por el momento, que todavía no ha iniciado su empresa. Sin embargo, incluso si ya lo hizo no le hará ningún daño aprender un poco más acerca de las organizaciones y asociaciones gremiales.

El tipo de organizaciones a las que se debe dirigir y la gente que debe conocer depende hasta cierto grado del punto en que se encuentre en su proyecto de comenzar un negocio. Lo más probable es que esté en una de las siguientes categorías.

Aún no ha encontrado una industria *ni* una idea

¿Todavía no se le ha ocurrido "la idea" que lo lanzará a la felicidad empresarial? En ese caso, la mejor estrategia sería tener la mente abierta: mantener sus filtros abiertos a una amplia gama de personas y compañías. Comience por la cámara de comercio local o ensaye la cámara junior (por lo general para menores de cuarenta años). Hay cámaras en miles de sitios del mundo y son el centro de la comunidad empresarial y social de las ciudades donde tienen la sede. Allí podrá conocer a todo tipo de personas, desde propietarios de restaurantes y funcionarios del gobierno local, hasta consultores y comerciantes minoristas. En casi todas las cámaras hay muchos empresarios fácilmente accesibles por su afiliación al grupo. Asista a un par de eventos para ver si la organización le llama la atención. Si puede hablar con la persona encargada de todo lo relacionado con miembros, de seguro le presentará a muchas personas de todo tipo y le contará sobre los eventos y actividades que auspicia la cámara.

Si consigue ubicar una red de contactos local para empresarios, asista a sus reuniones. Sin embargo, tendrá que estar dispuesto a investigar, pues casi todos estos grupos son bastante pequeños y es difícil localizarlos. Para quienes están afiliados a una universidad u otro plantel de educación superior, allí podrá averiguar por oportunidades para conocer personas con intereses similares a los suyos. Muchas universidades y facultades de administración tienen organizaciones orientadas a sus estudiantes o planean eventos con el fin de que sus ex alumnos se mantengan en contacto unos con otros y con su alma máter. Éstas son oportunidades excelentes porque usted tiene la garantía de que existe algo en común, y a los ex alumnos les encanta conversar sobre sus experiencias universitarias y ayudarles a sus compañeros (o a los estudiantes que aún no se han graduado) siempre que pueden.

Si aún necesita ayuda para encontrar a otros jóvenes empresarios o le gustaría conocer a algunos de otras regiones del mundo, The Young Entrepreneurs Network (310-822-0261/http://www.yenetwork.com) se creó justamente con ese fin. (¡Los empresarios exitosos siempre saben cuándo hacerle publicidad a su negocio!)

Ya se decidió por una industria pero *aún* no tiene una idea

Está bien, ya sabe que le encanta la industria de la moda, o la alta tecnología, o el comercio internacional, pero todavía no sabe bien qué es lo que quiere hacer en ese campo. Desde el punto de vista de los contactos, no se preocupe... está en una excelente posición. Saber que le interesa una industria específica reduce su punto focal lo suficiente para comenzar una búsqueda eficiente del negocio ideal, y al mismo tiempo le abre toda una gama de oportunidades en el campo. Imagine, por ejemplo, que usted es un atleta: ¿preferiría buscar ropa de atletismo en un almacén por departamentos o en un almacén especializado en artículos deportivos? No cabe duda de que el almacén especializado le ofrecerá muchas más opciones e incluso encontrará artículos en los que no había pensado. Además, ¿con quién preferiría hablar, con el dependiente de un almacén por departamentos, que quizás también venda ropa para bebé unos pasos más allá, o con el vendedor de un almacén de artículos deportivos que dedica la mayor parte de su tiempo a ese campo?

¿Qué sigue, entonces? ¿Dónde se encuentran estas personas con quienes comparte ese interés en su campo? En caso de que no lo sepa, existe una asociación y una publicación para prácticamente todos los ramos. Aunque no lo crea, incluso existe una organización para pescadores con mosca, y también un boletín noticioso. De modo que si aún duda de que exista soporte en el tema que le interesa, no se preocupe. Hay organizaciones, asociaciones gremiales y clubes cuyo objetivo es reunir gente que comparte ciertos intereses y ofrecerle soporte de diferentes maneras. Allí es donde tiene que estar usted.

Ya *tiene* una idea

Incluso si ya tiene una buena idea sobre lo que quiere hacer, de todas maneras necesita ponerse en contacto con otras personas de su campo. Siga mis consejos y únase a grupos relacionados con su área de interés. Si puede encontrar organizaciones orientadas a personas que tienen un negocio igual al suyo, mejor aún. Pero de todas maneras manténgase en contacto con otras personas en la industria en general. Si limita sus contactos a quienes sólo hacen exactamente lo mismo que usted, no se enterará de tendencias que podrían surgir y tal vez pierda oportunidades de expansión o diversificación. Es importante que conozca a sus competidores específicos, pero debe conocer también la totalidad de su industria, pues con esto tendrá otras puertas abiertas en caso de que las necesite. También le permitirá conocer mejor su trabajo y podrá parecer más experto.

Encontrar una organización relacionada con su industria

Los siguientes son algunos métodos reales y comprobados para hallar una organización relacionada con su industria:

- Si preguntar por ahí no le ayuda a encontrar un club o una organización que valga la pena investigar, vaya a un almacén que venda equipos, implementos o servicios para gente que comparta su área de interés. Pídales sugerencias a los vendedores o los gerentes. (Un consejo: cuanto más pequeño o más especializado sea el almacén, más probabilidades habrá de que encuentre a alguien a quien realmente le apasione el negocio. El dueño del almacén también podría ser muy valioso a este respecto.)

- Busque en el directorio o en las páginas amarillas bajo "asociaciones".
- Vaya a una biblioteca con una buena sección de referencia. Pida directorios especializados. (Es lamentable que tan pocas personas conozcan estos recursos.) En cada uno de estos directorios, busque el encabezado de su industria y reduzca o amplíe la búsqueda según lo requiera. Seguramente encontrará directorios de personas que trabajan en su campo y cualquier asociación, organización o club relacionado que exista.
- Busque un plantel que ofrezca cursos relacionados con su campo de acción. Independientemente de si se trata de una escuela vocacional, una universidad pequeña o una universidad de gran tamaño, los funcionarios del departamento seguramente sabrán cómo buscar lo que le interesa y es posible que incluso sean excelentes contactos ellos mismos.

Cuando haya ubicado las asociaciones que brindan soporte en su campo, es muy posible que experimente una sensación de "renacimiento". La mejor experiencia es cuando uno descubre por primera vez que existen cientos, miles o incluso millones de personas que comparten sus intereses, y que puede conocer a muchos de ellos mediante una organización o en una feria especializada. Si aún no le ha sucedido esto, sabrá a qué me refiero en el momento en que lo experimente.

Yo tuve esa sensación de renacimiento al asistir por primera vez a una conferencia para la Asociación de Empresarios Universitarios cuando aún estudiaba en la universidad. Me sentí como un niño en una tienda de dulces. Cientos de empresarios jóvenes asistían a diferentes seminarios, dictaban conferencias, intercambiaban tarjetas profesionales y conocían a cantidades de personas. ¡Fue increíble! Considero esta experiencia como mi "salida del armario empresarial", porque por primera vez comprendí que yo era quien era y que no tenía que ocultárselo a nadie o sentirme incómoda por ello. Podía sentirme orgullosa de ser empresaria. Mejor aún, supe que había una gran cantidad de personas que viven de modo similar al mío (incluso en la universidad). Fue entonces cuando entendí la importancia de contar con el apoyo de los pares. Por esto debe buscar y participar en organizaciones para gente como usted. No hay razón para que persiga sus sueños empresariales solo.

Cómo conocer personas importantes

Existen un par de trucos que incluso los famosos utilizan para conocer a otras personas de difícil acceso. A veces sólo se necesita un golpe de suerte (como ocupar un asiento de avión al lado de la persona indicada o toparse con alguien en un baño), pero la mayor parte de las veces hay que ser creativo para poder conversar con ciertas personas.

Para su propio bien, antes de comenzar tenga muy claro por qué quiere conocerlos. Si sólo quiere tener la oportunidad de saludarlos de mano y decirles cuánto los admira, eso es una cosa. Pero si desea pedirle a alguien que le hable como mentor, asesor empresarial o experto en la industria, tiene que respetar su posición y su tiempo. Si abusa de cualquiera de ellos, sus posibilidades de establecer cualquier tipo de relación serán escasas. Una vez haya aclarado el propósito de su posible reunión, comparta su idea con algunas personas a quienes respeta, con el ánimo de esclarecer sus objetivos. (A veces incluso la gente más lúcida desperdicia sus pocos momentos preciosos con una persona a quien admira diciendo boberías, y luego lo lamenta el resto de su vida.)

Presentaciones personales

La manera más fácil de ponerse en contacto con una persona por lo general inaccesible es lograr que lo presente personalmente alguien, así sea un simple conocido, una secretaria o un vecino. Esto suele ser especialmente cierto en la política y en los medios. Cuando la gente, debido a sus cargos o posiciones, tiene que vivir siempre a la defensiva (de los admiradores, la prensa o el público en general), trata de evitar a los desconocidos. Usted probablemente sea un desconocido... hasta que tengan alguna razón para creer lo contrario.

Eddie Soleymani, un empresario neoyorquino de 27 años, decidió que su próxima empresa sería iniciar una revista para estudiantes universitarios. Después de contarles la idea a todos sus conocidos, una amiga que trabajaba en la revista *Family PC* le ofreció su ayuda. Aunque la publicación no tenía mucho que ver con estudiantes universitarios, había conocido a Keith Clinkscales, el editor y director ejecutivo de la revista *Vibe*, una de las más vendidas en el mercado de jóvenes entre los 18 y los 24 años. Telefoneó a *Vibe* para recomendar a Eddie. Cinco horas después de haber dejado un mensaje para Clinkscales, Eddie recibió una llamada telefónica, y cinco días después se reunió personalmente con él. Ambos tenían mucho de qué hablar. Eddie luego me presentó a Keith, quien resultó ser una persona muy accesible e inspiradora. ¿Quién lo hubiera imaginado? Seguramente no el director ejecutivo si la amiga de Eddie no hubiera intervenido.

Fuera de su elemento

Aunque quizá piense que lo mejor es concertar una cita en la oficina de alguien, recuerde que es difícil que así obtenga su atención exclusiva. El teléfono timbra, entran secretarias, tienen el reloj y la agenda al frente y surgen problemas que exigen su atención.

En el curso de los últimos años, he tenido la suerte de establecer una relación de amistad con la editora en jefe de la revista *Entrepreneur*. Aunque nuestros almuerzos "trimestrales" por lo general duran unas cuatro horas, es prácticamente imposible mantener concentrada la atención de Rieva más de tres minutos, a no ser cuando estamos en un auto o en un restaurante. Entonces su atención se convierte en consejos de oro puro. Por eso, aunque con frecuencia me toma el pelo porque nunca termino el almuerzo, yo prefiero pasar ese tiempo conversando sobre todo tipo de ideas y nuevos proyectos para que me dé retroalimentación.

Pocos ejecutivos pueden dedicar toda su atención a algo (o alguien) que no tiene relación con su compañía cuando se encuentran en su propio entorno empresarial. Desde luego, hay algunas excepciones, pero observe con cuidado. Incluso los anfitriones más conscientes no pueden evitar desviar su atención a veces. Así pues, si lo que quiere es crear una excelente situación para establecer relaciones y no sólo obtener mucha información (en cuyo caso quizás la oficina sea el mejor lugar), saque a su(s) nuevo(s) amigo(s) de la oficina y llévelos a un sitio en donde se puedan relajar. Nunca se sabe qué puede suceder.

Mientras estaban un par de días en Boston por cuestiones de negocios, Jason Gold y Barry Swatzenbarg, fundadores de Office Perfect, me invitaron a cenar con algunos banqueros de inversión a quienes habían estado tratando de reblandecer por teléfono desde hacía algunos meses. Los banqueros llegaron al hotel a las 7:00 p.m. Los visitantes, que por lo general dominaban a la perfección su territorio, se sintieron fuera de base, sobre todo cuando me conocieron a mí. Al fin y al cabo, ¿quién era yo? ¿Y por qué estaba allí? Creyendo ser corteses, los banqueros evitaron conversar demasiado sobre negocios frente a esa invitada inesperada. Así pues, hablamos de temas intrascendentes en torno a unas cuantas copas.

A las 9:00 p.m. ya estábamos en el comedor del hotel conversando animadamente. Nos reímos, compartimos anécdotas y hablamos un poco sobre negocios, y tuvimos que hacer un gran esfuerzo para marcharnos cerca de la media noche. La relación de Jason y Barry con los banqueros de inversión cambió para siempre. Desde esa noche se acabó la formalidad.

Una noche, en una conferencia sobre franquicias, entré a un bar con mi padre y un tío. En una esquina estaban el dueño, el director general, el editor y el director de publicidad de una importante revista empresarial. Mi padre saludó de lejos a uno de los integrantes del grupo, a quien conocía, y ellos nos hicieron señas de que nos acercáramos. Ya iban en su tercera ronda de tragos, e insistieron en que nos uniéramos al grupo. Yo me quedé conversando con ellos hasta mucho después de que mi padre y mi tío se retiraron. En las dos noches siguientes, me invitaron a participar en sus pequeñas "sesiones de relajamiento". Transcurridos casi cinco años desde ese día, seguimos siendo amigos. Y en cuestiones de negocios, me ofrecen carta blanca.

En su elemento

Si se va a reunir con alguien en su oficina, trate de concertar la cita en una hora en que haya pocas personas. Las últimas horas de la tarde, los viernes después del mediodía y los fines de semana suelen ser los mejores momentos para encontrar a los ejecutivos tranquilos, en sus propios y cómodos entornos.

Después de asistir durante un año a la Academia de Creación de Empresas de California del Sur para conocer personalmente a los principales empresarios de Los Ángeles, conocí a un joven empresario asombroso llamado Paul Feller. Su firma de comercialización de deportes, ProSports International, me resultaba fascinante, pues yo había estado pugnando por estructurar mis propios paquetes de patrocinio para un proyecto que me interesaba. Decidimos reunirnos en un agradable bar en donde tocaban jazz y conversamos durante horas. Allí nació otra gran amistad. Tres años después, aún nos reunimos cada vez que coincidimos en la misma ciudad. Además de ser un gran amigo, es un mentor fabuloso. Sus proyectos de multimedia, sus oficinas internacionales, sus relaciones con patrocinadores corporativos y sus experiencias me han suministrado muchos temas de reflexión y algunas excelentes ideas.

Cartas y obsequios

No crea nunca que debe sobornar a la gente con obsequios para que se reúnan con usted (aunque *sí* le ayudó al joven empresario interpretado por Charlie Sheen a concertar una reunión con el gran Gordon Gecko en la película *Wall Street*. ¿Recuerda esa estupenda caja de cigarros?) Por otra parte, no hace ningún daño recordar el cumpleaños, el aniversario, o el vino o los cigarros favoritos de alguien. Si realmente quiere conocer a una persona en particular, lea todo lo que pueda sobre ella y busque alguna pequeña preferencia personal que podría darle alguna sugerencia. Tal vez sea un gran golfista, le encante viajar o incluso apoye una determinada organización sin ánimo de lucro. Use su imaginación. Cualquier cosa que sea rara, difícil de obtener o que requiera algo de tiempo o creatividad es un buen recurso para captar la atención de otros. No hay por qué gastar una cantidad excesiva de dinero. A veces un buen libro o incluso un recorte de prensa sirve a la perfección.

Manejar los contactos

Una vez comience a conocer a todas esas personas que le interesan –y a muchas otras que ni siquiera había imaginado–, tendrá que comenzar a pensar seriamente en cómo manejar sus contactos de negocios. Es una soberana tontería perder contacto con gente excelente. Si no tiene algún tipo de sistema de base de datos (un organizador electrónico, un archivo de tarjetas profesionales, un directorio o un programa de administración de contactos para el computador), no sólo perderá la comunicación con ellos sino que comenzará a perder amigos.

Cuanto más organizado sea con sus contactos de negocios, más los podrá impresionar con tarjetas de cumpleaños, artículos interesantes o incluso notas informales o llamadas de saludo. Si sabe que alguien acaba de tener un bebé, tomó unas fabulosas vacaciones o recibió un premio, aproveche la oportunidad para enviarle una nota.

Sin embargo, si su negocio exige que se reúna con más personas de las que la mayor parte de la gente conoce durante toda su vida, el asunto puede volverse abrumador... muy rápidamente. Al comienzo uno olvida los cumpleaños, luego pierde contacto y finalmente olvida cumplir sus promesas o pospone reuniones. Son situaciones muy negativas. Evite caer en ellas, pues de lo contrario la gente comenzará a evitarlo a usted.

Mentores y asesores

Mentores

Si le pregunta a cualquier empresario exitoso cuáles son sus principales activos empresariales, o a qué atribuye sus triunfos, lo más probable es que diga algo sobre sus mentores. En un sentido simplista, los mentores son como padres. (Pero no se le ocurra pedirles que le ayuden a pagar el arriendo ni aparezca de improviso a la hora de la cena.) Desde luego, uno puede crecer con éxito sin ellos (también desde el punto de vista profesional), pero ¿por qué hacerlo?

Los mentores son como miembros de la familia con quienes puede tener una relación formal o una muy estrecha. Sea como fuere, ahí estarán cuando los necesite e incluso más cuando crea que no los necesita pero sí le hagan falta. Los mentores le señalarán sus puntos flacos porque prefieren ser ellos y no otros (como los clientes) quienes se den cuenta de sus fallas. (Y usted creía que esa tarea le correspondía a su familia o a sus amigos más cercanos...) Así como sus padres pasaron la mitad de su tiempo enseñándole cosas nuevas, corrigiendo sus errores y guiándolo por la vida, los mentores pueden desempeñar un papel similar con usted y su negocio.

En lo que respecta a errores, debo decir que mis mentores me han ayudado a evitar varios. Uno de los más importantes fue mi idea de iniciar una empresa denominada Video College Tours. Cuando asistí a una conferencia para empresarios jóvenes en la ciudad de Nueva York, me sentí entusiasmada tras una sesión sobre "marketing de guerrilla". El orador era tan inspirador que cuando nos instó a acercarnos sin temor a personas que nos pudieran ayudar con nuestros negocios, comprendí que él era la primera persona a quien yo quería conocer. John Katzman resultó ser el presidente de The Princeton Review. Cuando le conté sobre mi idea de fundar Video College Tours, manifestó un interés genuino en ayudarme. Yo quedé asombrada. Cuando me contó su historia sobre cómo casi no logra terminar sus estudios en Princeton después de haber iniciado su empresa durante su tercer año, comencé a reconsiderar mi propia idea. Fundar una empresa no era una mala idea pero este tipo de compañía –un proyecto costoso y muy exigente en cuanto a horas de trabajo– no era lo que más me convenía cuando apenas estaba comenzando mis estudios universitarios. Desde luego, John tenía razón. Hemos cultivado nuestra amistad todos estos años y él siempre está allí cuando necesito algo. Y en cuanto a abrirme nuevas oportunidades, pues bien, ¿qué tal la oportunidad de escribir este libro, por ejemplo?

Los mentores son personas asombrosas por muchas razones, y la primera es que le ayudan a uno porque así lo quieren. Cuando uno encuentra mentores, siempre debe recordar que el apoyo que le brindan se debe a la fe que tienen en usted y en su empresa. Eso significa que usted probablemente les cae bien. No se asombre... usted sí merece esa atención, seguramente por razones que no alcanza a entender. Piense en estas personas como amigos porque, en esencia, eso es lo que son. Si aún se siente perplejo, considere su proyecto empresarial como si fuera una relación personal. Cualquier ayuda que sus amigos estarían dispuestos a darle en una relación personal es el mismo tipo de ayuda que los mentores le pueden ofrecer en lo concerniente a sus negocios. Si su empresa nunca despega, o si fracasa, sus mentores seguirán apoyándolo, al igual que los amigos. Los mentores quieren que usted tenga éxito, así como sus amigos quieren que sea feliz.

Entre las distintas maneras en que los mentores le pueden ayudar a triunfar, las siguientes son las más importantes y más comunes.

Temas empresariales básicos

Todos hemos estado en situaciones –quizás más veces de las que quisiéramos admitir– en las cuales realmente no entendemos lo que está sucediendo. Tal vez en un trabajo, una clase, o al llenar el formulario de la declaración de renta. De alguna manera hay que aprender rápidamente algo que no se conoce. Quizás ni siquiera nos habíamos dado cuenta de que no sabíamos lo que teníamos que saber. ¿Qué sucedió entonces? O bien pasó algo que nos obligó a aprender lo que requeríamos (antes de que alguien se diera cuenta de que no sabíamos lo que estábamos haciendo) o bien alguien que se interesó en nosotros nos señaló el problema y nos ofreció orientación. En este último caso, un mentor incursionó en nuestra vida.

Casi todas las personas tienen un mentor y ni siquiera se dan cuenta de ello. La palabra es tan formal que muchos suponen que tener mentores requiere algún tipo de acuerdo o relación formal. Algunos piensan en los mentores como pensarían en un plan de negocios. "Sí, sé que necesito uno, pero aún no he tenido tiempo de conseguirlo". Si esto le suena familiar, está muy equivocado. (Ya lo ve, otra de esas situaciones en que creía que entendía pero no era cierto.)

Lecciones y conocimientos sobre la industria

Nada mejor que los mentores para impartir lecciones y ahondar sus conocimientos sobre la industria. Si le parece muy largo emplear treinta años obteniendo experiencia para sus proyectos empresariales, ¿por qué no aprender de alguien que ya tiene esa experiencia? Los mentores por lo general ya han afrontado todos los problemas posibles y se sienten felices de compartir su experiencia con otros. Piense en cuántas personas están hartas de escuchar sus historias empresariales. Los mentores están tan ansiosos como usted por contarle a la gente todo lo que saben. Otra cosa que se debe tener en cuenta es que los mentores no tienen que preocuparse por impresionar a la gente, como sí lo hace usted. Así pues, en esos casos en los cuales usted preferiría morirse antes que admitirle a alguien en su industria que no sabe qué es lo que está haciendo, un mentor muchas veces le contará sin recelos sobre la vez en que afrontó una situación similar.

Y en cuanto a convertirse en un conocedor de la industria, ya le llegará el momento. ¿Pero por qué no obtener los beneficios de otros mientras tanto? Sus mentores pueden tener muy buenas conexiones en un campo en particular y, por consiguiente, sabrán qué es lo importante en la industria. Todos esos pequeños trucos que normalmente tendría que aprender por usted mismo pueden estar a su alcance, con sólo consultar a sus mentores.

Presentaciones personales

En los negocios, lo importante no es sólo a quién conoce usted, sino a quiénes conocen las personas que usted *conoce*. ¿Alguna vez ha escuchado la frase "seis grados de separación"? ¿Y qué me dice de la idea de que "sólo hay cuatro personas entre usted y cualquier persona que quiera conocer"? Pues bien, quizás sea un poco más o un poco menos, pero la idea es que cualquier persona con quien usted quizás necesite ponerse en contacto no está tan lejos como piensa. Las personas que creemos inaccesibles en realidad sólo tienen a dos o tres individuos que se interponen entre ellas y nosotros. Podrían ser sus secretarias, sus mejores amigos, sus mentores, su familia o cualquiera de las decenas de personas que los rodean. Sólo tiene que acercarse a una de ellas.

También aquí intervienen los mentores. Cuanto más alto sea el rango que ocupen sus mentores en su industria, más probabilidades habrá de que le presenten a otros en la cima. Y tal vez a usted ni siquiera le interese conocer a los líderes de la industria. Tal vez sólo necesite un buen abogado, diez minutos con un director de medios o un amigo en una agencia de publicidad. Sea lo que fuere lo que necesite, sus mentores deberán poder ayudarle. Siempre y cuando que tenga una buena relación con ellos y confíen en usted, seguramente le presentarán a cualquier persona que ellos conozcan.

Decisiones cotidianas

Cuando uno dirige una empresa propia, cada día plantea situaciones, opciones y retos que se deben afrontar, ya sea que se conozcan las respuestas correctas o no. Muchas de estas decisiones cotidianas son intrascendentales, mientras que otras podrían tener ramificaciones significativas para su reputación profesional o incluso su supervivencia. En vez de confiar únicamente en su intuición o basar las decisiones en una cantidad limitada de información, consulte con sus mentores. Cuando se le plantean a uno asuntos importantes en la vida, siempre es conveniente pedir la opinión de varias personas de su entera confianza. Piénselo: si le pide consejos a uno de sus asesores que lleve treinta años en el negocio, a otro que lleve quince y a otro que lleve cinco, tendrá cincuenta años de experiencia en la industria como guía.

Retroalimentación y consejos honestos

Si usted los pide, la gente que cree en usted y que entiende su negocio le dará los consejos que busca. Como asesor o mentor, es usual dar consejos. Si no le dicen qué está haciendo mal, no están cumpliendo con su razón de ser. Así pues, pida directamente consejos honestos y tómelos como un adulto cuando se los den. Nada destruye un proyecto empresarial más rápidamente que el ego.

Asesores y junta asesora

Doug Mellinger, uno de los fundadores de la Asociación de Empresarios Universitarios (ACE), fundó una compañía de 10 millones de dólares con sus mentores. Como director de la ACE, Doug conoció a unos excelentes líderes de la industria, y halló excusas para entrar en contacto con los directores ejecutivos de cien compañías de alta tecnología. Doug sabía que para triunfar en su campo tenía que estar a tono con estas compañías. Así pues, tomó el teléfono y llamó a cada uno de ellos. Después de presentarse a sí mismo y a su compañía, le preguntó a cada persona si quería ser su mentor. Cuando terminó la lista, tenía una junta asesora de más de veinte de estos altos ejecutivos. Con su ayuda, la compañía de Doug creció rápidamente y lo sigue haciendo aún hoy, generando decenas de millones de dólares anuales.

Existen dos razones para estructurar una junta asesora para su compañía. La primera es reunir un excelente grupo de personas que creen lo suficiente en usted y en su empresa como para aconsejarlo a medida que la firma crece. Si cuenta con una buena mezcla de personas con antecedentes profesionales diversos aunque relacionados, puede estar seguro de que su empresa siempre contará con el beneficio de distintas opiniones, antecedentes y pericia. Una junta asesora le permitirá desarrollar su empresa en el entorno ideal. La segunda razón para crear una junta es la credibilidad. Si va a competir con grandes corporaciones —en donde los nombres y los cargos son importantes—, le hará a su empresa un gran favor si reúne una junta que lo apoye en los documentos. Si imprime los nombres de los miembros de su junta asesora (si impresionan) en la papelería o en los folletos de la compañía, la gente entenderá que está hablando en serio. Una junta asesora puede ser tan sustancial o tan cosmética como usted decida. Si sus consejeros son personas que merecen respeto, quienes los admiran por lo general lo respetarán a usted por contar con ellos.

No confunda la junta asesora con la junta directiva, porque existe una diferencia significativa entre ambas. La junta asesora es un grupo informal de personas que hacen las veces de consultores de una empresa pero sin asumir ninguna responsabilidad legal o financiera. Por su parte, una junta directiva es una entidad legal cuyos miembros sí tienen alguna responsabilidad fiscal y a quienes con frecuencia se les da participación en la propiedad (o acciones) a cambio de su colaboración. Las corporaciones, las empresas que emiten acciones y las organizaciones sin ánimo de lucro tienen que tener obligatoriamente juntas directivas. Los miembros de estas juntas pueden ser considerados responsables si la empresa infringe la ley o se involucra en una batalla legal. Formar parte de una junta directiva es una decisión muy seria y no se debe tomar a la ligera.

En su empresa, a menos que esté desarrollando o dirigiendo una corporación de gran tamaño, rehuya las juntas directivas y opte más bien por las juntas asesoras. Sus necesidades como dueño de una empresa probablemente no justifican este tipo de compromiso en esta etapa. Los asesores allí estarán cuando los necesite. Así pues, aproveche la oportunidad para probar su valor ante ellos, así como ellos le ayudan a probar su credibilidad a otros. En caso de que más tarde necesite constituir una junta directiva formal, ellos serán los primeros en ayudarle.

Ahora bien, antes de que se angustie pensando en quiénes *deberían* ser sus asesores, entienda que todo el mundo depende de una mezcla diferente de gente. Parte de esta gente se consigue por decisión consciente y el resto responde al azar. Nunca se sabe con quién terminará uno relacionándose o quién se interesará de inmediato en usted y su negocio. Podría ser su peluquero, un profesor de la universidad o el presidente de una corporación multimillonaria.

Los asesores deben ser personas que crean en usted y en su compañía. Deben ser personas a quienes usted respeta y que son respetadas por la comunidad empresarial. Cuanto más conocidos y experimentados sean sus asesores, mayor será su propia credibilidad. En los casos en que se cuestione su capacidad o su experiencia, se tendrá en cuenta la experiencia de sus mentores y asesores. Por esta razón, preste mucha atención a la gente a la cual impresionará más su junta asesora. ¿Quiénes son las personas más respetadas en su campo? ¿En su industria se tiene una alta opinión de los altos ejecutivos de corporaciones, los empresarios independientes o los funcionarios del gobierno? Estructure su junta asesora teniendo esto en mente. Al fin y al cabo, una de las dos principales razones para estructurar formalmente una junta asesora es realzar su propia credibilidad.

Como una buena parte de los negocios se realiza socialmente (ya sabe, en los campos de golf, los clubes campestres, los almuerzos con ejecutivos, las *happy hours*), sus asesores pueden ser muy valiosos en lo que respecta a introducirlo a tales situaciones sociales (véase "Cómo conocer personas importantes").

Un último consejo: Tom Watson, el legendario director de la IBM, aconsejó alguna vez que no se debe dudar en incluir a una persona excéntrica con ideas locas en su junta (siempre y cuando que esté de su lado). De esta manera, su empresa puede aprovechar puntos de vista abstractos y extremos al tiempo que tiene la capacidad de analizar objetivamente si es factible aplicarlos en su caso.

Cómo entablar relaciones con mentores/asesores

Siempre he dicho que cuando uno quiere conocer personas importantes en un campo, debe leer lo que ellos leen, ir a donde ellos van, hacer las cosas que ellos hacen y aprender sobre lo que ellos ya saben, o deberían saber. Esta idea se sustenta en dos razones. Ante todo, ¿cómo va a tener la oportunidad de conocer a estas personas si no sabe cómo llegar hasta ellas, ya sea formal o socialmente? En segundo lugar, ¿cómo podrá decirles algo que les interese si no sabe cuáles son sus intereses? Si son expertos en un área determinada, usted debe saberlo. Si tienen algún pasatiempo o una misión personal, como por ejemplo la preservación ambiental, su conversación fluirá mejor si sabe estos datos sobre ellos. También demuestra que se interesa lo suficiente como para investigar. Si usted tiene una de esas personalidades arrolladoras, es posible que haga caso omiso de este consejo y piense que puede conocer gente por sí solo. Yo no lo haría si fuera usted. Incluso los empresarios más encantadores deben construir su arsenal de información sobre antecedentes. Finalmente, debe asistir a ferias especializadas y conferencias en donde es posible que encuentre mentores o asesores. Esto sin duda le ayudará a agregar unos cuantos nombres más a su lista.

Supongamos que está en una feria especializada y ya identificó a la gente que más le interesa conocer. (A propósito, ésta es una de las primeras cosas que siempre debe hacer al asistir a un evento de este tipo: revisar la lista de asistentes y saber quién está allí para poder preparar mentalmente su presentación y su plan de acción.) ¿Y ahora qué? ¿Se acerca sin más ni más a la gente y comienza a hablar? En la mayor parte de los casos sí, pero cada situación es diferente. Hace algunos meses estaba escuchando a C. J. Meenan, profesor de la Fundación Nacional para la Enseñanza de la Creación de Empresas, dictar una clase sobre cómo buscar mentores, y relató la siguiente historia:

Todos los años, mientras la organización aún existía, C. J. llevaba a sus estudiantes a las conferencias anuales de la ACE para que pudieran reunirse con cientos de otros jóvenes empresarios exitosos. Explicaba que las convenciones de la ACE tenían una energía que nunca había visto antes y, por consiguiente, sentía que tenía que compartir eso con sus estudiantes. Todo el mundo sabía que Michael Dell, fundador de Dell Computers (y el más joven dueño de una compañía que ha figurado en la lista Fortune 500), volvería a ganarse el premio anual al empresario joven. También sabían que Dell siempre decía que no tenía una tarjeta profesional cuando le pedían una. Sin embargo, un día alguien vio que le entregaba una tarjeta a alguien, poco después de haberle dicho a otra persona que no tenía ninguna.

Transcurrió un año y C. J. y su clase de secundaria estaba planeando su concurso anual de recolección de tarjetas profesionales. El objetivo del juego era conseguir tarjetas profesionales, para lo cual tenían que conocer el mayor número posible de gente. La tarjeta de un empresario promedio valía un punto, pero si los estudiantes lograban obtener la tarjeta de uno de los diez principales empresarios, ésta valía diez puntos. La tarjeta del joven empresario del año, Michael Dell, valía 100 puntos. Como C. J. sabía que Dell no solía repartir tarjetas, ofreció una recompensa adicional de cien dólares para quien lograra conseguir una.

En la reunión de la ACE, Omar, un estudiante de secundaria listo, extrovertido e increíblemente persistente, dijo que iba a conseguir la tarjeta y de paso los cien dólares. Sin embargo, cuando llegó la hora de cenar, ninguno de los estudiantes había tenido éxito en su empeño. C. J. estaba seguro de que el billete de cien dólares que guardaba en su bolsillo allí se quedaría. Sin embargo, no bien terminó Michael Dell el discurso principal y se dispuso a abandonar el recinto, Omar se puso de pie y lo siguió hasta la puerta. C. J. los siguió, para ver qué iba a hacer Omar. Cuando C. J. cruzó el umbral, vio que Michael entraba al baño de hombres, seguido de cerca por Omar. Transcurrieron cerca de diez minutos. Nada. Luego salió Dell y C. J. creyó que pronto saldría Omar con gesto de desilusión. Omar sí salió, pero en vez de parecer decepcionado, llevaba una tarjeta profesional en la mano. Resultó que Omar entabló una conversación con Dell preguntándole sobre las estrategias de marketing, operaciones, financiación y ventas de Dell Computers. Dell quedó tan asombrado de escuchar semejantes preguntas en boca de un muchacho de quince años, que cuando Omar le pidió una tarjeta, Dell ni siquiera dudó un segundo en dársela.

Aunque perdió los cien dólares, C. J. dijo que había valido la pena. Sucede que Omar y Dell se mantuvieron en contacto durante años, todo porque C. J. había lanzado el reto y Omar tuvo el valor de afrontarlo. (A propósito, si alguna vez quiere conocer a uno de los mejores profesores de creación de empresas en los Estados Unidos, pregunte por C. J. (Chris) Meenan en NAFTE (The National Foundation for Teaching Entrepreneurship), una organización con sede en Nueva York que él ayudó a fundar. Después de haberlo visto capacitar a cientos de profesores a lo largo de los años y ofrecer ayuda a más personas de las que puedo contar, estoy segura de que no le importaría ayudarles a unos cuantos más.)

¿Y dónde están los mentores?

Repasemos: Aprenda lo que ellos aprenden. Lea lo que ellos leen. Las publicaciones relacionadas con la industria le darán una idea sobre cuáles son las tendencias y los tópicos relevantes del momento, a qué eventos asiste la gente de su campo, y muchas veces incluirán noticias sobre oradores invitados o premios especiales y reconocimientos otorgados a diversos integrantes de la comunidad empresarial. Es posible que su asesor ideal sea uno de ellos.

Una vez descubra en dónde están, vaya a donde ellos van. Si sabe que la persona que le interesa frecuenta un determinado restaurante o acude a un gimnasio en particular, busque la oportunidad de toparse casualmente con él o ella y preséntese. Diga que espera volver a encontrarse con él o ella en el futuro y luego deje a su potencial mentor solo, a menos que se le presente la ocasión de conversar un poco más. Pero no lo importune. Eso puede arruinar sus oportunidades de acercarse lo suficiente como para establecer una relación. A continuación le daré algunos consejos adicionales:

- Búsquelos cuando estén solos. En las grandes ferias especializadas, muchas veces los oradores se sienten tan perdidos como usted. Si le parece que la persona que le interesa no está muy segura sobre a dónde debe ir o qué debe hacer a continuación, ofrézcale su ayuda o traten de encontrar el camino juntos.
- Averigüe si van a participar en algún seminario o sesión. (Si tienen renombre en su campo, lo más probable es que sólo asistan a ferias o eventos de su ramo si son organizadores, expositores u oradores.) Asista a sus seminarios y mantenga contacto visual con ellos lo más posible. Hágales saber que siente un interés genuino en el tema. Los oradores siempre concentran su atención en las personas que parecen más interesadas en la discusión.
- Formule preguntas que tengan que ver con la experiencia del orador y que le den una base para presentarse después.
- Quédese de últimas. El orador casi siempre es la última persona en abandonar el recinto. Las personas que se quedan después de que todos los demás han hecho sus preguntas suelen ser las que entablan las mejores conversaciones y tienen las mejores oportunidades.

- Si en un momento determinado ve a alguien a quien le gustaría conocer hablando con alguien a quien usted conoce, pídale a su amigo que los presente. Las presentaciones son mucho más poderosas cuando la persona que lo presenta goza del respeto de quien le interesa a usted.

Éstos son apenas unos cuantos trucos que he aprendido tras haber asistido a decenas de eventos empresariales. Para demostrarse a usted mismo que realmente está haciendo cosas, conserve las escarapelas con su nombre que se reparten en este tipo de eventos. Cuélguelas en alguna parte o manténgalas en un lugar visible. Por simplista que esto parezca, estas pequeñas escarapelas pueden convertirse en un símbolo personal de aquellas instancias en que usted lo intentó y conquistó. Siéntase orgulloso de ellas porque demuestran que realmente está haciendo lo necesario para triunfar en su campo. Si comienza a acumular una gran cantidad de escarapelas con su nombre, significa que lo ha hecho bien. Probablemente conoce a más (y más) personas de las que jamás hubiera pensado al inicio. Diviértase "construyendo redes". Si lo considera una tarea tediosa, es muy factible que deje pasar una gran cantidad de oportunidades y de personas que podrían convertirse en amigos y mentores extraordinarios.

PARTE IV

Crear una imagen profesional

CAPÍTULO 10

La imagen empresarial

La imagen lo es todo. Seguramente ha escuchado esa frase millones de veces. Ya sea que la crea o no, en lo que respecta a su empresa le aconsejo que le preste atención.

Como empresario joven, descubrirá que su principal problema va a ser la credibilidad. Quizá piense que los contactos, la financiación, la ubicación de la empresa y la pericia en el negocio son obstáculos más importantes, pero ¿acaso todos ellos no dependen en cierta medida de su credibilidad? Si no logra traspasar siquiera el umbral de la oficina de un cliente, un representante de ventas o un proveedor, o si no le es posible concertar reuniones con personas destacadas en su campo, no son muchos los negocios que podrá hacer. ¿Qué hace la gente para superar este obstáculo? Se presentan como personas con capacidades especiales, conocimientos, determinación y un gran potencial, cualidades que, en su conjunto, transmiten credibilidad. No es una tarea fácil. Así pues, con la necesidad que tiene de impresionar desde el punto de vista intelectual, ¿para qué distraer a la gente con un aspecto personal negligente, malos modales o un material promocional poco llamativo? Cuando se tome el tiempo de hacer algo, hágalo bien. Lo último que debe descuidar es su imagen. Está bien, tal vez me dirá que está ocupado, que no tiene el tiempo ni el dinero necesarios y además que está convencido de que sus conocimientos y su pericia son lo que más vale, ¿cierto? Pues se equivoca. Saque tiempo, consiga el dinero, sea creativo y entienda que, en los negocios, el conocimiento sin el empaque apropiado prácticamente no vale nada.

Presentación personal

Propóngase aprender la jerga, las palabras clave y las tendencias de su industria. Si le preocupa que pueda no parecer tan profesional como le gustaría, estudie a las personas que más admira. Observe a sus modelos, prestando mucha atención a su manera de hablar, sus gestos y sus modales. Quizá podría incluso asistir a un curso de oratoria para perfeccionar o desarrollar sus habilidades verbales. El mercado ofrece algunos programas excelentes que les enseñan a las personas el arte de hablar bien en público.

La impresión verbal suele ser la primera que tendrá la gente de usted y de su empresa, de modo que más le vale asegurarse de que lo que diga sea bien acogido. Incluso si sólo está hablando con alguien por teléfono, el tono y la velocidad de la voz, la articulación y la elocuencia de las palabras y la personalidad que proyecte causarán una poderosa impresión en alguien a quien todavía no conoce en persona. Por esta razón, es preciso estar siempre consciente de la propia presentación verbal y hacer todo lo posible por mejorarla si se tiene la oportunidad. Las siguientes sugerencias podrían ayudarle.

Por teléfono...

GRABE SUS CONVERSACIONES

Grabe sus conversaciones o pídale a alguien de su confianza que escuche algunas a través del altavoz del teléfono. Es fácil sumergirse tanto en las situaciones y en los pensamientos propios que uno se olvida de prestar atención a qué tan bien se comunicó con los demás. Al escuchar las conversaciones con posterioridad o pedirle la opinión a un tercero, seguramente detectará hábitos o problemas que quizás nunca descubriría por sí solo.

Planee lo que va a decir

Si programa una llamada, sobre todo si es con alguien importante, es esencial planearla de antemano, por varias razones:

- Es posible que le hagan preguntas que usted no sepa responder.
- Tal vez se presente uno de esos incómodos ratos de silencio y usted no tenga nada de valor que decir para salvar la situación.
- Es posible que su interlocutor se sienta frustrado porque no logra entender el verdadero propósito de su llamada.
- Puede dar la impresión de que no conoce los temas, por lo cual lo considerarán poco serio.

Tómese un par de minutos antes de llamar a alguien por teléfono y haga una lista de los temas que quiere tratar. Así podrá mencionar las razones por las que está llamando desde el comienzo y asegurarse de no olvidar nada al final. Puede planear toda la conversación antes de levantar el auricular, sin que su interlocutor tenga por qué saberlo.

Tome notas

Suele suceder que la gente habla tan rápido por teléfono que parte de la información importante se pierde. A veces también ocurre que uno está nervioso o emocionado y le cuesta trabajo recordar todos los detalles. Tomar notas mientras se está hablando por teléfono es un excelente hábito. Permite llevar un registro de comentarios, citas, nombres y personas importantes, y podrá contestar las preguntas de modo más inteligente si anota posibles respuestas mientras su interlocutor aún está al otro lado de la línea. Tome nota siempre que esté hablando por teléfono con un cliente, un cliente potencial, un cliente enfadado, una agencia de crédito o un proveedor. Cuando cuelgue, si tiene unas notas de referencia para consultar más tarde, tendrá un panorama mucho más claro sobre lo conversado (así también recordará siempre el nombre de la persona con quien habló).

No coma

Aunque usted crea que su interlocutor no se da cuenta de que está mordisqueando silenciosamente unas uvas, una barra de chocolate o chupándose un dulce mientras habla por teléfono, lo cierto es que es algo muy fácil de detectar. No subestime la calidad del sonido de su teléfono. El acto de comer mientras se está en el teléfono puede parecerle muy grosero a la persona que está al otro lado de la línea. Si está comiendo algo en el momento en que suena el teléfono, no levante el auricular sino cuando termine de masticar, pues de lo contrario su saludo parecerá todo menos profesional.

En persona (socialmente)...

Muéstrese animado

Las personas que usan el lenguaje corporal, como hacer gestos con las manos y variar las expresiones faciales, captan y retienen más fácilmente la atención de los demás. Si alguien es visualmente animado, es más interesante de ver y escuchar. Fluctúe el tono de voz al tiempo que ilustra con el cuerpo los mensajes que quiere comunicar. Esto no quiere decir que deba actuar como si estuviera representando una obra de teatro ni moverse como una marioneta descontrolada. Simplemente no se quede sentado como una momia, mimetizándose con los muebles hasta el punto de que alguien se le siente encima.

Escoja sus palabras con cuidado

Estar consciente de su audiencia le permitirá expresar sus puntos de vista con mayor efectividad. El uso de palabras grandilocuentes, estructuras gramaticales complejas o algún tipo de jerga dependerá de la persona o personas con quienes esté conversando. Si habla con expertos en la industria, use la terminología apropiada e imite su tono de voz. Si está compartiendo un concepto empresarial con un grupo de estudiantes, simplifique sus ideas e integre términos de uso corriente entre la juventud para que se sientan más a gusto. Condicione su presentación verbal a su audiencia, pero sea siempre sincero.

Capte a todo el grupo

Si le está hablando a un grupo de personas, ya sean dos o doce, trate de involucrarlas a todas en la conversación, así sea sólo manteniendo contacto visual. Puede integrarlas refiriéndose a ellas, haciendo un gesto que las involucre o utilizando sus nombres en ejemplos de situaciones hipotéticas (por ejemplo: "Supongamos que Bill y Gena llegaran a mi oficina y yo estuviera hablando por teléfono con Mike..."; o "Kate, eres una artista, estoy seguro de que entiendes mi inquietud".). Al hacer que todos se sientan como parte integral de la conversación, atraerá su atención y los interesará más en lo que está diciendo... y será más probable que luego se sientan complacidos de haber estado con usted.

En la conversación, nunca ignore a nadie

A veces, cuando se trata de transmitir un mensaje rápida o poderosamente a una persona particular de un grupo, es fácil dejar de prestar atención a otros con quienes quizás esté el individuo que le interesa. Por ejemplo, hace algunos meses yo estaba en una conferencia con un amigo que era el presidente de una importante organización educativa. Un hombre de mediana edad se nos acercó, me hizo un gesto breve con la cabeza e inició un monólogo dirigido a mi amigo –no le importó interrumpirnos– sobre astros del deporte a quienes estaba tratando de convencer para que apoyaran su organización y sobre lo difícil que le estaba resultando. Mientras yo permanecía a su lado completamente ignorada y excluida de la conversación, pensé en que tenía algunos contactos personales en el área deportiva que les habrían llamado mucho la atención a ambos.

¿Acaso el hombre supuso que por ser yo una mujer joven no sabía nada sobre deportes? Quizás. No sé qué pensó de mí, pero en todo caso salió perdiendo. Así pues, nunca ignore o subestime a la gente (sobre todo con base en su aspecto). Nunca se sabe qué sepan o a quién conozcan y de qué manera le podrían ayudar.

Escoja sus argumentos con cuidado

Todos hemos conocido a personas con cuyas ideas no estamos de acuerdo o que no nos caen bien. Mientras peor nos caigan, más nos inclinamos a estar en desacuerdo o a pelear con ellas. Sin embargo, antes de lanzarse a librar una batalla verbal, tenga en cuenta lo siguiente:

- ¿Su argumento lo hará parecer inseguro, inmaduro o arrogante?
- ¿Quiénes son esas personas? ¿Acaso saben más sobre este tema que usted? Si librar una batalla con ellas podría dejarlo en mal estado, ¿está preparado y dispuesto a afrontar las consecuencias?
- ¿Podría ofender a alguien más que esté cerca? ¿Es correcto debatirles su posición delante de sus amigos, colegas o pares? ¿Los hará quedar mal en público?
- ¿Quiere que los demás lo vean agresivo y hostil?
- ¿Va a "quemar las naves" con alguien con quien es mejor tener buenas relaciones?
- ¿Podría volverse violenta la situación? Ésta podría parecer una pregunta absurda, pero es mejor prevenir que lamentar.

Si contesta "sí" a alguna de estas preguntas, quizá lo mejor es que se contenga.

Haga preguntas

A casi todas las personas les encanta hablar sobre sí mismas y están más que dispuestas a expresar sus opiniones cada vez que encuentren una audiencia. Así pues, pídale a la gente que le cuente sus ideas, sus percepciones, algo sobre su empresa, la vida cotidiana o cualquier cosa que tenga que ver con la conversación. Hacer preguntas indica que uno está interesado en lo que la otra persona tiene para decir.

En persona (encuentros comerciales)...

El silencio es oro

Muchos de nosotros, especialmente cuando somos jóvenes, novatos y excesivamente entusiastas, pasamos demasiado tiempo hablando y más bien poco escuchando. Es importante saber de qué está hablando y demostrarlo, pero es igualmente crucial escuchar, cosa que además impresiona a los demás. Siempre es posible agregar un comentario, pero una vez salidas de su boca, las palabras no se pueden devolver. Guarde silencio, escuche lo que se está diciendo y comente después. Deténgase y haga preguntas y escuche primero a su interlocutor. Si lo hace, estará mejor equipado para tratar con él.

Venda según las necesidades

Cada vez que le formulen la pregunta "¿a qué se dedica?", aproveche la oportunidad para vender su empresa. En vez de decir "tenemos una división de consultoría que trabaja con firmas que quieren explorar oportunidades en distintos mercados o países", diga "tenemos una división de consultoría que trabaja con firmas como la suya, que tal vez quieran expandirse a [inserte un campo lógico] o comenzar a exportar [inserte los productos pertinentes] a la India, por ejemplo. Hace poco tuvimos un cliente que [mencione un caso similar al de ellos]..."

Si explica sus ejemplos en los términos del otro, no sólo le facilita entender lo que hace sino que le permite comprender rápidamente cómo le podría usted ayudar.

Diríjase a las personas por sus nombres

Después de conocer a tanta gente, como solemos hacer quienes nos empeñamos en construir redes de contactos, se tiende a olvidar los nombres de las personas. Una excelente manera de recordar los nombres y mantener la atención de la gente es incluir su nombre en la conversación. "John, ¿qué cree que debamos hacer?" o "Susan, ¿no tuvieron ustedes ese mismo problema el año pasado?". Cuando las personas escuchan sus nombres, se ponen alertas. Es verdad, inténtelo. Un consejo: no exagere, pues terminará sonando falso. Simplemente mencione el nombre de vez en cuando al dirigirse directamente a alguien.

No sea aburrido

Si la conversación se está volviendo tediosa, aprenda a recuperar rápidamente el interés y aligérela cambiando de tema, haciendo un chiste, contando una anécdota rápida o sonriendo. No querrá nunca que alguien comience a calcular en silencio cuánto más tiempo tiene que pasar conversando con usted antes de que marcharse parezca un acto grosero. Una pariente cercana mía siempre tiene problemas a este respecto. No mencionaré su nombre, pero es mujer y uno por lo general se refiere a ella con una palabra de cuatro letras. Está bien, se trata de mi mamá. No digo que sea aburrida, pero no sabe cuándo una conversación cesa de ser un diálogo y se convierte en un monólogo de una sola mujer. Sus divagaciones, que por lo general versan sobre computadores –su tema favorito– son legendarias en nuestra familia.

Desde luego, todos entendemos lo que una pasión puede hacerle a una persona. Pero si no se es parte de la familia y no se tiene el buen sentido de salir corriendo apenas ella comienza su retahíla, la verdad es que podría quedar atrapado durante horas. Casi toda la gente simplemente se queda allí sentada y sonríe, asintiendo de vez en cuando por respeto, aunque su mente esté en otra parte, por lo general tratando de idear la manera de ponerle fin al monólogo. Sí, sé que suena divertido y en realidad lo es, pero cuando se topa uno con este tipo de casos en una situación empresarial el asunto deja de ser humorístico. Lo peor es cuando uno asiste a una conferencia en donde hay una gran cantidad de personas a quienes uno quisiera conocer, y de repente lo atrapa alguien que no se da cuenta de que uno no está sintonizado con él.

Le contaré otro truco que aprendí: si no puede estimular una conversación de la cual podría depender un negocio importante, consiga la ayuda de alguien que sí pueda. (Esto funciona muy bien en cócteles.) Todos conocemos personas que son grandes conversadoras. Recurra a ellas como refuerzo en caso de que su conversación esté flaqueando.

No sea redundante

En una ocasión en que debía dar una ponencia en el Harvard Club de Bruselas, aprendí una lección valiosa. Esa noche, en el vestíbulo del hotel, Steve Mariotti, un buen amigo y asesor empresarial, me estaba comentando cuán bien se había desarrollado la reunión. Le pregunté qué tal lo había hecho y me contestó de inmediato "muy bien". Unos segundos después, me dijo con cierta vacilación que había observado un problema: "En dos ocasiones, las primeras frases de tus comentarios fueron brillantes, pero seguiste mencionando datos redundantes. Habrías tenido un impacto mucho mayor si hubieras ido al grano y nada más". Reflexioné unos instantes y me di cuenta de que tenía toda la razón.

Piense en todas esas veces en que alguien le ha tratado de vender algo. Seguramente las experiencias más molestas fueron con gente que no se daba por vencida. Tal vez sucedió en un aeropuerto en donde algún Hare Krishna intentaba venderle libros, o con el representante de una firma de telecomunicaciones que trataba de convencerlo de que su empresa podía ahorrarle diez centavos más por minuto. Quizás escuchó durante algunos minutos e incluso lo estaban comenzando a persuadir. Pero exageraron, dijeron demasiado. Es muy fácil hablar en exceso y perder por ello un posible negocio. Lo peor es que uno rara vez se da cuenta de lo que está haciendo.

Recuerdo una ocasión en que recibí una llamada del director de una organización que pensaba que debíamos buscar la manera de trabajar conjuntamente. Se presentó, habló sobre su organización, explicó su idea y luego siguió... y siguió... y siguió. Desde el inicio de nuestra conversación yo había convenido en que nuestras causas eran similares y que, en efecto, deberíamos explorar la manera de hacer algo en conjunto. Sin embargo, el tipo siguió y siguió hablando de por qué él era tan importante, por qué su organización era tan valiosa y de la gran atención que le prestaban los medios; una información importante, pero me la recalcó en exceso. Debido a ello, perdió la oportunidad de hacer algo con nosotros. Yo simplemente no quería seguir hablando con él (o más bien escuchándolo). Para evitar perder su tiempo o el de cualquier otra persona tratando de forzar una venta, esté alerta a las siguientes señales:

- Al cabo de varios minutos la otra persona deja de hablar.
- Cuando usted deja de hablar, sólo se escucha el silencio.
- La otra persona está escribiendo o arreglando papeles.
- La otra persona está conversando con alguien más mientras usted sigue hablando.
- La persona lo interrumpe con frecuencia para tomar otras llamadas o hacer otras cosas.

- La otra persona no mantiene contacto visual con usted.
- Su interlocutor parece aburrido o molesto.

Si logra acordarse de estar consciente de la respuesta del otro a su intento por convencerlo de algo, siempre podrá controlar la situación. Anticipe qué hará luego la otra persona y preste atención a lo que le está diciendo su lenguaje corporal.

Apariencia física

Como sucede en la mayor parte de las profesiones, los negocios cuentan con su propia serie de herramientas y accesorios. Por herramientas me refiero a elementos o equipos que le ayudarán a realizar mejor su trabajo, mientras que los accesorios se suelen utilizar sólo para verse mejor en el terreno profesional. No quiero decirle que arme todo un tinglado para sus clientes, pero sí le indicaré cómo parecer mayor de lo que es, dueño de una empresa más grande y más exitoso (hasta cuando lo sea realmente).

Un buen traje

En un mundo ideal, la apariencia física no debería tener nada que ver con el éxito en los negocios. Sin embargo, la apariencia de los jóvenes empresarios sí importa. En varias ocasiones he sido testigo de cómo empresarios exitosos y personas de más alto rango son ignorados en las conversaciones, al tiempo que se presta mayor atención a gente mejor vestida y mejor presentada. Esto no significa que sus conocimientos sobre la industria, su personalidad o su inteligencia no importen, sino que su apariencia a veces puede ser igualmente crucial.

La apariencia es sobre todo importante al comienzo de las relaciones y cuando le presentan a uno gente. Ese viejo dicho de que la primera impresión es la que vale es cierto... y lo es aun más si usted tiene menos de treinta años.

Un maletín

Incluso si no tiene nada que cargar en un maletín, consiga uno. En él siempre debe llevar una libreta, tarjetas profesionales, un estilógrafo y cualquier folleto o literatura que tenga sobre su empresa. Personalmente, me molesta cuando alguien llega a una reunión sin algo en dónde escribir o con qué escribir. Es como si no se hubiera tomado el trabajo de prepararse porque no espera que suceda nada serio o valioso. El hecho es que simplemente parecerá más serio si está preparado para tomar notas en una reunión, o si le ofrece a alguien su tarjeta profesional o folletos de su compañía. Así mismo, es más probable que cierre un negocio si puede responder de inmediato a una solicitud de información adicional. (Un gerente de banco que conozco dice que siempre carga en su automóvil formularios de solicitud para abrir cuentas nuevas.)

Publicaciones de negocios

Tampoco hace daño llevar en el maletín una publicación especializada en negocios, como *Entrepreneur, Success* o *Inc.* Si realmente quiere triunfar en los negocios, debe habituarse a tratar su mente como si fuera una esponja: aproveche cualquier oportunidad que se le presente para aprender algo nuevo. Sin duda alguna, cualquier dato aleatorio o antecedentes que recopile sobre su negocio o sobre industrias relacionadas le será útil tarde o temprano.

The Wall Street Journal

Mientras estamos en el tema de las publicaciones de negocios, debe adquirir el hábito de leer la principal de todas. *The Wall Street Journal* es quizás la publicación de negocios más conocida y respetada del mundo. Aunque el lector nuevo quizás se sienta un poco intimidado y a los novatos les parezca un poco árido, este periódico es uno de los mejores símbolos de determinación en el mundo empresarial. Claro está, al comienzo será tan sólo un accesorio, pero acostúmbrese a leerlo de vez en cuando. Los artículos son excelentes temas de conversación con otros empresarios, y se asombrará al comprobar cuánto puede aprender.

Un buen estilógrafo

El hecho de portar un buen estilógrafo, como un Mont Blanc o un Cross, indica que le importa la apariencia y que se siente orgulloso de su trabajo. ¿Realmente significa que conoce su negocio? Pues no. Pero luce mucho mejor que un bolígrafo desechable mordisqueado.

Un buen reloj

Al igual que el estilógrafo, su reloj puede ser un buen indicio de su personalidad. Por ejemplo, si lleva un viejo reloj Timex o un Swatch con correa de plástico, está diciendo que la imagen no es una de sus prioridades o, peor aún, que no es más que un niño con un traje elegante. Evite usar accesorios muy informales si está en el campo financiero, en el de las confecciones o en el de marketing. En estos casos, estará rodeado de gente con dinero y/o un ojo entrenado para la imagen.

Pulcritud

Tal vez esto parezca demasiado obvio, pero es mejor errar por exagerado tratándose de la pulcritud. Espero que usted ya sepa todo esto pero, por si acaso, la siguiente es una lista de los aspectos esenciales de la higiene personal:

Para los hombres

- El pelo debe estar limpio, bien peinado y tener un buen corte (usted será el juez a este respecto).

- No exagere en el uso de productos capilares que le den al cabello una apariencia grasosa.
- Las uñas deben estar cortas y limpias.
- El desodorante *no* es opcional.
- Si mastica tabaco, no lo admita ni permita que nadie lo vea haciéndolo o se den cuenta de que lo hace por las manchas en sus manos o su barba.
- Recorte cualquier vello visible en las narices o las orejas.
- Mantenga limpias las orejas.
- Mantenga bien afeitada la nuca.
- Las "monocejas" no son muy estéticas.
- Si tiene la piel muy reseca, use una crema humectante (no son sólo para las mujeres).

Para las mujeres

- Sepa cuándo cortarse el pelo (si lo tiene greñudo, capte el mensaje).
- No abuse de la laca ni de los gels.
- No se maquille hasta el punto de parecer una actriz de telenovela. Utilice los cosméticos para resaltar sus rasgos, no para ocultarlos.
- Asegúrese de que sus dientes no tengan manchas de lápiz labial.
- Aféitese (en los lugares pertinentes).
- Las uñas deben estar muy limpias y bien limadas (la gente sí se da cuenta si se las come hasta hacer sangrar los dedos).
- Sea cauta con el uso de esmaltes verdes o cualquier otro color extravagante (pueden atraer un tipo de atención equivocado en algunas situaciones profesionales).
- Si usa sandalias o zapatos con la parte delantera abierta, las uñas

de los pies deben estar bien cortadas, limpias y preferiblemente brilladas.
- No exagere en el uso del perfume (écheselo media hora antes de salir para una cita, o rocíelo en el aire y deje que le caiga encima la vaporización).

Ya sea usted hombre o mujer, es indispensable que siga un código de pulcritud personal cuando se va a presentar en el mundo de los negocios. Si se enorgullece de su aversión a lo convencional, piénselo de esta manera: nadie le está pidiendo que renuncie a su individualidad, sino sólo que considere su apariencia como una boleta de admisión. Si no entra, no importa cuán inteligente o conocedor sea... no habrá nadie a su alrededor para escucharlo. Chris Neimann, un joven empresario de aspecto muy conservador, una vez dijo: "En mi interior soy un rebelde, pero no tengo que colocarme un aro en la nariz para demostrarlo". Observe el entorno empresarial. Aprenda de quienes parecen siempre atraer mayor atención y respeto. Además de ser brillantes, por lo general también son los que tienen una mejor apariencia personal.

Etiqueta de negocios

Ya habrá escuchado un millón de veces la regla sobre la primer impresión. Aunque es cierta, es posible que aún no haya afrontado muchas situaciones de negocios, o quizás ninguna.

A continuación le daré a manera de guía unas indicaciones generales sobre la etiqueta de negocios:

- Preséntese.
- Hable con claridad.
- Sea cortés.

- No aburra a los demás.
- Nunca avergüence ni insulte a nadie... ni siquiera a su competencia.
- Nunca utilice vocabulario vulgar.
- No pierda la calma en público.
- Esfuércese por hacer que los demás se sientan a gusto.
- Nunca haga comentarios raciales, religiosos o de género, ni siquiera en chiste.

¿Cuántos años tiene?

Si aún no se ha dado cuenta, su edad puede ejercer un gran impacto en su éxito. Aunque la edad puede funcionar en beneficio o en detrimento, no siempre es fácil decidir cuándo es bueno mencionarla. Considere su edad como un comodín en un juego de naipes. Utilícela con precaución.

Antes de continuar con este tema, debe recordar y entender una cosa: la edad no tiene por qué incidir en su credibilidad en el mundo empresarial. Su credibilidad es un reflejo de su persona. Con esto en mente, debe asumir el control de su propia situación. Si esto significa vestirse, hablar o actuar de cierta manera para fusionarse con el ambiente o para destacarse, ¡hágalo! Pero decida sabiamente. Nada peor que destacarse en una industria que no tolera la rebelión, como los capitales de riesgo, las finanzas corporativas o la contabilidad. Por el contrario, hay industrias en las que es absolutamente esencial destacarse entre los demás. Los oradores públicos, los vendedores y los comediantes perderán sus negocios si no son lo bastante originales como para distinguirse de la competencia. Asegúrese de planear una estrategia inteligente.

Su edad puede ser un tema delicado, sobre todo si se tiene en cuenta que algunas industrias simplemente no apoyan a los empresarios jóvenes. Aunque las cosas están cambiando a favor nuestro en industrias como la alta tecnología, no todo el mundo presta apoyo a la juventud. Tenga esto en mente al decidir cuándo es apropiado traer a colación la edad.

Por lo general, es conveniente revelar la edad cuando:

- Necesita ayuda.
- Necesita dar la impresión de que es único.
- No puede darse el lujo de comprar algo y quiere negociar un buen precio.
- Anda buscando mentores o consejos de expertos.
- Tiene que conseguir dinero (no más de unos pocos miles de dólares).
- Quiere canjear servicios.
- Puede obtener una donación.
- Lo están entrevistando los medios.
- Está tratando con empresarios mucho mayores (y exitosos).

Este último punto exige algunas explicaciones. Aunque por lo general recomiendo no poner la edad en evidencia en asuntos de negocios, hay momentos en los cuales se necesita ayuda para sobrevivir. Si está deprimido y todo lo demás le falló, demostrarle a alguien cuán responsable y persistente es a pesar de su edad muchas veces sirve para inducirlo a que le dé esa ayudita extra que necesita.

Estas reglas no son absolutas; sólo pretenden servir como guía básica. En último término, usted será quien juzgue cuál es la manera apropiada de manejar cada situación. Cuanto más trate con personas mayores o más experimentadas que usted, más aprenderá a utilizar su edad en asuntos de negocios. A los 26 años, sigo afrontando algunas situaciones que no sé bien cómo manejar, pese a que dirijo mi propia empresa desde que tenía 19. Tener que compensar la edad o defenderla ante otros es tan sólo una de las consecuencias inevitables de ser un empresario joven.

¿Podría mostrarme un documento de identidad, por favor?

Anteriormente en este capítulo mencioné distintas maneras de fortalecer su imagen externa como empresario joven. Si no prestó atención a mis consejos, quizá sea conveniente que los reconsidere. Vestirse con un traje formal podría ayudarle a evitar algunas situaciones potencialmente embarazosas.

Tomemos, por ejemplo, el caso de Jonathan Kane, de 24 años. Johathan se acercó al bar una noche acompañado por cinco clientes potenciales. Esgrimiendo su tarjeta corporativa de American Express, Jonathan quería que sus invitados se divirtieran, hablar sobre posibles servicios que su empresa podría prestarles y luego coronar la noche con un gran negocio. Muy sencillo, ¿verdad? Entonces Jonathan le hizo una seña al cantinero y comenzó a hacer los pedidos. Cuando terminó, colocó su tarjeta de crédito sobre la barra y dijo: "... y para mí un Sam Adams". "¿Podría mostrarme un documento de identidad, por favor?", fue la respuesta del cantinero. Horrorizado y sonrojado, Jonathan sacó el documento de la billetera, en medio de la risa de sus acompañantes. No era el tipo de relación que había esperado entablar.

Unos meses más tarde, Jonathan me contó el incidente y me preguntó qué hubiera podido hacer para evitarlo. Le hice varias preguntas cruciales para que él mismo encontrara la respuesta: ¿Qué llevaba puesto? ¿Portaba un maletín o una carpeta de apariencia seria? ¿Algo en su apariencia podría hacerle pensar a alguien que no sólo era demasiado joven para beber sino también demasiado joven para hacer negocios? Tras pensarlo unos instantes, se dio cuenta de que en realidad no parecía un empresario serio. El día del incidente llevaba una camisa de abotonar, sin chaqueta. Aunque tenía la edad reglamentaria, el cantinero pensó que era demasiado joven.

Si tiene poco más de 21 años, no suponga que el mundo entero se va a dar cuenta. ¿Suelen pedirle la tarjeta de identidad cuando sale con sus amigos en plan social? Si es así, ya lo sabe: parece muy joven. En cuanto a consumo de alcohol, use su sentido común aunque tenga más de 21 años. Nunca beba hasta embriagarse con un socio comercial. Lo más probable es que, después de seis vodkas con tónica, no estará en buenas condiciones para hablar sobre nada, y mucho menos sobre su proyecto empresarial. Quizá le parezca atractivo beber con los grandes, pero si pierde un negocio por exceso de tragos, al día siguiente no sólo amanecerá con una fuerte resaca: también habrá adquirido fama de poco profesional.

¿Y si tiene menos de 21 años? No llame la atención hacia su edad si no es indispensable. No debe ponerse nunca, ni poner a sus clientes, ni al cantinero, ni al dueño de un restaurante, en una posición incómoda por considerar que beber lo hará parecer mayor. No lo hará. Sobre todo si le piden la tarjeta de identidad. Las siguientes sugerencias me sirvieron a mí para sortear los problemas de esos años en que aún me era prohibido consumir bebidas alcohólicas:

- Cuando un camarero le pregunte si desea beber algo, lo mejor es decir, "una soda con limón". La soda es elegante y la rodaja de limón hace parecer como si fuera un cóctel.
- Nunca pida una bebida "virgen", un Jolly Roger o un Shirley Temple. Esas bebidas lo hacen parecer como si tuviera doce años, incluso si sinceramente no desea beber alcohol. Lo mismo puede decirse del chocolate caliente, o la leche achocolatada, o cualquier tipo de bebida con leche a menos que se trate de una taza de café o un té.
- Este punto ya lo traté, pero lo mencionaré una vez más. Vístase con seriedad. Nada de *bluejeans,* camisetas ni ropa informal que lo

haga parecer más un universitario que deambula por el campus que un empresario en un bar.

Su imagen sobre papel

Una de las cosas más importantes que tendrá que hacer como dueño de una pequeña empresa es crear materiales de presentación; esto es incluso más crucial para el éxito si es un empresario joven. Sí, son tan sólo papeles, pero cuando le envíe a alguien su tarjeta profesional, un folleto o una carta, le estará transmitiendo una imagen duradera. Independientemente de su edad o de su éxito, los materiales de presentación deficientes causarán una mala impresión. Por el contrario, si apenas está comenzando, el material impreso lo puede hacer aparecer como todo un profesional.

A continuación mencionaré algunos elementos importantes para que tanto usted como su empresa comiencen con el pie derecho.

Logotipo

Trate de ser lo más creativo posible con el logotipo, pues es el emblema suyo y de su empresa. Impresione a sus clientes potenciales con su creatividad, y ellos se preguntarán qué otras cosas es capaz de hacer. Evite los logotipos genéricos. Los mapamundis y los globos son el ejemplo perfecto de abuso en logotipos. Busque ideas relacionadas con su industria, su producto o su servicio. Realice una sesión de lluvia de ideas con unos cuantos amigos o empleados y anote todas las imágenes relacionadas con su negocio que se le vengan a la mente. Busque imágenes simbólicas que representen su estilo, servicio o reputación. Inspírese en otras empresas en su campo. Las revistas gremiales o las publicaciones sobre la industria seguramente incluyen anuncios de otras empresas con sus logotipos. Observe qué logotipos buenos tienen otras compañías.

Cuando se le haya ocurrido una buena idea, busque un artista gráfico para que le dé los toques finales. Un lugar excelente para encontrar artistas talentosos por un precio razonable son las facultades de arte y diseño. (Por lo general tendrá que telefonear para averiguar si tienen un centro que atienda estas solicitudes o una cartelera de anuncios.) Estos artistas suelen ser muy creativos, están ansiosos por conseguir contratos independientes y por lo general cobran menos porque todavía no han terminado sus estudios. Ahora bien, si tiene un amigo artista o si puede canjear su logotipo por algo, está hecho.

Utilice su logotipo siempre que pueda si su empresa es nueva (pero tampoco exagere). Mientras más personas vean el nombre o la imagen de su compañía, más probabilidades habrá de que se acuerden de usted y lo llamen cuando necesiten sus productos o servicios.

Membrete

Cuando diseñe su membrete, asegúrese de que contenga toda la información de contacto esencial (nombre de la empresa, dirección, teléfono, fax, correo electrónico, sitio web y junta de asesores, si la credibilidad es importante). El logotipo también debe figurar en un lugar prominente en la parte superior de la papelería.

Si realmente necesita ahorrar dinero, puede diseñar el membrete en el computador, y luego hacer que lo fotocopien profesionalmente en un papel de alta calidad. Busque compañías que ofrezcan diversas líneas de papelería prediseñada, tarjetas profesionales y folletos para dueños de pequeñas empresas nuevas que necesitan presentar una imagen profesional pero no les alcanza el presupuesto. No es una buena idea a largo plazo, pero podrá resolverle el problema hasta cuando pueda darse el lujo de contratar a un profesional para que le diseñe un buen membrete.

Tarjetas profesionales

Su tarjeta profesional es como una minipublicidad suya. Reparta el mayor número posible y con ello aumentará notoriamente el reconocimiento de su nombre, las recomendaciones y ojalá las ventas. Asegúrese de incluir la misma información de contacto que contiene el membrete. El logotipo debe figurar en un lugar prominente, aunque su tamaño no debe ser exagerado. Si lo desea, incluso puede añadir un lema o una breve descripción del negocio para incluir más información sobre su filosofía o su especialidad. Muchas veces, el nombre de la compañía no bastará para indicarles a los demás qué es lo que realmente hace. Las tarjetas profesionales ofrecen una oportunidad resumida pero excelente para anunciar sus puntos fuertes.

Folletos

Los folletos son una excelente oportunidad para brillar. En las ocasiones en que no pueda encontrarse cara a cara con alguien o no tenga la ocasión de explicar lo que hace, un buen folleto será de enorme ayuda para promover su negocio. Antes de actuar, decida qué quiere decir en el folleto. Sea breve. (Los espacios en blanco son valiosos cuando se trata de literatura.) Preste atención al texto, al tono e incluso a la fuente que use en el folleto. No trate de decirlo todo, porque no podrá. Y échele una ojeada a los folletos de la competencia para ver si en su industria existen estándares sobre cómo deben verse.

Cree un machote, o folleto de ensayo, incluso si al comienzo deba hacerlo sólo en blanco y negro, porque en algún momento como a la mayor parte de las empresas le pedirán más literatura. Ensaye con papeles de distinto tamaño y con diferentes maneras de doblar o encuadernar; lo más corriente son los folletos doblados en tres o en dos pliegues. Sin embargo, tenga en cuenta el envío por correo, porque quizás necesite sobres de tamaño especial, que por lo general conseguirá en una papelería o un almacén de artículos de oficina, y que podrá mejorar con una etiqueta elegante.

Etiquetas de correo

Las etiquetas son una manera barata, fácil y muy llamativa de profesionalizar el correo. Se pueden usar en sobres de distintos tamaños, así como en postales, cajas, empaques de discos o incluso boletines noticiosos. Las etiquetas también deben incluir su logotipo. Cuanto más vea un cliente existente o potencial su logotipo, mejor impresión causará usted y más oportunidades tendrá para reforzar sutilmente su nombre en la mente de él. Busque etiquetas en papel satinado si sólo puede darse el lujo de usar una tinta de color o si su literatura no tiene una apariencia muy llamativa. Las etiquetas satinadas por lo general no cuestan mucho más que las de acabado mate, pero dan la impresión de que se invirtió bastante dinero en ellas. (Consejo rápido: si planea usar su computador para imprimir las etiquetas, asegúrese de imprimirlas en hojas de papel y no individualmente recortadas por el impresor.)

Si su compañía es nueva o pequeña, el logotipo puede hacer maravillas en favor de la imagen de la firma. Al fin y al cabo, por lo general sólo las empresas de mayor tamaño pueden darse el lujo de tener su imagen en todas partes. Mientras más pequeña sea su compañía, menos probabilidades habrá de que tenga una oficina llamativa, una nómina apreciable o incluso un nombre reconocido. Por consiguiente, debe valerse de todo para reforzar su empresa y hacerla aparecer mayor, más grande y más exitosa. Si le envía a un cliente un paquete de información sobre su empresa con un logotipo prominente en las etiquetas de correo, el membrete, los folletos y la tarjeta profesional, todo pulcramente organizado en una carpeta de presentación adaptada según las necesidades, causará una excelente impresión. A primera vista, un paquete así puede significarle clientes.

Recuerdo haber enviado literatura sobre mi empresa a una abogada que estaba organizando una conferencia dirigida a jóvenes empresarios. Cuando me dijo que estaba buscando oradores, yo me ofrecí y le dije que había hablado en muchas conferencias en el pasado. Guardó silencio algunos instantes y finalmente dijo: "Gracias, pero creo que necesitamos empresarios más jóvenes". En esa época tenía veintiún años y cuando se lo dije no lo podía creer. Lo único que sabía de mí y de mi empresa era que le había enviado un elegante y llamativo folleto de dos colores. En ese instante, supe que el dinero adicional que había invertido en imprimirlo había valido la pena. Si se economiza en los materiales de presentación –o en la apariencia personal– se está poniendo en entredicho la imagen. Es así de sencillo.

CAPÍTULO 11

Publicidad, propaganda e Internet

LA PREGUNTA QUE SUELEN HACERME CON MÁS INSISTENCIA LOS EMPRESARIOS JÓVENES es cómo atraer la atención de los medios de comunicación. Todos sabemos lo que pueden hacer los medios por una persona, una tendencia o una compañía. No sólo lanzaron la locura de las rocas mascota, sino también los esmaltes de uñas de colores extravagantes, el mercado de los alimentos sanos e incluso son responsables de la popularidad que últimamente han tenido los pantaloncillos bóxer de hombre. Es probable que en su propia casa tenga varios productos que le llamaron la atención gracias a un anuncio publicitario que vio en la televisión o en una revista. Como es de todos conocido, los medios tienen un poder inmenso.

¿Qué pueden hacer la publicidad y la propaganda por usted? Divulgan información sobre su compañía. Informan a la gente sobre los servicios que ofrece. Le llaman la atención sobre una necesidad no satisfecha en su vida como consumidor. Y, más importante aún, pueden hacer un "llamado a la acción" a los consumidores, promoviendo sus productos o servicios con respaldos, testimonios y encuestas.

Obtener reconocimiento para su empresa también puede ser muy satisfactorio desde el punto de vista personal. Después de todo el esfuerzo que ha invertido en estructurar el negocio, es muy grato saber que los medios hablan de él, o ver el nombre de su compañía en un anuncio publicitario. Cuando The Young Entrepreneurs Network comenzó a ser reconocida por los medios de comunicación hace algunos años, me asombró la respuesta que recibimos. No sólo cientos de personas comenzaron a llamar por teléfono, enviar correos electrónicos o comunicarse por fax, sino que la gente incluso empezó a reconocerme en las calles tras haberme visto en una revista o en un programa de televisión. No lo podía creer.

En una ocasión, en una conferencia sobre franquicias, se me acercó de repente un antiguo abogado de McDonald's. "Jennifer, la vi en CNBC la semana pasada. ¡Me encantó lo que dijo!" Unas semanas después, uno de los presentadores de CNN hizo lo mismo. Lo que más me gustaba era que me llamaran amigos a quienes no había visto en años. Como cuando Olga, una de mis mejores amigas de la secundaria, me telefoneó emocionada después de haberme visto en la revista *Elle*. No sabía de ella desde hacía meses. Cuando me presentaban gente en cocteles u otros eventos, muchos decían: "Sí, he oído hablar de su empresa". ¡Qué sensación tan increíble!

Si se pregunta cuál es la diferencia entre propaganda y publicidad, la respuesta es sencilla. Propaganda es cuando los medios publican un artículo o crónica sobre una empresa, y publicidad es cuando una compañía escribe algo sobre sí misma y luego paga una tarifa para que se publique la información. Una buena manera de entender la diferencia es echar un vistazo a una revista de modas o incluso a una revista de negocios. Por lo general es muy fácil distinguir la publicidad. Son los anuncios que incluyen modelos, frascos de agua de colonia, hoteles, fotocopiadoras y mensajes promocionales que instan a los lectores a comprar el producto o el servicio. Los anuncios clasificados también se consideran publicitarios, así como esos cupones que a veces se incluyen en las revistas, urgiéndolo a señalar los productos y servicios que le interesan. Muchas veces las personas incluso disfrazan los anuncios de modo que parezcan texto de revista. En estos casos, la revista suele imprimir en letra pequeña en la parte superior "Publicidad pagada o Publirreportaje", para que los lectores no crean que la publicación respalda el producto.

La propaganda, o relaciones públicas, es diferente y mucho más difícil de identificar, porque puede tener un efecto invisible en lo que escriben los periodistas. A veces se reimprime un artículo calcado palabra por palabra de un comunicado de prensa que una empresa le envió a una revista, pero generalmente no sucede así. Propaganda es cuando una compañía se promueve ante los medios con la esperanza de que un periodista escriba un artículo sobre ella. En un solo ejemplar de una revista puede haber decenas de comunicados de prensa diferentes detrás de diversos artículos, pero los lectores no lo saben. Los periodistas muchas veces usan un comunicado de prensa como propulsor de una nueva idea, y luego investigan y hacen entrevistas para escribir sus propias crónicas.

Aunque no soy experta en relaciones públicas ni en publicidad, después de haber aparecido ante decenas de millones de personas en los medios he aprendido un poco sobre el tema. Así pues, le daré unos consejos sobre cómo atraer la atención de los medios de comunicación. Así mismo, me referiré a oportunidades para anunciar, sobre todo en la Internet.

Propaganda

La propaganda tiene dos aspectos fabulosos. El primero es que es gratuita. El segundo es que es objetiva. Cuando uno saca un anuncio publicitario, hace ciertas afirmaciones sobre los productos y servicios de su empresa.

La objetividad es bastante dudosa. Por el contrario, cuando un periodista escribe un artículo sobre su producto o servicio, su tarea es ser objetivo. Por esta razón, la gente cree más lo que dicen los artículos sobre una empresa que lo que leen en los anuncios que ésta publica.

Una de las mejores características de la propaganda es que se alimenta a sí misma. Una vez usted o su firma comiencen a obtener el reconocimiento de su comunidad o industria, los medios acudirán a su puerta. De verdad. Yo tampoco lo creía hasta que me sucedió. Cuando mis socios y yo fundamos el IDYE *(The International Directory of Young Entrepreneurs*, nuestro directorio en línea), pensamos que una de nuestras principales tareas era atraer la atención de los medios. ¿Por qué? Porque uno no puede construir una red de negocios internacionalmente reconocida si nadie sabe sobre ella. Así pues, nos propusimos buscar a alguien, cualquier persona, que escribiera sobre nosotros, o por lo menos mencionara el nombre de nuestra empresa en algún lugar. Nuestro primer éxito fue salir en un boletín noticioso de una organización educativa. El segundo fue una mención en la lista de correos de una organización relacionada. Luego llegó la tercera propaganda, que fue la más asombrosa de todas. La semana antes de que yo cumpliera 22 años, la revista *Entrepreneur* escribió una crónica de página entera sobre nosotros. Estábamos hechos.

A partir de entonces, otras revistas y boletines comenzaron a llamarnos para concertar entrevistas. En los seis meses siguientes nos mencionaron en dos libros sobre empresas independientes lanzadas por jóvenes, un programa radial nacional, dos o tres publicaciones universitarias, *Home Office Computing, Minority Business Entrepreneur* y CNN. En menos de seis meses, los grandes medios de comunicación comenzaron a buscarnos. Ya en mayo de 1996, la empresa había figurado en artículos publicados en *The Wall Street Journal*, la revista *Success, Spin, MTV, The Los Angeles Times, The New York Post, The Boston Globe, The Boston Business Journal*, la BBC y *Business Week*, así como en diversas publicaciones y medios más pequeños. No sé quién nos buscará el año entrante. Pero les recordaré algo: ellos nos buscaron a nosotros. Todos.

Así pues, en lo que respecta a las relaciones públicas, obtenga todo lo que pueda y luego arrégleselas lo mejor posible para manejar la demanda de información tanto sobre usted como sobre su compañía.

Cómo atraer la atención de los medios

Como empresario, el trato con los medios de comunicación será una de las actividades más potencialmente rentables, pero también puede ser la más confusa, frustrante y –a veces– desagradecida. El principal problema que afronta la mayor parte de la gente al tratar de hacer relaciones públicas para su empresa es simplemente que malinterpretan a las personas a quienes deben llamar la atención.

Los periodistas también realizan un trabajo y, a semejanza suya, tienen presiones, horas límite de entrega, idiosincrasias y (¡vaya!) una vida propia. Si cree que su vida es estresante, siga un rato a un periodista. Si les demuestra que entiende y respeta su oficio, tendrán el incentivo que necesitan para prestarle atención y a veces incluso brindarle su amistad. Como sucede con cualquier otra relación, para tener éxito es preciso invertir tiempo y esfuerzo en entender qué motiva a la gente con quien uno trata, y sobre todo qué lo hace a usted valioso para ellos. Cuando entienda estas sutilezas básicas, sus relaciones de negocios serán mejores y más útiles. Para levantar los cimientos de una relación favorable con los medios, siga estos sencillos pasos.

Pregúntese por qué deberían escribir un artículo sobre usted

Elabore una lista de puntos de vista distintos que un periodista podría utilizar para escribir un artículo sobre usted y su empresa. Piense en por qué su historia resulta valiosa para los lectores.

- ¿Es inusualmente joven para ser dueño de una empresa en su campo?
- ¿Fundó una empresa fuera de lo común o que ofrezca un producto o servicio nuevo o especializado?
- ¿Está ganando una cantidad extraordinaria de dinero para alguien en un cargo como el suyo?
- ¿Es estudiante de una universidad local o importante?
- ¿Ha conseguido clientes importantes o apoyo corporativo?
- ¿Se ha convertido en competencia de corporaciones importantes?

Enseguida, haga una lista de los atributos que se podrían utilizar como "palabras clave" o frases para describirse a sí mismo o a su empresa. Algunos ejemplos podrían ser: "mujer con una empresa propia", "experto en ciberespacio", "corporación virtual", "verde" (de naturaleza ambiental), "gourmet", "global", "internacional", etc. Si está haciendo bien la tarea y leyendo las revistas gremiales, los boletines y otras publicaciones de su industria, le será muy fácil identificar las frases llamativas de su campo.

Haga su propia lista de medios de comunicación

El siguiente paso consiste en elaborar una lista de publicaciones y otros medios (periódicos, revistas, programas radiales, programas de entrevistas, noticieros) que cree que podrían interesarse en su historia. Consiga todos sus datos importantes –nombre completo de la empresa, dirección y números de teléfono y fax–, así como una persona de contacto pertinente, de ser posible. Sea selectivo. No envíe información a personas que claramente no cubren su industria o su tema, o compartan su audiencia. Los periodistas se ven constantemente bombardeados por información no solicitada. No les haga perder tiempo ni pierda usted dinero enviándoles literatura sobre su empresa, confiando en que quizás hagan una excepción. Existen demasiadas publicaciones, revistas, organizaciones y estaciones radiales que sí se interesarán en lo que usted hace como para molestar a quienes tienen otro tipo de intereses.

Lo peor que puede hacer es fastidiar a un periodista hasta el punto de que le pida que no lo vuelva a llamar. Un joven empresario –lo llamaremos Todd– envió por correo electrónico un comunicado de prensa no solicitado al jefe de redacción de un periódico importante. Unas horas más tarde, el jefe de redacción le devolvió el correo electrónico, pidiéndole a Todd que "quitara su nombre de su lista de correo de ciberbasura".

Lo ideal es que usted lea las publicaciones, o revise ejemplares pasados en una biblioteca, para ver cuáles periodistas se especializan en temas relacionados con el suyo. En las publicaciones de negocios, envíe la información para prensa a los editores principales. Ellos son quienes probablemente escriban o revisen las crónicas y casi siempre son los que deciden cuáles historias investigar. En las publicaciones de interés general, busque el nombre de uno de los editores que cubre su campo (por ejemplo el editor de temas gerenciales, entretenimiento o modas).

Si no figuran los nombres de los periodistas o de los editores especiales, llame directamente a la empresa y averígüelos, o envíe la literatura al editor en jefe. (En todas las publicaciones hay información de contacto, por lo general ubicada en una columna delgada denominada "bandera", ubicada en las primeras páginas). Nunca moleste al director. Recuerde que en el mundo de las publicaciones el director es el administrador de la empresa, no un periodista. A veces los directores ni siquiera están en la misma oficina donde trabaja el departamento editorial y, por consiguiente, es muy posible que no le presten atención a la información que les envíe o que se la entreguen a la persona equivocada.

Sepa cuándo vender su historia

Cree su propio calendario de medios que le ayude a planear campañas de relaciones públicas. Un buen inicio es estudiar los ciclos de negocios de su compañía o industria. ¿Cuáles son sus meses más activos? Si, por ejemplo, ofrece un servicio de consecución de empleos para estudiantes, sus ciclos de negocios alcanzarían el pico en los meses de mayo y diciembre, que es la época en que los estudiantes tienden a buscar empleos. Si por esta misma época examina a algunos de los medios que le interesan, lo más probable es que ellos también estén interesados en los estudiantes recién graduados. Es en este momento cuando más necesita hacerles saber quién es usted.

En primer lugar, averigüe si estos medios publican ediciones diarias, semanales o mensuales. La frecuencia de publicación, ya sea que quiera aparecer en un programa noticioso semanal o en una edición anual especial, le indicará cuál es el mejor momento para ponerse en contacto con los editores. Supongamos, por ejemplo, que quiere que publiquen un artículo sobre su empresa en una revista de aparición mensual. En su calendario de medios, señale los "meses de sus medios objetivo", es decir, los meses en que le gustaría que apareciera la información. Luego, a partir de cada uno de los meses que le interesan, anticípese dos meses y anote las fechas de envío de los comunicados de prensa. (Recuerde que este cronograma sólo se aplica a las publicaciones mensuales.) Por ejemplo:

- Diciembre – Mes de su publicación objetivo (época pico del negocio).
- Noviembre.
- Octubre – Se cierra la edición de diciembre.
- Septiembre – Enviar comunicados de prensa o carpetas de información.

Si se trata de una publicación de aparición diaria o semanal, el mejor momento para enviarles información suele ser unos pocos días o tres semanas antes de la fecha de salida, respectivamente. Si quiere saber sobre otros ciclos de distribución, llame directamente a la publicación y averigüe las fechas de cierre. También es buena idea solicitar una copia de su cronograma de publicación. Éste le indicará las fechas específicas en que planean publicar crónicas especiales. Trate de ajustar sus relaciones públicas a una de estas fechas. Mientras más información tengan sobre el tema, mejores serán sus crónicas y más ejemplares venderán.

Entender en qué momento es más probable que los periodistas se interesen en su historia puede ahorrarle mucho tiempo e incrementar grandemente las posibilidades de que lo mencionen en un artículo o escriban una crónica sobre su empresa.

Vuélvase valioso

Conviértase en fuente para los medios. Si un periodista o editor lo llama para pedirle información sobre su empresa o incluso su industria, aproveche de inmediato la oportunidad. No parezca demasiado ansioso, pero deles todo lo que quieran y más, aunque con brevedad. Si le dicen que tienen que cumplir con una fecha de entrega (y se lo dirán), limite su correspondencia a faxes breves, correo de voz o llamadas rápidas, si es que le piden que se ponga directamente en contacto con ellos. Mientras más satisfaga sus necesidades, más probable será que se mantengan en contacto con usted. Todo periodista tiene su propio grupo de personas a quienes considera fuentes para diversos temas. Si se convierte en una de estas fuentes, tarde o temprano lo recompensarán haciéndole propaganda a su empresa.

Seguimiento

No olvide hacer seguimiento y envíe una carta de agradecimiento por cualquier artículo o entrevista que le hagan. Incluso si le hacen una entrevista pero no aparece en el artículo (cosa que sucede con frecuencia), de todos modos dé las gracias. Es muy fácil sentirse frustrado después de haber invertido una gran cantidad de tiempo recopilando u ofreciendo información y conocimientos a un periodista y no obtener siquiera una mención en el artículo, pero puede suceder. Otra cosa importante que debe recordar es que los periodistas tienen que descartar la mayor parte de la información que reciben debido a limitaciones de espacio. Los periodistas también tienen editores o jefes que suelen ser implacables cuando revisan un artículo. Si usted creía que el profesor de redacción abusaba de la tinta roja, pregúnteles a algunos periodistas qué opinan de sus editores.

Manténgase en contacto

Envíeles a sus contactos en los medios notas ocasionales o información por correo cuando haya un cambio en su empresa, o ésta se expanda o se diversifique, para que se enteren de las últimas noticias. Es una excelente manera de que lo recuerden y les permite enterarse de sus avances sin ningún esfuerzo.

Carpetas de prensa y contactos en los medios

Aunque la perspectiva de tener que crear una carpeta de prensa le parezca difícil o incluso atemorizante, no se preocupe demasiado. El proceso no es tan complicado como parece. Si un periodista le pide una carpeta de prensa que usted no posee, seguramente entrará en pánico. Y desde luego, prometerá enviarle una de inmediato, a sabiendas no sólo de que no tiene ninguna sino que no sabe cómo hacerla. (Pero ése es tan sólo uno de esos riesgos que se asumen como empresario: decir: "Claro, yo se la envío", para luego pensar: "¿Y cómo lo hago?")

Así pues, si tiene que enfrentarse a la mente inquisitiva de un periodista o si simplemente quiere lanzar su propia campaña de relaciones públicas con miras a atraer la atención de los medios hacia su empresa, éstos son los elementos que debe incluir:

LITERATURA SOBRE SU EMPRESA

También en este caso se aplica la regla de que "la imagen es lo más importante". Además de tener que impresionar a clientes potenciales, su literatura debe ser lo suficientemente atractiva como para pasar el escrutinio de quienes reciben con frecuencia este tipo de información. Sin duda alguna, los periodistas se cuentan entre quienes son bombardeados regularmente con material promocional. Asegúrese de que el suyo valga la pena. Si existe alguna posibilidad de que su información los induzca a dudar de la esencia de su negocio, de su credibilidad como experto o de si el tema es meritorio, su oportunidad de figurar desaparecerá en un instante. Las fotografías o las muestras del producto que adicione mejorarán la presentación y le darán al periodista más material para que escriba una crónica sobre su empresa. Y no olvide incluir una tarjeta profesional.

COMUNICADO(S) DE PRENSA

Un comunicado de prensa se asemeja a un artículo sobre usted o su compañía. Es la ayuda más valiosa que le puede dar a un periodista, pues no sólo le entrega una historia sino que le permite mencionar citas o incluso reproducir parte o la totalidad del texto. Los periodistas sacan muchas de sus ideas de los comunicados de prensa, porque son breves, agradables, van al grano, ofrecen una perspectiva que les abre un camino para investigar y a veces "les entregan una historia ya servida". Los comunicados de prensa facilitan la redacción de un artículo. Así mismo, son la manera más aceptada de solicitar atención de los medios.

Para redactar un comunicado de prensa, tenga en cuenta las siguientes recomendaciones:

- Mencione a una persona con la que se puedan poner en contacto y el número telefónico pertinente en la parte superior.

- Colóquele un título al comunicado (algo dramático, si se le ocurre), pero asegúrese de que sea apropiado para las publicaciones a las cuales se lo va a enviar.
- Comience con una frase impactante y llena de información (por si sólo leen el primer párrafo). No los haga perder tiempo yéndose por las ramas.
- Use citas personales y estadísticas siempre que sea posible.
- Mencione logros sobresalientes.
- Sea breve. No tiene mucho más tiempo para convencer a alguien de que converse con usted del que tendría enviando una hoja de vida típica.
- Imprímalo en una hoja de papel con membrete, si la tiene.
- Imite el tono de la publicación objetivo.

A la hora de decidir cuántos comunicados de prensa diferentes incluir, una buena práctica suele ser no más de tres. No agregue comunicados adicionales sólo para abultar la carpeta. Sólo escriba un segundo o tercer comunicado si la historia de su empresa dio un giro y usted cree que a los medios les podría interesar.

Biografía personal

Las biografías personales son como hojas de vida de gente sobresaliente. Si alguien le solicita información adicional sobre usted o sobre su empresa, envíeles primero una biografía, no una hoja de vida. Enviar una biografía da la impresión de que mucha gente le solicita información personal (por lo general para publicar en algún medio o porque lo llaman con frecuencia como orador). Si es para algún medio, también podría incluir una fotografía profesional, con lo cual aumentarán sus oportunidades de ser incluido en un artículo más largo o de que le publiquen la foto junto con el comunicado de prensa.

Artículos de prensa

Si usted o su empresa ya han figurado en algún medio de comunicación, fotocopie los artículos e inclúyalos en la carpeta de prensa. Mientras más pueda demostrar que a otros les ha interesado escribir sobre usted, más creerán los demás que es material noticioso. Si empieza a acumular unos cuantos artículos para su carpeta de prensa, coloque primero los más largos o llamativos o, si son bastante similares, organícelos en orden cronológico, del presente hacia atrás.

Lista de clientes

Si tiene una lista que incluya algunos clientes reconocidos o que llamen la atención (incluso si el trabajo que hizo para ellos no fue remunerado), inclúyala con el resto del material promocional. Si quiere ser creativo, incluya citas de algunos de ellos respaldando su trabajo. (Sin embargo, averigüe primero con ellos si están de acuerdo en que los mencione.) Las listas de clientes son una excelente manera de acentuar la credibilidad y deben usarse siempre que sea posible.

Fotografías

Si tiene buenas fotos suyas, de su personal, de sus productos o de algo que dé una idea atractiva de su negocio, incluya en su carpeta de prensa algunas. Como seguramente no querrá invertir tanto dinero en enviar fotos originales a todo el mundo, tome tres o cuatro de las que más le gustan, organícelas en una hoja de papel, trace algunas flechas e incluya unas citas y leyendas de foto y saque unas fotocopias. ¡Ya está! Ahora puede agregarle a su carpeta de prensa otro elemento atractivo.

Anuncios publicitarios

Todas las empresas tienen que promoverse a sí mismas para poder seguir en el negocio. La clave está en ser lo más creativo posible para optimizar cada centavo. Hoy en día existe una gama bastante amplia de oportunidades para sacar anuncios publicitarios. Se puede anunciar en revistas, boletines, vallas postales, la radio, la Internet e incluso en los baños. (Es cierto. En algunos restaurantes y clubes se pueden ver este tipo de anuncios.) ¿Cómo comenzar? Primero se requiere un plan, luego hay que emprender una investigación y enseguida se tiene que pedir información detallada. Por último, hay que crear el anuncio y firmar los contratos. Veamos rápidamente en qué consisten estos pasos para que no le queden dudas sobre cómo comenzar.

Diseñe un plan

Aunque existen formatos para planes de anuncios formales que lo guiarán si siente que necesita algo formal, aquí me limitaré a contarle lo esencial para que sepa qué hacer. Si desea mayor información sobre planes de anuncios, consulte un libro sobre ese tema o incluso busque en la Internet. Otra buena fuente es una universidad que dicte cursos de administración o de publicidad. Puede tomar un curso sobre publicidad, o simplemente llamar a uno de los profesores y preguntarle dónde es posible obtener un buen esquema.

Cuando diseñe un plan, debe tener en cuenta los siguientes factores:

- ¿Cuáles son mis objetivos al querer anunciar algo?
- ¿Qué quiero decirles a los clientes potenciales?
- ¿A quién quiero llegarle específicamente? (Su mercado objetivo.)
- ¿Qué leen, que escuchan y qué ven mis clientes potenciales? ¿En dónde se reúnen en plan social?

- ¿En dónde es más probable que vean mis anuncios?
- ¿Cuál es mi presupuesto? (Ya lo sé, la mayor parte de nosotros no tiene un presupuesto formal para este rubro, aunque sí lo deberíamos tener.) ¿Cuánto dinero se puede dar el lujo de gastar? (Quizás esta pregunta es mejor que la anterior.)

Realice una investigación y pida información detallada

Hay un par de opciones en el momento de emprender la investigación. Si tiene mucho dinero para gastar, puede llamar a una agencia de publicidad y pedirle que le haga una presentación que le indique sus opciones. Y si eso es totalmente imposible, puede hacer unas cuantas llamadas telefónicas a personas que usted sabe que conocen este tema, o simplemente salga a las calles con los ojos bien abiertos. Como supondré que tiene alguna idea sobre el tipo de vehículos publicitarios que desea utilizar, busque algunas muestras y averigüe la información de contacto de la compañía que hizo los avisos. A veces eso es todo lo que se requiere. Pero si aún no logra encontrar los contactos que necesita, llame a alguna asociación gremial y solicite ayuda. Como verá, aquí es donde resultan útiles las redes de contactos.

Su siguiente tarea consiste en llamar por teléfono a las compañías para averiguar qué posibilidades ofrecen y pedirles información detallada sobre las distintas opciones. Ellas le informarán sobre su estructura de precios y le darán información estadística que le ayude a calcular cuántas personas verán sus anuncios. Seguramente le darán datos demográficos que indiquen la edad promedio, la raza, los ingresos aproximados, la ocupación y otros detalles de quienes estarán expuestos a la propaganda. Dígales que está en el proceso de conseguir información y cotizaciones y que se pondrá en contacto con ellos tan pronto haya averiguado todas sus opciones.

Diseñe el anuncio y firme los contratos

Cuando ya tenga todas las cotizaciones y los datos, dése un par de días para examinarlos y tomar una decisión. Converse con otras personas –en especial con sus clientes– para averiguar qué vehículos publicitarios les llaman más la atención.

Enseguida tiene que hacer lo más difícil de todo: diseñar el anuncio y el mensaje. Tómese todo el tiempo que necesite y muéstrele el resultado a algunas personas antes de entregarlo. Si puede darse el lujo de hacer varias pruebas o de contratar a alguien que le haga el anuncio, tanto mejor.

Ahora sólo resta examinar el contrato de la compañía, preferiblemente con su abogado, y firmarlo. Lea el contrato en su totalidad y haga todas las preguntas que quiera. Pague la tarifa, asegúrese de ver una "prueba" final antes de dar el visto bueno para la producción masiva y el envío, y aguarde a que los clientes lo llamen. Desde luego, debe ser muy selectivo con sus anuncios, porque cuestan bastante dinero. (Recuerde, sólo la propaganda que se obtiene con relaciones públicas es gratuita.) Siga los pasos sin apresurarse a firmar un contrato, para asegurarse de que el dinero que invirtió le llegue al mayor número posible de clientes específicos que le interesan. Si no tiene mucho dinero, comience con anuncios pequeños. Antes de invertir dinero en otros de mayor tamaño, verifique que los pequeños sí estén generando ventas.

Debe tener en cuenta que existen diversos tipos de anuncios, entre ellos los siguientes:

Avisos clasificados

Intente publicar algunos avisos clasificados en revistas especializadas o en los principales periódicos locales. Averigüe si es factible anunciar en los boletines de organizaciones o asociaciones gremiales. Busque los medios con mayor audiencia para ahorrar tiempo y dinero. Utilice avisos clasificados cuando quiera sondear las posibilidades de un nuevo producto en el mercado sin necesidad de invertir mucho dinero, o para probar un nuevo mercado para un producto establecido. Sin embargo, para estar seguro de no rebajar el nombre o el producto de su empresa, examine primero los otros avisos clasificados que aparecen en las publicaciones donde piensa sacar los suyos. ¿Se parecen a los suyos? ¿Su producto sería el único de su tipo? ¿La gente se preguntaría por qué sólo está sacando un aviso clasificado en vez de un anuncio más grande? Pida opiniones. Esté consciente de que los anuncios clasificados no siempre son aptos para todos los productos y servicios.

Anuncios de mayor tamaño

A menos que cuente con mucho dinero y esté absolutamente seguro de que lo está invirtiendo de la mejor manera posible, comience con anuncios pequeños. Si no tiene cuidado, las tarifas publicitarias lo pueden arruinar. Investigue minuciosamente. Asegúrese de que está comprando la mejor oportunidad publicitaria posible. Observe los anuncios de sus competidores. ¿En dónde aparecen y qué tan eficaces son? Aprenda de los errores de otros.

Artículos promocionales

Si es capaz de contener el entusiasmo, averigüe por los distintos tipos de artículos promocionales que puede regalar para hacerle propaganda al nombre y al logotipo de su compañía. Los más corrientes son jarros para café, lápices, libretas, imanes y autoadhesivos. Busque artículos que sus clientes puedan utilizar o mantener cerca de ellos. Luego reflexione sobre si realmente puede darse el lujo de gastar el dinero en los artículos que desea. No invierta tres dólares por unidad de algún artículo que se vende por centenas si no está seguro de que realmente el hecho de incluir en él el nombre de su compañía lo va a beneficiar. Es muy fácil entusiasmarse ante la idea de ver el nombre de su empresa en notas autoadhesivas o plantillas para el *mouse* del computador. Tenga cuidado.

Cómo canjear espacio publicitario

Aunque no existe una regla general para canjear espacio publicitario, puede deberse a que no es una práctica tan usual como podría ser. Antes de diseñar sus anuncios, piense que el canje es una hazaña que deben emprender esos conversadores, vendedores y empresarios convincentes que siempre parecen obtener cualquier cosa que necesiten. No es imposible canjear espacio publicitario, pero requiere mucha suerte y creatividad. La primera pregunta que debe formularse es: "¿Qué puedo hacer yo por ellos?" Si no encuentra un valor equivalente o mayor de lo que usted está dispuesto a ofrecer a la publicación objetivo, es posible que esté perdiendo su tiempo. Las mejores situaciones que puede crear para ayudarle a conseguir espacio publicitario gratuito son:

- Incluya a la publicación o a la agencia de prensa en un proyecto suyo que le gustaría promover. Ofrezca colocarla como patrocinadora de su evento y demuéstrele cómo eso le realzaría la imagen, le ayudaría a usted y no le costaría ningún dinero.
- Si se trata de una publicación pequeña, ofrezca pagarle un porcentaje o una comisión sobre todas las ventas que realice o regalarle su(s) producto(s). Las publicaciones tradicionales de mayor tamaño por lo general ni siquiera prestan atención a este tipo de propuestas e incluso se pueden enojar.
- Cree una oportunidad de marketing cruzado. Si tiene acceso a determinado mercado objetivo o clientela y la publicación que le interesa no lo tiene, ofrezca un trato para ayudarle a llegar a esos clientes.
- Otra oportunidad es sacar anuncios en una revista nueva. Como todo el tiempo están surgiendo nuevas publicaciones, tendrá varias oportunidades de anunciar en ellas por muy poco o ningún

dinero, si juega bien sus cartas. Recuerde, las revistas nuevas casi nunca reciben las tarifas publicitarias que piden. Al comienzo, muchas incluso regalan espacios a los anunciantes para atraer luego a otros. (Sin embargo, esto por lo general implica un acuerdo para comprar espacio publicitario más adelante.)

Sea cual fuere el trato que intente hacer, tenga en cuenta que las revistas se financian con anuncios y no por venta de suscripciones. Las revistas tienen unos gastos fijos enormes y muchas veces no tienen posibilidades de hacer muchos canjes. Sin embargo, sobre todo en las publicaciones nuevas y más pequeñas, el departamento de venta de publicidad suele constar de una sola persona, a quien probablemente todavía no le pagan demasiado. A veces es posible hacer tratos con ellos, porque los directores les han dicho que hagan lo que sea necesario para conseguir avisos. Y eso hacen.

Colby Forman, un empresario de 26 años de Los Ángeles, trabajó durante un tiempo con una publicación nueva. Como representante de publicidad, pasaba sus días yendo a restaurantes, bares y tiendas especializadas de su localidad vendiendo espacio publicitario para una nueva y atractiva publicación local. El dueño le había dado a Colby un cierto margen dentro del cual podía negociar, y le ofreció una comisión sustancial sobre cada venta. Colby era listo. Se dio cuenta de que los anunciantes eran ricos y muchas veces tenían excelentes productos y servicios para ofrecer. En muchos casos, salía de los almacenes con buenos avisos (a un gran descuento) y su comisión a manera de trajes hechos a la medida. Cenaba en excelentes restaurantes gratuitamente y hacía tratos con anunciantes en los que todo el mundo quedaba contento.

¿Qué le podría haber ofrecido usted a Colby? Piénselo. Éste es un ejemplo perfecto de negociación avanzada para empresarios. ¿Qué puede hacer por ellos? Hágase esa pregunta primero cada vez que esté en una situación de negociación y nunca tendrá que luchar por obtener un buen trato ni dejar a otros pensando en por qué habrían de necesitarlo.

Infortunadamente, muy pocos dueños de empresas nuevas, y mucho menos los de nuestra edad, tienen los recursos financieros necesarios para emprender una campaña publicitaria importante desde el comienzo. Así pues, haga las tareas, tome sus decisiones con sabiduría y contemple algunas de las siguientes opciones.

Marketing en la Internet

No importa en qué tipo de negocio se mueva hoy, si es un empresario que aspira a hacer grandes cosas debe familiarizarse con la Internet lo más rápidamente posible. Lo más probable es que ya tenga una idea de las posibilidades que ofrece, sobre todo si está leyendo este libro. Al fin y al cabo, la gente de nuestra edad es responsable de una buena cantidad del crecimiento y desarrollo en tecnología, y casi todos fuimos criados con computadores, o por lo menos juegos de vídeo. Si aún no utiliza un computador regularmente, no tiene acceso a la Internet, una dirección de correo electrónico o su propio sitio web, tiene que comenzar a moverse. Si fuera amigo personal mío, trataría de hacerlo sentir mal por ello desde ya. No por burlarme, sino porque realmente me duele ver que las personas no aprovechan todos los recursos disponibles. Entonces, ahora que somos amigos, ¿qué está esperando? La tecnología nos ha facilitado tanto la creación de empresas (sobre todo a los adolescentes y los jóvenes de veintitantos años) que no hacerle caso es una señal patética de ignorancia cultural.

Si tiene una empresa, la tecnología puede ser su principal ventaja frente a las compañías más grandes con las que tendrá que competir. La Internet ha sido tan importante para todos nosotros que me gusta llamarla el "Gran Igualador". Ya no es imposible que nuestras empresas parezcan compañías multimillonarias. Incluso podemos crear compañías en torno a sitios web y reducir los gastos fijos hasta tal punto que los márgenes de utilidad se disparen. El mundo está cambiando rápidamente y no en vano esta época se conoce como la era de la información.

Existen numerosos libros sobre marketing en la Internet, de modo que no entraré en detalles. Sólo le daré suficiente información como para permitirle comenzar a pensar en cómo podría venderse y vender sus productos o sus servicios en la Red. Hay varias maneras de hacerlo, pero la más corriente es el correo electrónico.

Correo electrónico

El correo electrónico es increíble porque nos permite comunicarnos con muchas más personas y con mucha más frecuencia que nunca antes. Incluso lo que es más importante desde una perspectiva comercial: permite a la gente ponerse en contacto con usted prácticamente sin costo para ninguna de las partes. También nos permite establecer relaciones con personas con quienes quizás nunca hubiéramos tenido acceso antes, como directores ejecutivos, editores y líderes industriales, o gente a quien nunca tendríamos la ocasión de conocer en persona o por teléfono.

Establecer una cuenta de correo electrónico sólo requiere un computador con módem, un paquete de *software* (que con frecuencia es gratuito), unos pocos dólares de tarifa mensual y una llamada telefónica a un proveedor de acceso a la Red. Con tantas compañías como Netscape, Earthlink, Microsoft Mail, Eudora y Hot Mail, no le será difícil establecer su propia cuenta de correo electrónico. (Si es estudiante o tiene actualmente un empleo en una compañía de cierto tamaño, probablemente ya tiene una cuenta gratuita a través de la universidad o de la empresa.)

Sitios web

Estoy segura de que no necesita que le cuente cuán importante es para usted tener presencia en la Internet. Durante un tiempo quizás le baste tener tan sólo una cuenta de correo electrónico, pero para la mayor parte de los dueños de negocios tener un sitio a donde puede acudir la gente cuando lo desee para aprender más sobre su empresa sin necesidad de ponerse en contacto con usted directamente es algo esencial en la actualidad. Piense tan sólo en la cantidad de personas que podrían haberse interesado en su empresa pero nunca supieron sobre ella porque usted no les facilitó la búsqueda de la información por sí mismos.

Puede crear un sitio sencillo o muy elaborado, ya sea usted mismo o contratando a un diseñador profesional. La cantidad de tiempo y energía que dedique a hacerlo dependerá de usted y debe guiarse por las normas de su industria. Luego sencillamente asegúrese de incluir la información básica que más interesaría a sus clientes. Ésta por lo general incluye:

- Antecedentes de la compañía.
- Perfiles del fundador o fundadores y de los empleados.
- Descripción del producto o servicio (con tarifas y precios).
- Fotografías del producto o servicio ofrecido.
- Información para hacer pedidos.
- Listas de clientes.
- Consejos útiles.
- FAQ (preguntas más usuales).
- Información de contacto.

Mire a su alrededor. Observe qué están haciendo en línea sus competidores y sus pares. ¿Qué tipo de información están ofreciendo? Si mira lo que otros han hecho, se dará una buena idea sobre qué resulta apropiado para su sitio.

Anuncios publicitarios en línea

En las siguientes páginas intentaré explicarle qué podría afrontar al comenzar a investigar sobre opciones de publicidad en línea. Como de costumbre, trataré de darle opciones gratuitas siempre que pueda.

Por simplista que suene, su sitio web e incluso su dirección de correo electrónico pueden ser herramientas publicitarias increíbles. Por eso es esencial que su información de contacto aparezca en todos los mensajes de correo que envíe. Suministrar esa información en todos sus mensajes es como entregarle la tarjeta profesional a alguien a quien acaba de conocer. Así como nunca se sabe en manos de quién pueda terminar esa tarjeta, tampoco se sabe nunca quién irá a su sitio gracias a esa información de contacto.

Después de construir un sitio que constituya un anuncio eficaz de su compañía, su segundo gran reto consiste en ubicarlo en un lugar apropiado en la Internet. Los siguientes son algunos factores esenciales que garantizarán que la gente pueda encontrar fácilmente su página entre los otros millones de sitios en línea.

Motores de búsqueda

Registrar la dirección de su sitio web es tan importante como incluir el nombre y los datos de su empresa en el directorio telefónico. Hoy en día la gente está acostumbrada a obtener la información que quiere en el instante en que la quiere. Así pues, si usted no está en los lugares en donde seguramente buscarían una compañía como la suya, los va a perder como clientes y eso es lo último que quiere que suceda.

La gente lo buscará a usted en la Red a través de los motores de búsqueda. Usted seguramente ya usa motores como Yahoo, Alta Vista y Lycos, pero hay cientos otros que atraen a los navegadores de la Red. Es preciso que su sitio aparezca en las listas del mayor número posible de motores. Pero no se preocupe: ya no es preciso registrar su sitio en cada uno de ellos individualmente (aunque sí es posible si no tiene nada mejor que hacer). A veces los desarrolladores de web incluso lo harán por usted. De no ser así y si puede invertir algún dinero (por lo general cerca de cien dólares), páguele a una compañía para que registre su sitio en entre 50 y varios centenares de motores de búsqueda. Seguramente habrá recibido correo electrónico no deseado que le hace publicidad a algunas de estas compañías, de las cuales una de las más populares se llama Submit It. Los encontrará en línea en www.submitit.com.

CREAR VÍNCULOS

Crear vínculos, o hipervínculos, es colocar una marca de referencia en un sitio web que le permita a alguien saltar a otro sitio haciendo clic en la referencia. Por lo general es fácil identificar un vínculo, porque el texto casi siempre aparece en un color diferente y está subrayado. Si en algún momento no está seguro, basta con que haga clic en la palabra para ver si lo lleva a alguna parte. Si lo hace, no es sino que haga clic en el botón "Atrás" y volverá al lugar en donde estaba.

La gente crea vínculos con otros sitios por diversas razones. Una de ellas es que permite que un sitio ofrezca a sus visitantes recursos adicionales. Así mismo, algunos sitios tienen sociedades o clientes que quieren dar a conocer a sus audiencias. Sin embargo, en último término la razón que induce a la gente a crear vínculos es para aumentar el tráfico a sus sitios. El tráfico se refiere a las personas que visitan su sitio, y seguramente usted querrá que sea el mayor número posible. Para darle una mejor idea sobre lo que le estoy diciendo, el siguiente es un ejemplo de nuestro sitio –www.yenetwork.com–, que brinda apoyo a empresarios jóvenes.

Como tantas personas han comenzado a llamarnos para solicitar información sobre todo tipo de recursos para empresarios jóvenes, decidimos aprovechar nuestro sitio web para ayudarles. Así pues, incluimos una sección de recursos en donde la gente podía hallar breves descripciones de otras organizaciones que trabajan con empresarios jóvenes en áreas específicas y en las diferentes etapas de construcción de sus empresas. Luego agregamos hipervínculos a cada una de las descripciones de las organizaciones, de modo que la gente pudiera tener acceso a ellas con un simple clic. Detrás de esto había un triple propósito. Ante todo, la gente no tendría que llamarnos directamente en busca de referencias como éstas. En segundo lugar, esperábamos que alentaría a la gente a acudir a nosotros en primera instancia cada vez que tuvieran otras preguntas de ese estilo en el futuro (convirtiéndonos en un recurso confiable). Y por último, porque nos ayudaba a remitir negocios a organizaciones que luego nos referirían clientes a nosotros.

La creación de vínculos es una excelente manera de anunciar un sitio, no sólo porque es gratuita sino por su inmediatez. Imagínese, por ejemplo, que va a un almacén de calzado y ve un par de zapatos que le gustan pero le dicen que no tienen ese modelo en su talla. El vendedor *quizás* le mencione otro almacén que sí lo tiene, y tal vez usted acuda a ese otro almacén. Por el contrario, si el almacén de calzado tuviera el tipo de vínculo que existe en la Internet, sería como si el vendedor lo tomara de la mano y lo llevara al almacén de enfrente. Si alguien está visitando un sitio y por razonamiento lógico se le viene a la cabeza su producto o servicio, un vínculo le permitiría obtener más información al instante, sólo con hacer doble clic sobre su nombre.

Así pues, una vez haya creado su propio sitio, debe comenzar a pensar en otros sitios que serían vínculos apropiados. Piense en empresas que ofrecen productos o servicios complementarios, organizaciones relacionadas con su industria, motores de búsqueda, directorios u otros sitios de conexiones empresariales. Si invierte algo de tiempo en navegar por la Red, seguramente se le ocurrirán varias otras opciones creativas.

Desde luego, lo que realmente querrá es que otros sitios creen vínculos que conduzcan al suyo. Dependiendo de qué tan exitosos sean otros sitios (y de quién sea usted), es posible que pueda hacer un canje si ambos se benefician con un vínculo recíproco. Hable con el *webmaster** del sitio, con el presidente de la compañía o con el director de marketing para plantear la posibilidad de algún tipo de relación. Antes de iniciar el contacto, pase algún tiempo observando el sitio en el cual quiere que establezcan un vínculo, para así poder sugerir lugares lógicos en donde podrían colocar un vínculo que conduzca a su sitio. Así mismo, esté preparado para describir clara y rápidamente cómo un vínculo con su sitio sería beneficioso para la compañía.

Anuncios en pancartas

Las pancartas –o *banners*–, o letreros, son esos anuncios rectangulares que aparecen –por lo general en la parte superior– en los sitios populares. La gente paga por estos anuncios con base ya sea en las visitas (o impactos) o en los clics. Las visitas se refieren a la cantidad de gente que va a una página y los clics se refieren a la cantidad de personas que usan la pancarta como vínculo y hacen clic para llegar hasta el sitio del anunciante. Como podrá imaginar, es probable que haya muchas más visitas que clics. La única otra cosa que realmente tiene que saber es el término "CPM", que representa el precio que se cobra por cada cien visitas. Los anunciantes por lo general pagan ahora entre 30 y 50 dólares por cada cien visitas, pero el costo puede ser mayor o menor dependiendo de la demanda y del carácter único de la audiencia.

Si le interesa comprar este tipo de anuncios para su sitio, póngase en contacto con una de las numerosas agencias publicitarias que hoy en día se dedican exclusivamente a la publicidad en la Internet. Yo le recomen-

---

* El *webmaster* es la persona responsable del mantenimiento o actualización de un sitio web (*nota del editor*).

daría ponerse en contacto con ellos primero, en vez de con empresas individuales, porque las agencias de publicidad le pueden dar mucha más información sobre lo que hay disponible y ofrecen una gama más amplia de opciones publicitarias. El único problema, si opta por esto, es que tendrá que pagar a la agencia una tarifa por cualquier anuncio que coloque por usted.

Patrocinios

Aunque en realidad no existen muchas reglas sobre el patrocinio en línea, sí es preciso ser creativo para obtener el mejor trato posible. A menos que vea información sobre oportunidades de patrocinio en el sitio de alguien, envíeles un correo electrónico o llámelos para solicitarles información adicional. Si no le dan una lista de opciones o parecen inseguros sobre qué pueden ofrecer, presuma que no tienen un programa estándar y dispóngase a asumir el control de la conversación. Mientras más pueda influir sobre las condiciones del acuerdo, menos tiempo pasarán inventando cifras y términos para ofrecerle. Si aún cree que necesita más orientación, pregúnteles a sus empresas objetivo sobre otras relaciones de asociación que tengan, o póngase en contacto con algunos conocidos que sí las tengan.

En términos generales, tiene que entender que la publicidad por la Internet es relativamente nueva, y aunque hay algunas normas, todavía son muchas las áreas grises. Aproveche estas áreas grises para crear situaciones en las que todos salen ganando.

CAPÍTULO 12

La oficina

Una de las decisiones más importantes que tendrá que tomar cuando inicie una nueva empresa es dónde planea trabajar o desde dónde piensa operar. La idea de abrir una oficina o un almacén es emocionante, pero ¿realmente es necesario hacerlo desde ahora? Sí, se necesita una "oficina": un lugar en dónde trabajar y que pueda considerar su sede. Aunque este lugar no tiene que ser su vivienda, tampoco existe ninguna razón para que no lo sea. Sea cual fuere su decisión, en todo caso tendrá que hacer que la gente *crea* que tiene una oficina.

En realidad, lo que debe hacer es analizar minuciosamente sus necesidades, los dictados de su industria, quiénes son sus clientes, qué tanto les importa el lugar donde trabaja y, más importante aún, cuánto puede usted pagar. Yo cometí varios errores a este respecto, de modo que este capítulo le permitirá aprovechar las lecciones que yo tuve que aprender.

Mi consejo es: comience en pequeño. Gaste su dinero (si lo tiene) con cuidado. Trabaje en donde se sienta cómodo para que pueda concentrarse y ser eficiente. Asegúrese de tener los equipos y las herramientas esenciales. Y no dé la impresión de ser un negocio casero si no es necesario.

Créame. No tiene nada de malo tener un negocio casero, pero no lo divulgue a los cuatro vientos.

El resto de este capítulo le ayudará a tomar la gran decisión sobre dónde abrir su oficina y qué incluir en ella. En combinación con la información sobre el personal en el capítulo 7, podrá hacerse una buena idea sobre cuáles serán sus costos de arranque. También le daré algunos consejos valiosos sobre el tipo de equipos que necesitará, los sistemas de computación y los programas de *software* esenciales y, lo más importante de todo, su sistema telefónico.

Abrir una oficina

Opciones

Casi todas las compañías pequeñas fundadas por empresarios jóvenes empiezan en casa. No hay nada de malo en ello. Sin embargo, todos hacemos malabares para ocultar el hecho de que nuestras oficinas no son en realidad lo que otros esperan. Y creo que tenemos razón en hacerlo. En Estados Unidos, más de 14 millones de personas trabajan hoy en día desde sus casas y muchas de ellas lo admiten sin resquemores. Sin embargo, si usted es un empresario joven, lo más probable es que esté haciendo todo lo posible por parecer mayor, más grande y más exitoso, a fin de impresionar y atraer a clientes y proveedores. La oficina es uno de esos grandes factores de imagen. Si sus competidores tienen oficinas propias, usted probablemente también la debería tener (o, al comienzo, al menos parecer como si la tuviera).

Hoy en día existe bastante desacuerdo entre empresarios de todas las edades sobre si deben o no trabajar desde sus casas. Veamos primero cómo se toma esa decisión —con base en su industria y en los recursos disponibles— y enseguida examinaremos qué necesita hacer para respaldar la decisión.

Básicamente existen seis opciones en cuanto a dónde abrir su oficina:

Espacio comercial: Un local minorista (espacio de fachada o a nivel de la calle con grandes vidrieras para que la gente observe desde afuera) o un espacio de oficina formal en un edificio donde hay muchas otras oficinas. Éstos tienden a estar en áreas en donde hay otros edificios comerciales, de modo que aquí es difícil tener casa/oficina porque la gente por lo general no vive en edificios comerciales.

Oficina ejecutiva: Espacio comercial de oficina en donde una compañía administradora arrienda todo el piso de un edificio y subarrienda oficinas a empresarios. Estos edificios por lo general están situados en los mejores sectores de la ciudad, están dotados de muebles elegantes y ofrecen diversos servicios compartidos (como un cuarto de correo, recepcionista, centro de fotocopiado, salones de conferencia, cafetería, etc.). Los arrendatarios por lo general pagan un alquiler a corto plazo (tres meses o algo similar), arriendan oficinas individuales o conjuntos de oficinas, o incluso pagan por algo denominado programa de "oficina virtual". Los programas de oficina virtual ofrecen a los empresarios oficinas a las que nunca tienen que ir. Por algunos cientos de dólares, recogen su correo (y así usted puede tener una magnífica dirección postal), toman sus llamadas telefónicas (y se las pasan al lugar que desee) e incluso le ofrecen ciertos privilegios *in situ*, como usar un salón de conferencias o una oficina en caso de que necesite reunirse con clientes.

Espacio subarrendado: Básicamente, se trata de una porción de espacio en un edificio comercial que otra empresa le arrienda por un precio reducido. Por lo general podrá subarrendar espacio a amigos o parientes deseosos de ayudarle, o a otras compañías que no están utilizando todo su espacio y quieren recuperar parte de la renta desperdiciada. A veces se publican anuncios ofreciendo este tipo de espacios en los clasificados de un periódico o de una revista empresarial, o en las oficinas comerciales de finca raíz.

Espacio compartido: Es similar al espacio subarrendado, pero exige una relación más estrecha entre usted y otra compañía para asumir una responsabilidad igual (o casi igual) por un espacio de oficina.

Casa/apartamento: Es el sitio donde vive, o donde viven sus padres, o el hogar de un allegado a quien no le importa convertir parte de su espacio de vivienda en una oficina.

Alcoba/dormitorio: A veces ésta será su única opción si es estudiante o adolescente. Es factible trabajar en un espacio confinado y lleno de distracciones, pero no es fácil. Acepte el hecho de que los muebles de su habitación ahora serán también muebles de oficina y sepa que tal vez tenga que compartir el espacio para dormir y recibir a sus amigos con el equipo de oficina.

Sopesar los pros y los contras

Espacio comercial

Pros
- Apariencia muy profesional.
- Puede estar ubicado en un sitio atractivo.
- Puede tener muchas otras empresas como arrendatarias.

Contras
- Excelente entorno laboral, mucha motivación.
- Puede resultar muy costoso.
- A veces es preciso firmar contratos de dos a tres años.
- Probablemente tenga que ofrecer una garantía personal.
- Gastos fijos sustanciales (seguro de arrendamiento, prestaciones para los empleados, servicios públicos, alarmas de seguridad).

Oficina ejecutiva

Pros

- Los períodos de arriendo son más cortos y más negociables.
- Se puede arrendar una oficina a la vez.
- Se pueden contratar "programas de oficina virtual" en los que sólo se encargan de recoger su correo y responder las llamadas telefónicas sin que exista una oficina.
- Está rodeado de muchos otros dueños de empresas pequeñas.
- Es una excelente manera de proyectar una imagen muy profesional.
- Hace que su empresa parezca muy grande.
- Excelentes servicios adicionales, siempre hay personal de apoyo listo para ayudarle.
- Excelente ubicación.

Contras

- Las tarifas por servicios adicionales pueden alcanzar sumas considerables.
- Las oficinas suelen ser pequeñas.
- El sistema de contestación telefónica es bastante impersonal.
- Pueden resultar muy costosas.

Espacio subarrendado

Pros

- Se puede arrendar un espacio muy bueno a un costo módico.
- Confiere una apariencia prestigiosa.
- Por lo general se puede compartir la recepcionista.
- Muchas veces ya está amoblado.
- Las condiciones son más flexibles.

Contras

- Suele ser difícil de conseguir.
- Los contratos pueden ser muy inestables; le pueden pedir que se vaya con pocos días de preaviso.
- Podría ser claustrofóbico, dependiendo de cómo se divide el espacio.

- La investigación de antecedentes es menos rigurosa.
- Las cuentas mensuales son mucho menos costosas.

Espacio compartido

Pros

- Se puede obtener excelente canon de arriendo.
- Exige pocos trámites legales.
- Con frecuencia se pueden canjear servicios para reducir o eliminar la renta.
- Entorno más informal.
- Muchas veces se pueden compartir equipos y otros servicios.
- Las cuentas mensuales son mucho menos costosas.

Contras

- Difícil establecer su propia imagen como oficina.
- Para encontrar un espacio así, por lo general se requieren buenos contactos o suerte.
- Los contratos son inestables.
- Los espacios compartidos pueden generar problemas.
- Es difícil establecer una imagen propia.

Casa/apartamento (propio)

Pros

- No hay necesidad de desplazarse.
- Se tiene más espacio del que podría arrendar en otra parte.
- No hay reglamentaciones.
- Los costos mensuales que se suman a los gastos personales son muy bajos.
- No tiene problemas para rescindir contratos de arrendamiento.

Contras

- Es difícil que los clientes vayan a visitarlo.
- El aislamiento lo puede hacer sentir muy solo.
- Es difícil motivarse para trabajar, pues hay muchas distracciones.
- Las leyes tributarias son más estrictas para negocios que funcionan en el hogar.

Alcoba/dormitorio

Pros
- Muy conveniente.
- Muy pocos gastos.

Contras
- Espacios pequeños.
- Imposible recibir a los clientes.
- Puede ser embarazoso si lo descubren.
- Es muy difícil motivarse para trabajar.
- Muchas distracciones.

¿Qué necesito realmente?

Ésta es una de las preguntas más importantes que usted se deberá hacer cuando vaya a tomar la decisión de dónde ubicar su empresa. Es probable que pueda trabajar en cualquier lugar, ¿pero realmente quiere hacerlo? ¿Tiene otras opciones? Formularse las siguientes preguntas le ayudará a decidir en dónde es más conveniente trabajar y qué necesita realmente.

- ¿Importa el sitio donde trabaje?
- ¿Lo visitarán clientes? (Por ejemplo si piensa incursionar en el área de las confecciones, la consultoría, la manufactura o la edición.)
- ¿Requiere equipos especiales o necesita licencias para efectuar su trabajo? (Por ejemplo en las áreas de servicios de alimentos, manufactura, atención en salud, cosmetología.)
- ¿Tendrá empleados que colaboren con usted en el sitio de trabajo? (Por ejemplo pasantes, contratistas independientes, secretarias.)
- ¿Quiénes son sus clientes?
- ¿Su imagen afecta la de ellos? (Por ejemplo en relaciones públicas, planeación de eventos, publicidad, trabajo promocional, administración profesional.)

- ¿Qué imagen esperan sus clientes que tenga su empresa? (Por ejemplo de alto perfil, de bajo perfil, altamente capacitada, muy profesional.)
- ¿Qué imagen tienen sus competidores? (Por ejemplo de alto perfil, modernos, conservadores, de bajo perfil.)
- ¿Cuáles son los espacios más modestos desde donde operan sus competidores exitosamente? (Por ejemplo casa, garaje, espacio compartido, edificio de oficinas.)

Una vez más, si tratar de parecer más grande y más importante de lo que es va a hacerle daño a alguien, ese alguien va a ser usted... si comienza a creérselo. Mantenga los pies sobre la tierra y la cabeza fuera de las nubes (¡sé que no es fácil!) y seguramente le irá muy bien.

¿Qué puedo permitirme?

En el momento de decidir cuánto puede darse el lujo de gastar, sea muy honesto con usted mismo. ¿Cuánto dinero *realmente* está produciendo? ¿Cuánto dinero puede decir honestamente que espera generar? Como empresarios jóvenes nos acostumbramos tanto a convencer a la gente de que *sí* podemos hacer cosas, que incluso nosotros no estamos seguros de lo que realmente podemos hacer. Y a decir verdad, a veces nos cuesta trabajo ser completamente honestos con nosotros mismos. Los costos fijos desmesurados han acabado con numerosas empresas y muchas veces la culpa la tienen los contratos de arriendo poco realistas. Todos queremos que nuestras empresas parezcan de mayor tamaño, pero ¿vale la pena ponerlas en peligro por eso?

Equipos y artículos de oficina

Desde luego, mucho de lo que necesitará dependerá del tipo de negocio que tenga, pero hoy en día a la mayor parte de las empresas se les dificulta definir qué es lo básico. A continuación presento una lista de algunos de los artículos y equipos de oficina que más adelante podría lamentar no tener.

Computador

Sea cual fuere su negocio, lo más probable es que pueda mejorarlo significativamente si posee un computador. Desde cartas sencillas y facturación de clientes hasta presentaciones y volantes, es imposible entender cómo los empresarios de hoy en día sobreviven sin uno. Y sobre todo si usted es joven y está en el mundo de los negocios, más le vale tener correo electrónico. Como empresario joven, se supone que debe tener conocimientos de computación. (Para mayor información sobre computadores, véase "La tecnología y la oficina virtual", más adelante.)

Impresora láser

Aunque las impresoras de inyección de tinta/burbuja de buena calidad son cada vez más baratas, si tiene la posibilidad úselas para impresiones a color y utilice las de láser si escribe muchas cartas, prepara presentaciones o simplemente se comunica por escrito con diversas personas. Las impresoras a base de inyección de tinta todavía no se comparan con la calidad de impresión en tinta negra de una láser, y cualquier ojo entrenado podrá detectar la diferencia. Si su negocio depende de la comunicación escrita, opte primero por una impresora láser y más tarde, cuando pueda, invierta en impresoras a color.

Telefax

Lo único peor que no tener correo electrónico en la actualidad (o peor aún, que no tener computador), es no contar con un telefax. Cualquiera que conozca un poco de computación sabe que casi todos los computadores nuevos vienen con módems de fax incorporados y con todo el *software*

> **De: Kenneth Cole — Kenneth Cole Productions**

Hace catorce años quise abrir una compañía de calzado con muy poco dinero. Por experiencia sabía que tenía que conseguir el dinero rápidamente, porque muchas veces las empresas nuevas agotan su flujo de caja antes de tener siquiera la oportunidad de hacer negocios. También sabía que era más fácil obtener crédito de fábricas en Europa que necesitaban el negocio, que de bancos estadounidenses que no lo necesitaban. Así pues, hice una lista de las fábricas, viajé a Europa, diseñé una colección de zapatos y regresé a los Estados Unidos a venderlos.

En esa época, las compañías de calzado tenían dos opciones. Se podía contratar una habitación en el Hotel Hilton y convertirse en uno de cerca de 1 100 fabricantes de zapatos que ofrecían sus productos. Eso no me daba la identidad o la imagen que consideraba indispensables para lanzar una nueva empresa, y costaba mucho más dinero del que yo tenía. La otra opción era hacer lo que hacían las firmas grandes y obtener un espacio de exhibición elegante en el centro de Manhattan, no lejos del Hilton. Más identidad, y también mucho más dinero.

Se me ocurrió una idea. Llamé por teléfono a un amigo que tenía un negocio de camiones y le pregunté si podía prestarme uno de ellos para estacionarlo en el centro de Manhattan. Me dijo que con gusto me lo prestaría, y me deseó suerte con la obtención del permiso. Fui a la alcaldía, Koch era el alcalde en ese entonces, y pregunté cómo se obtenía permiso para estacionar un camión de 12 metros en el centro de Manhattan. Me dijeron que era imposible. Los únicos a los que la ciudad daba permiso de estacionar eran las compañías productoras que rodaban películas de cine, y las empresas de servicios públicos como Con Ed o AT&T. Así pues, ese mismo día fui a una papelería y cambié el membrete de nuestra firma, Kenneth Cole Inc., y le coloqué Kenneth Cole Productions Inc., y al día siguiente solicité un permiso para filmar una película llamada *The Birth of a Shoe Company* (El nacimiento de una compañía de calzado.) Con las palabras Kenneth Cole Productions pintadas en el lado del camión, nos estacionamos en el número 1370 de la Sexta Avenida, justamente al frente del New York Hilton, el día de la feria de calzado. Iniciamos el negocio con un camión de 12 metros muy bien dotado, un director (a veces la cámara contenía película y a veces no), modelos que hacían las veces de actrices y dos de los mejores agentes de Nueva York,

> enviados por el alcalde Koch, como porteros. Vendimos 40 mil pares de zapatos, la producción completa, en dos días y medio y luego salimos corriendo.
>
> La compañía se sigue llamando Kenneth Cole Productions Inc. y el nombre sirve para recordarnos siempre la importancia de ser recursivos y de resolver los problemas de una manera innovadora.

que se requiere para enviar los faxes que quiera. Y aunque los telefaxes de computador tienen algunas limitaciones (a menos que también tenga un escáner), sin duda le servirán si aún no puede darse el lujo de conseguir un telefax independiente. Otra cosa que debe tener en cuenta es que las máquinas de telefax también sirven para fotocopiar unas pocas páginas. De cualquier forma que lo mire, no querrá que le hagan la pregunta: "¿Y por qué no me lo puede enviar por fax?"

Fotocopiadora

Es cierto: una fotocopiadora no es un elemento esencial para la mayor parte de nosotros, sobre todo cuando existen centros de copiado por todas partes. Sin embargo, si su empresa realmente necesita una y no hay un centro de copiado cercano, es posible que le convenga conseguirla. Las fotocopiadoras son bastante costosas, pero ya están comenzando a fabricar algunas más baratas (ojo, hay que fijarse tanto en el precio como en la calidad). Se consiguen fotocopiadoras a precios que oscilan entre 250 dólares las más sencillas y miles de dólares las más complejas. Pero asegúrese de no estar desperdiciando su dinero. Muchas compañías grandes han sobrevivido durante bastante tiempo sin este tipo de equipos.

Sistema integrado

Uno de los aspectos más maravillosos de la tecnología es que siempre se está desarrollando de formas que pueden facilitar nuestra vida. La siguiente vez que esté ojeando un catálogo de artículos de oficina o que visite un almacén especializado, examine uno de los sistemas integrados de oficina. En casi todos los casos, estas máquinas funcionan como impresora láser, telefax, fotocopiadora y escáner, todo en uno. Diseñado específicamente para los dueños de empresas pequeñas, el sistema integrado, que cuesta varios cientos de dólares, puede ahorrarle mucho dinero cuando no tiene mucho para comenzar.

En cuanto al equipo de oficina estándar, con una excepción, los anteriores son los elementos básicos. Mantenga siempre los ojos abiertos en busca de gangas en equipos nuevos, usados o reciclados, modelos de demostración (en los almacenes de artículos de oficina) y modelos descontinuados. Incluso averigüe la posibilidad de alquilar alguno. Pero fíjese siempre en la calidad. No consiga equipos que lo hagan parecer poco profesional.

Teléfonos

Los teléfonos son, desde luego, esa excepción que mencioné en el párrafo anterior. Pero como para instalar un sistema telefónico es preciso saber muchas más cosas de las que uno se imagina, le dedico una sección completa al tema.

Sistemas telefónicos

El propósito de esta sección es mostrarle cómo su compañía puede parecer como si empleara a diez personas incluso si sólo trabajan allí usted y su gato. Con algo de creatividad, puede hacer que su compañía parezca más grande de lo que es valiéndose de unos cuantos trucos telefónicos.

Líneas telefónicas

Lo primero que tiene que saber es que las líneas residenciales son menos costosas que las comerciales e incluso pueden llegar a ofrecer tarifas más baratas por llamada. Sin embargo, si no tiene una línea comercial, el nombre de su empresa no quedará registrado en la empresa telefónica como negocio. Así pues, si tiene clientes que probablemente busquen su nombre en el directorio, no lo encontrarán si está registrado como cliente residencial. Registrarse como negocio también le da la posibilidad de figurar gratuitamente en las páginas amarillas bajo la categoría que usted juzgue pertinente. Muchas personas realizan una gran cantidad de negocios gracias a los anuncios de las páginas amarillas, de modo que es una opción que vale la pena contemplar. Haga dos llamadas a la empresa de teléfonos: una a la sección de líneas residenciales y otra a la de líneas comerciales. Pregunte qué paquetes de ofertas tienen disponibles y cuáles son las tarifas. Compare las respuestas y muy posiblemente encontrará diferencias sustanciales en servicio y en precio.

Si usted no es una persona paciente, quizás quiera saltarse esta sección, porque tratar con una empresa de teléfonos exige mucha paciencia, perseverancia y persistencia; y aun así, la mayor parte de las veces no se obtiene lo que se desea. Sin embargo, si está dispuesto a soportar unos cuantos inconvenientes con miras a obtener grandes beneficios, siga leyendo.

Correo de voz

Esto no es opcional. Una compañía que no tenga un sistema de contestación para los momentos en que sea imposible contestar personalmente el teléfono ya es arcaica. No sólo enfurece a los clientes que buscan información y asistencia, sino que hace que su negocio parezca una operación informal que podría funcionar desde un furgón.

Si insiste en depender de su contestador automático, el riesgo es suyo. Los mensajes se pierden, pueden ser escuchados por cualquier persona cercana y se desconectan cuando cortan la electricidad. El correo de voz, como está controlado por la empresa de teléfonos (y se ubica allí), nunca dejará de funcionar, incluso en medio de la mayor parte de los desastres naturales. Por una tarifa de pocos dólares mensuales, la empresa de teléfonos puede ofrecerle un servicio de correo de voz que responde sus llamadas telefónicas cuando usted no pueda hacerlo. Si quiere parecer moderno, o simplemente recalcar que su empresa es más que una operación de una sola persona, pida un sistema de correo de voz en grupo o familia. Esto permitirá a la gente que llama seleccionar entre una de varias personas o departamentos diferentes.

Al grabar su mensaje, sea breve (la gente se desespera con los mensajes telefónicos largos). Si la persona que llama puede oprimir la tecla número (#) para saltarse el mensaje, dígalo desde el comienzo (sus interlocutores habituales se lo agradecerán). Si no tiene buena voz, pídale a alguien que sí la tenga que grabe sus mensajes. Un joven empresario llamado David no tenía personal, oficina ni dinero, pero le daba la impresión a la gente de que su empresa valía millones. Su mensaje telefónico fue grabado por una mujer británica de apariencia muy profesional que hablaba de la empresa y sus "representantes" como si se tratara de una gran corporación internacional. En promedio, los clientes e incluso los amigos llamaban entre tres y cinco veces antes de darse cuenta de que no había representantes... el tiempo suficiente para que David pudiera establecer contactos con algunas corporaciones importantes.

Si tiene dudas sobre qué mensaje grabar en el correo de voz, simplemente haga unas cuantas llamadas telefónicas nocturnas a empresas que conoce. Escuchar los diferentes mensajes telefónicos le dará una buena idea de cómo quiere que suene el suyo. Un buen mensaje genérico sería similar a éste:

> "Hola. Esta es la compañía XYZ. Lamentamos no poder atender su llamada en este momento, pero estamos contestando otra llamada o atendiendo a otros clientes. Deje su nombre, el nombre de la empresa, su número telefónico y un mensaje y alguien se comunicará con usted a la mayor brevedad posible."

Siempre mencione con claridad el nombre de su compañía y discúlpese por no poder contestar el teléfono. Tal vez esté mejorando su bronceado o tratando de conseguir nuevos clientes, pero nadie tiene por qué saberlo. Observe que el mensaje está en plural, no en singular. Refiérase siempre a su compañía en plural. Decir "nosotros" hace parecer como si no dirigiera la compañía usted solo.

Llamada en espera

Las llamadas en espera no son una necesidad imperiosa. Con tantos trucos telefónicos buenos, parece poco profesional interrumpir las llamadas con el servicio de llamada en espera. Una buena solución intermedia, que permite tener la llamada en espera y conservar una imagen profesional, es averiguar si el servicio de llamada en espera permite que el servicio de correo de voz conteste las llamadas que usted no puede aceptar mientras está hablando con otra persona. Esto significa que si está hablando por teléfono con su mejor amigo y su servicio de llamada en espera suena, puede colocar a su amigo en la otra línea y contestar la otra llamada para ver si se trata de algo relacionado con la empresa. Ahora bien, si está contestando una llamada de negocios y suena la llamada en espera, puede ignorarla y su correo de voz contestará la llamada entrante. No todas las empresas de teléfonos ofrecen este servicio, de manera que averigüe primero, pues de lo contrario la segunda llamada escuchará timbres incesantes, como si no hubiera nadie. ¿Y recuerda lo que dijimos sobre no contestar el teléfono?

Conmutador de telefax

Incluso si ya tiene una máquina de telefax, va a necesitar una línea exclusivamente dedicada a ella (otra línea telefónica) para recibir cualquier fax que llegue. ¿Pero si no recibe suficientes faxes como para justificar conseguir otra línea? El conmutador de telefax es un maravilloso aparato que le permite conectar varias piezas diferentes de equipo a una línea, de modo que puedan compartir el acceso telefónico. Por lo general, la gente conecta su teléfono, su telefax e incluso módems. Lo que sucede es que cuando entra una llamada, ya sea vocal o un telefax, el conmutador de fax distingue la diferencia y dirige la llamada entrante a la máquina pertinente. También funciona al contrario. Si está utilizando el módem del computador y entra una llamada de voz, en vez de que le corten la conexión, la persona que llama será remitida al correo de voz o escuchará la señal de ocupado. Los conmutadores de telefax son costosos, pues cuestan cerca de 300 dólares, pero pueden ser muy útiles en una compañía nueva con tendencia a crecer.

La tecnología y la oficina virtual

¿Quién hubiera imaginado hace unos pocos años que un joven de 19 años podía dirigir una corporación internacional desde su dormitorio? Muy pocos. ¿Pero acaso esa pregunta le sorprendería hoy? Seguramente no. Así como el computador ha reconfigurado el entorno empresarial, también ha ejercido un profundo efecto en la manera en que hacemos negocios y en el tipo de personas que pueden fundar una empresa. Independientemente de su edad, sus antecedentes educativos, su situación financiera o su apariencia profesional, si tiene un computador decente (que tenga capacidades de comunicación, como un módem, *software* y servicio en línea) podrá hacer negocios con prácticamente cualquier persona en casi cualquier lugar del mundo. Por todas partes, jóvenes empresarios que pasan inadvertidos dan la impresión de representar y dirigir grandes corporaciones, aunque la realidad sea muy distinta.

Como el concepto de oficina virtual se ha convertido en norma aceptada en el mundo de las pequeñas empresas, dominarlo es crucial para el éxito de los empresarios jóvenes. Es una gran fortuna, porque en la mayor parte de los casos éstos no se pueden dar el lujo de estructurar sus empresas de otra manera. Como empresario que apenas comienza, tiene que tener en cuenta numerosos aspectos.

- Necesita tiempo para poner a prueba su idea empresarial.
- Tiene que mantener los gastos fijos en el mínimo.
- Arrendar una oficina puede quebrarlo, pues lo ciñe a un compromiso a largo plazo que quizás no pueda cumplir.
- Trabajar desde el hogar demora la contratación de empleados (otro compromiso importante).
- Una oficina virtual lo obliga a ser eficiente con relación a los costos, y creativo en el manejo de su imagen.
- La mascarada diaria lo mantiene en estado de alerta.
- La experiencia (a veces) escasa le da algo a lo cual aspirar y anticipar en el futuro... tener algún día una oficina real.

Con todas estas nuevas responsabilidades, crear una oficina virtual puede ser una decisión muy inteligente. No se apresure a conseguir una oficina comercial. Desde luego, una oficina real luce mucho mejor, sobre todo cuando uno quiere impresionar a los clientes. Pero atienda mis consejos como conocedora de primera mano: podrá prescindir de una oficina formal mucho más tiempo de lo que se imagina y es probable que su negocio sobreviva bastante más gracias a su sacrificio. Piense lo que piense, hoy en día no tiene nada de raro trabajar desde la casa. Tantas personas mayores lo están haciendo (y además alardean de ello), que si usted tiene una oficina virtual no estará solo, de modo que no se preocupe. Utilice este tiempo para construir su emporio. De todas maneras, con una oficina virtual también puede parecer como una corporación importante; sólo tiene que aprender a manejar las necesidades, prestar mucha atención a los detalles y divertirse mientras lo hace.

Software básico

Como propietario de una empresa, hay cuatro grandes categorías de *software* de computación que debe tener para hacer más eficientes sus operaciones y dar una mejor imagen. Estas cuatro categorías incluyen procesador de palabras, hojas electrónicas de cálculo/programas financieros, bases de datos y *software* gráfico. A continuación presento una breve explicación de cada una.

Procesador de palabras

El procesador de palabras es el *software* básico para manejar cualquier computador. La manera más fácil de escribir cartas, crear volantes, dar formato a etiquetas de correo y dirigir sobres es mediante un procesador de palabras, un programa que le confiere incluso al más novato la capacidad de dar una apariencia profesional. Los programas más populares de este tipo que ofrece hoy en día el mercado son Microsoft Word y WordPerfect. Si no le interesa aprender nada más acerca de computación, por lo menos sí aprenda cómo usar el *software* de procesamiento de textos.

Hojas electrónicas de cálculo/software financiero

Si en algún momento necesita trabajar con cuadros y gráficas, crear estados financieros o manejar diferentes escenarios de ventas o costos, la mejor manera de hacerlo son las hojas electrónicas de cálculo. Aunque se requiere algo de tiempo para aprender todos los trucos (como cálculos automáticos, vinculación de diferentes documentos y uso de fórmulas), el tiempo invertido bien vale la pena. Una vez aprenda a calcular sus finanzas en un programa de hoja de cálculo, nunca más querrá hacerlo con un lápiz y una hoja de papel. (El más popular es Microsoft Excel, seguido de Lotus 1-2-3.)

Sin embargo, para la planeación de sus finanzas el *software* financiero es incluso mejor que las hojas de cálculo. Como muchísimas personas detestan llevar libros de contabilidad, los diseñadores de *software* han facilitado enormemente el uso de estos programas. Como dije antes, vale la pena invertir algo de tiempo en aprender a usar el programa con la ayuda de los tutoriales o los manuales para el usuario; no se arrepentirá. (Ensaye Quicken para contabilidad simple y Quickbooks, Peachtree Accounting o MYOB — Mind Your Own Business — para asuntos más complejos.)

Software de bases de datos/administración de contactos

Las bases de datos son cruciales para cualquier negocio que tenga que hacer seguimiento a clientes, proveedores u otros contactos comerciales. Prácticamente todos los propietarios de empresas se beneficiarán si hacen seguimiento a la gente con quien hacen negocios. El *software* de base de datos le permite mantener un archivo organizado con los nombres de las personas, la información de contacto, los antecedentes de la relación, los hábitos de compra, etc. Usar *software* de base de datos para administrar la empresa es un paso crucial hacia la construcción de una compañía competitiva en cualquier industria. (Busque Dbase o Fox Pro [o mejor aún los que se mencionan más adelante] para cumplir con sus necesidades de base de datos.)

Para quienes deben manejar asuntos más complejos sobre clientes e información, el *software* de administración de contactos resulta valiosísimo. Este tipo de programas se creó originalmente para ayudar a los gerentes de ventas a seguirles el rastro a sus clientes y las llamadas de ventas. Como fue diseñado para seguir el rastro a los antecedentes de numerosas cuentas –incluidas llamadas telefónicas, faxes, reuniones y tareas–, el *software* de administración de contactos ayuda enormemente a cualquier persona que quiera mantener controlado y organizado su trabajo. (ACT!, Goldmine y Microsoft Access son los más vendidos.)

Diseño gráfico

Dependiendo de sus necesidades individuales, podría ser conveniente adquirir un programa gráfico que le permita engalanar su imagen en caso de que tenga que crear volantes, propaganda, anuncios, boletines, etc. Aunque son bastante complejos para un usuario nuevo, los programas gráficos le permiten a cualquier persona que disponga de un poco de paciencia, tiempo y gusto por el diseño convertirse en un artista gráfico. (Busque Page Maker, ClarisWorks o QuarkXpress para diseñadores más avanzados.)

Aunque casi todos los paquetes de *software* vienen hoy en día con tutoriales incorporados, en muchas partes se dictan cursos. Si es estudiante y su universidad tiene un departamento de tecnología de la información, es probable que ofrezca algún tipo de capacitación. De lo contrario, busque avisos de cursos en el diario local o en las páginas amarillas. Incluso podría llamar a las grandes tiendas de computadores, que muchas veces también ofrecen capacitación.

Algunas soluciones baratas y creativas para conseguir equipos

Si requiere ciertas piezas de equipo para su empresa que aún no pueda darse el lujo de comprar, sea creativo:

- Piense en lugares que ya habrían comprado el equipo que usted necesita pero que quizás estén contemplando actualizarlo. Si tiene

amigos en alguna empresa de éstas, pregúnteles si estarían interesados en vender el equipo viejo.
- Si sabe de una empresa que va a cerrar, pregunte allí también. Cuando la gente afronta problemas financieros, por lo general quiere vender lo que pueda para conseguir dinero.
- Busque en la sección de clasificados de un diario local o en una de esas publicaciones "recicladoras" en donde la gente coloca anuncios para comprar y vender mercancía. Publique un aviso.
- La Internet es otro excelente lugar para buscar equipos usados, aunque es posible que no se anuncien visiblemente. Averigüe en los grupos de noticias, los grupos de usuarios y las carteleras electrónicas donde se congrega la gente de su industria. Coloque un mensaje diciendo que le interesa comprar o canjear equipos usados.
- Examine los catálogos o llame a los almacenes que venden el tipo de equipos que está buscando. Pregunte si venden elementos reciclados, si tienen modelos más antiguos o si pueden vender los artículos de demostración.

Si no le importa aceptar equipos usados al comienzo, seguramente podrá conseguir muy buenas gangas. Simplemente pregunte sin timidez a personas que saben dónde se obtienen las mejores gangas. Entenderán su situación y, si pueden hacerlo, por lo general lo orientarán por el camino que le interesa.

PARTE V

Información de primera mano
(Relatos desde la trinchera)

CAPÍTULO 13

Aprender a vivir como empresario

AL ENTERARSE DE QUE EN ESTE LIBRO IBA A INCLUIR UNA SECCIÓN SOBRE EL ESTRÉS al que suele estar sometido un empresario joven, varias personas se rieron, seguramente porque piensan que los negocios de los jóvenes son simples pasatiempos y no proyectos empresariales de la vida real. No me sorprende esta reacción; sin embargo, lo cierto es que sí afrontamos los mismos problemas –y muchos otros– que tienen los dueños de empresas de más edad y con mayor experiencia. Una de las razones por las que escribí este libro fue la de identificar qué aspectos nos diferencian en nuestra condición de empresarios jóvenes.

Este capítulo se refiere a un período en el que apenas me estaba familiarizando con el estilo de vida de una empresaria de veintitantos años. Ahora, transcurridos ya algunos años –después de mucho trabajo arduo, noches en vela, esfuerzos, sudor, lágrimas y soledad–, siento que finalmente puedo mirar en retrospectiva y arrojar alguna luz sobre esta etapa para beneficio de otros. Por consiguiente, es posible que éste sea el capítulo más importante del libro.

Nunca nadie se sentó a mi lado para explicarme estas cosas. Tampoco había leído nada sobre cómo era la vida de un empresario joven desde el punto de vista de alguien que hubiera pasado por eso. (Por fortuna, muchas revistas especializadas en temas empresariales ya han comenzado a publicar artículos que versan sobre este tipo de tópicos.) Finalmente, acabé por darme cuenta de todo esto yo sola. Espero que este libro le ofrezca suficientes consejos como para que usted no tenga que pasar por todo esto sin ayuda.

Como empresario joven, su vida será diferente y es importante que sepa cómo afrontar algunos de sus aspectos más complejos antes de que lo tomen por sorpresa. Tenga la seguridad de que existen maneras ya probadas de tratar con gente que no lo apoya, incluidos los amigos y la familia. Así mismo, existen excelentes consejos para no sentirse aislado cuando trabaja para usted mismo. Y el equilibrio –algo de lo que con frecuencia hablan personas mucho mayores que nosotros, con familias y carreras que les imponen mucha presión– es algo que tenemos que esforzarnos por mantener. Si no se tiene cuidado, una empresa puede absorber la vida entera. Si yo hubiese sabido al comienzo todo lo que le voy a contar, probablemente habría tenido mucho más éxito bastante antes. Así mismo, habría aprendido más pronto el verdadero significado del equilibrio y la felicidad. Éste es, en cierto sentido, mi obsequio para todos ustedes.

Láncese, entonces, y cree la empresa de sus sueños. Pero no olvide que es una persona, no una máquina. Todos trabajamos como máquinas, tratando de abarcar muchísimo en una edad temprana, porque ansiamos tener la libertad y la independencia que nos permitan disfrutar la segunda mitad de nuestra vida. Pero hay que ser inteligente en los sacrificios que es preciso hacer y no perder nunca de vista qué es lo más importante para usted.

Bienvenido a la vida empresarial

No se dé por vencido

No sabría decir cuántas personas pusieron los ojos en blanco cuando les conté mis planes empresariales. Bien podrían haberme dicho: "¿Y ahora qué más se te va a ocurrir, Jennifer?" o "¿Por qué más bien no consigues un buen empleo?" En mi caso, siempre me pareció que la gente solía ofrecer más escepticismo que apoyo. Sé que es una situación por la que pasan casi todos los empresarios jóvenes. Al fin y al cabo, muchos de nosotros emprendemos nuestros primeros proyectos importantes cuando aún somos estudiantes, ¿y cómo responden nuestras familias ante eso? "¿Para qué estamos invirtiendo semejante cantidad de dinero en tu educación si te niegas a concentrarte en tus estudios?"

Al comienzo, parecen surgir obstáculos por doquier. No importa cuánto se esfuerce uno, con cuánto empeño trabaje o cuánto entusiasmo le ponga a la idea, siempre habrá gente que lo tratará de convencer de hacer algo distinto. A veces se siente uno tentado a darse por vencido. La vida sería mucho más fácil si uno actuara como cualquier persona corriente de su edad. ¿Para qué seguir pasando por todo esto? Pues porque usted es diferente y eso lo debe enorgullecer. El éxito no se consigue fácilmente... Mientras más rápido aprenda esto, más rápido podrá lograr sus objetivos.

Muchas personas me preguntan cómo se me ocurrió la idea de fundar The Young Entrepreneurs Network. Cuando confieso que en realidad fueron mis socios originales, Benjamin Kyan y David Meadows, quienes detectaron la oportunidad, le digo a la gente que fue esto –la lucha del empresario joven– lo que me instó a hacer algo por ayudar. En 1991 supe de la existencia de ACE, la Asociación de Empresarios Universitarios. Hasta el momento en que asistí a mi primera conferencia de ACE en Nueva York, no me había dado cuenta de que existían tantos otros empresarios jóvenes. Fue una de las experiencias más extraordinarias de mi vida. De repente me vi rodeada de otros que tenían metas, ambiciones, pensamientos, sueños y estilos de vida como los míos.

Es bastante fácil darse por vencido cuando las ideas empresariales parecen no conducir a ninguna parte; sin embargo, el fracaso es apenas el primer paso para entender qué es preciso hacer para triunfar. Como dijo en alguna ocasión Henry Ford, "el fracaso es la oportunidad de comenzar de nuevo de una manera más inteligente". Sin algunas de esas empresas iniciales que no llegaron a ninguna parte, sinceramente no creo que yo hubiera sabido qué hacer para poder triunfar después. Y en lo que se refiere a los obstáculos, aprender a sortearlos me enseñó cómo afrontar los reveses mucho más serios que son inevitables cuando se ingresa al mundo de los negocios. Sin embargo, como me han enseñado los empresarios de mi familia, cuando algo marcha mal –sea lo que fuere–, uno simplemente se pone nuevamente de pie y sigue adelante. Su carrera como empresario le demostrará que esto es cierto, siempre y cuando que se dé la oportunidad.

Bienvenido a su nueva vida con personas mayores que usted

Relacionarse mejor con personas que le doblan la edad que con sus contemporáneos es algo curioso para alguien de veintitantos años o, peor aún, para un adolescente. Tiene mucho sentido que seamos amigos de personas de nuestra edad en el colegio y la universidad, porque compartimos nuestras actividades con ellos. Pero, como habrá observado, la gente madura y descubre quién es realmente –y con quién quiere relacionarse– en momentos diferentes. Si decidió crear una empresa propia antes de que a cualquiera de sus amigos se le ocurriera la misma idea o siquiera entendiera de qué estaba hablando, existen muchas posibilidades de que acuda a personas de más edad en busca de consejo y apoyo. Esto es perfectamente natural. El único problema es que uno acaba distinguiéndose de los demás en un momento en que ser diferente podría significar un suicidio social.

Mis mentores suelen decirme en broma que tengo 26 años y estoy por cumplir los 45, y a veces lo creo. En muchos aspectos *sí* he asumido las responsabilidades profesionales de alguien mucho mayor. Mis amigos son un asunto completamente diferente. Es terrible perder el contacto con algunos de mis mejores amigos porque ya no tengo muchos puntos en común con sus vidas. Pero por otro lado, cuando uno dedica toda su energía a construir su sueño, ¿piensa en todo lo que puede lograr mientras todavía está joven? A veces trato de imaginarme cómo será mi vida cuando sea una persona madura. ¿Sufriré del estrés que viene con la edad, o me será más fácil por haber iniciado mi vida profesional mucho más temprano? Espero que sea esto último.

¿Por qué estoy haciendo esto?

Son las tres de la madrugada del sábado. Usted está en su oficina. Comienza a cabecear, pese a haberse tomado la cuarta taza de café hace una hora. Revisa su correo de voz, como suele hacer una docena de veces en el día (incluidos los domingos). Nada. Al escuchar los mensajes que guardó (por lo general hay unos doce), recuerda la invitación a cenar... hace siete horas. Cuelga el teléfono, se pone de pie y trata de estirar las piernas. Observa otra pila de cartas, documentos y facturas que había olvidado por completo detrás de la puerta. "Nunca voy a terminar esto antes de la reunión del lunes".

Por lo general usted simplemente habría vuelto a su oficina el domingo, pero su madre insistió en que fuera a casa, a celebrar el cumpleaños de su hermana... un viaje de cuatro horas en auto, en el tráfico de fin de semana. "¿Qué puedo llevar conmigo?", piensa. "Trabajaré un rato antes de la cena... no, me matarían. Ni siquiera les he dicho que tengo que volver esta misma noche. Ojalá ya fuera lunes. Los fines de semana son demasiado estresantes". *"¿Por qué estoy haciendo esto?"*, se pregunta.

Cuando uno es dueño de una empresa, inevitablemente termina trabajando mucho más de lo que jamás había trabajado para nadie. Las promesas personales que alguna vez hizo de utilizar su libertad profesional para poder hacer todas esas cosas para las cuales nunca había tenido tiempo no son más que un recuerdo borroso. Ahora trabaja más arduamente, y jornadas mucho más prolongadas; siente más estrés, menos vida; y probablemente gana menos que en cualquier otra época. "¿Por qué estoy haciendo esto?" es una pregunta que los empresarios se hacen con mucha frecuencia. Sin embargo, pese a su sueño de trabajar de 9 a 5, con vacaciones de dos semanas pagadas y no preocuparse de mucho más que de su propio cargo, no cambiaría el hecho de ser su propio jefe por nada del mundo. Le gusta demasiado. Eso cree.

Cuando tenga esos momentos de "¿Por qué estoy haciendo esto?", es importante tener colegas con quiénes hablar. No sólo su familia o sus amigos, sino otros empresarios jóvenes que probablemente también están en *sus* oficinas el sábado por la noche. Cualquier motivación y palabras de aliento que reciba de sus seres queridos son bienvenidas, pero en último término no sirven mucho. En la mayor parte de los casos no entienden los duros momentos por los que usted está pasando. El hecho de que su mejor amigo le diga que todo va a salir bien a veces no funciona. Sus allegados están tratando de hacerlo sentir mejor de la única manera que conocen, pero lo que usted necesita son personas que *realmente* entiendan.

Si no lo ha hecho todavía, comience a estructurar su propia red de amigos que sean pares inmediatos. Busque gente que trabaje en su industria o en campos relacionados. Encuentre personas que no sólo le puedan dar excelentes consejos profesionales, sino que estén allí para escucharlo cuando esté a punto de darse por vencido. Si quiere, no preste atención a sus demás necesidades (cosa que probablemente ya hace). Pero haga caso de este consejo. De todas maneras, sus pares inmediatos serán quienes le enseñarán a manejar todos los demás elementos. Usted es la fuerza motriz de su empresa. Si no funciona a un nivel óptimo, nadie ni nada lo hará tampoco.

No le tema al fracaso

La gente me pregunta constantemente sobre el fracaso. *¿Qué sucede cuando a un joven empresario le fracasa su proyecto empresarial? ¿Es más devastador para él? ¿Y acaso la mayor parte de las empresas no fracasa?* Dejemos las cosas en claro. Una de las principales razones para crear una empresa cuando se es muy joven es que para uno el fracaso no significa lo mismo que para una persona que le dobla o triplica la edad. Si esas personas quieren, pueden pensar que nuestros proyectos son simples pasatiempos, pero nosotros tenemos que tomar cualquier negocio que iniciemos como una experiencia de aprendizaje. Si una empresa no funciona, somos lo bastante jóvenes como para comenzar de nuevo sin que la situación destroce nuestra vida. En la mayoría de los casos, no comenzamos con espacio de oficina comercial, inversionistas formales, empleados de tiempo completo y grandes deudas. Eso, sin duda, es una gran ventaja: si tuviéramos todas esas cosas y aun así fracasáramos, nuestras pérdidas serían mucho mayores.

También es preciso tener en cuenta que nosotros, como empresarios jóvenes, tendemos a iniciar muchos proyectos empresariales en nuestra adolescencia y juventud temprana. Cuanta más experiencia se tenga en dirigir un negocio propio, más probabilidades habrá de que no se quiera buscar un empleo después de graduarse. No está mal, ¿verdad? Entonces uno crea tres negocios diferentes y clausura dos de ellos porque no le estaban produciendo dinero o simplemente porque le aburrieron. Eso está bien. A nuestra edad la gente nos da una libertad de acción mucho mayor

> ### En el diván: cómo define un psiquiatra la personalidad empresarial
>
> Según Joanna Polenz, una psiquiatra de Manhattan, el carácter empresarial está marcado por tres funciones: toma de riesgos, innovación y, en menor grado, administración. Otras cualidades que suelen atribuirse a la personalidad empresarial son alto rendimiento, motivación (el fuerte deseo de triunfar) y la necesidad de autonomía, poder e independencia. Las relaciones personales, como con la familia y los amigos, son importantes, pero rara vez ocupan el primer puesto en el corazón de un empresario.
>
> Polenz dice que aunque existen pocos estudios sobre el perfil de personalidad del empresario, la evidencia sugiere lo siguiente:
>
> - Es más probable que los empresarios provengan de grupos étnicos, religiosos u otras comunidades minoritarias. La experiencia de sentirse diferente parece ejercer una influencia importante en un empresario. Si la familia del empresario no parece ajustarse al orden establecido, sus hijos tal vez no tengan otra opción que crear un nuevo nicho para sí mismos en la sociedad.
> - Algunos estudios ven a los empresarios como "individuos ansiosos con una orientación interna", lo cual significa que poseen un foco de control interno en oposición a inclinarse ante fuerzas externas.
> - Otros estudios indican que los padres de muchos empresarios fueron trabajadores independientes. La familiaridad con la independencia laboral parece incrementar las probabilidades de crear una empresa propia.
> - Los empresarios dicen con frecuencia haber tenido un padre ausente (o por lo menos emocionalmente ausente) y una madre sobreprotectora y controladora.
> - Algunas personalidades empresariales realmente no pueden funcionar en una situación de trabajo estructurada y, de hecho, parecen ser alérgicas a la autoridad. "Éste es un subgrupo más pequeño de empresarios, pero para ellos es vital tener el control. Cuando los obligan a estar en un entorno reglamentado, reaccionan como animales enjaulados", dice Polenz.

y por lo general les impresiona el simple hecho de que hayamos hecho algo y hayamos dado pasos tan audaces.

La verdad es que el fracaso sólo es grave si uno ha tomado prestado mucho dinero, tiene gastos fijos muy altos, tiene una gran nómina de tiempo completo o termina incumpliendo los pedidos de los clientes. Ésa es otra razón importante para iniciar negocios múltiples: aprendemos más y asumimos gradualmente más y más responsabilidad, mientras vamos adquiriendo experiencia. Es como una especie de mecanismo de defensa empresarial que hemos incorporado a nuestro subconsciente.

Pero si tiene un negocio que no marcha bien y no hace sino empeorar, reflexione sobre todo le que le he dicho en este libro. Asegúrese de permanecer en contacto estrecho con sus asesores y mentores. Cuénteles a sus allegados más cercanos que necesita su ayuda y/o su apoyo. Sea creativo en la búsqueda de soluciones. Trate de reducir sus gastos fijos y comience a pensar como una persona autónoma empeñada en salir adelante. Equilibre su vida de modo que permanezca saludable y bien enfocado. Y si cree en lo que está haciendo, siga adelante. Siempre podrá cambiar el curso que escogió y alterar el modelo de empresa, o la oferta de productos o servicios. Intente tomar distancia durante un par de días, alejándose por completo del negocio y el estrés, y trate de buscar distintas soluciones para sus problemas. Por último, no olvide las razones que lo impulsaron a crear su empresa. Si ya no le parecen válidas, procure hacer algo al respecto.

Si su empresa fracasa, ¿qué es lo peor que le puede suceder? Hizo contactos valiosísimos y adquirió una excelente experiencia en el área de los negocios. La gente sentirá un nuevo respeto por usted. Sin duda será más valioso como empleado y podrá aspirar a salarios más altos y a mejores beneficios adicionales. Tiene el resto de su vida para volver a comenzar. Y ya sabe qué debe hacer de modo diferente la próxima vez.

No quiero decir con esto que afrontar un fracaso sea fácil o sencillo, porque no lo es. Pero es un riesgo que corremos por el hecho de ser empresarios. Y recuerde, los que quedan de pie al final son los que verdaderamente triunfan. Incluso si su negocio no queda de pie, asegúrese de que usted sí permanezca siempre erguido.

Qué hacer con las personas que no le brindan apoyo
Su familia

Una de las situaciones más infortunadas –y más comunes– que afrontan los empresarios jóvenes es que sus familias no los apoyen. Aunque uno puede reemplazar a los amigos, así le cueste trabajo, es imposible cambiar a la familia. Vivir (literalmente o no) con unos padres o hermanos que no entienden sus aspiraciones empresariales o que se niegan a prestarle su respaldo muchas veces mengua por completo el entusiasmo de muchos jóvenes empresarios incipientes. Formúlese las siguientes preguntas:

- ¿Cuál es la verdadera razón por la que no lo apoyan?
- ¿No entienden muy bien qué es lo que está haciendo?
- ¿Llevan ahorrando dinero los últimos veinte años con la idea de que usted estudie medicina?
- ¿Han sufrido un fracaso propio en un proyecto empresarial que alguna vez emprendieron?
- ¿Conocen a otras personas que han fracasado como empresarios independientes?
- ¿Cuestionan sus capacidades, ya sea debido a su edad, su falta de experiencia o porque tienen nociones preconcebidas sobre lo que creen que usted puede o no puede hacer?

Es muy importante que deje momentáneamente sus propios sentimientos de lado y que considere su situación con objetividad. Una vez entienda cuáles son las razones subyacentes, afronte directamente a los pesimistas, confrontándolos muy comedidamente o pidiéndoles que lo entiendan. Si nada de esto sirve, ruegue.

Una vez haya entendido las motivaciones de sus allegados, lo siguiente que debe hacer es lanzar una campaña de relaciones públicas en el seno de su familia. No se trata de una broma. Cualquier persona que haya estado en esta horrible situación sabe cuán difícil puede ser. Espero que las siguientes sugerencias le ayuden a superar las malas vibraciones familiares que quizás lo estén afectando.

- Comparta con su familia sus historias de éxito. Muéstreles copias de cartas de clientes que alaban su trabajo. Muéstreles también el cheque de pago de algún cliente. Comparta cualquier artículo sobre su empresa que aparezca en los medios de comunicación. Colóquelo en la puerta de la nevera o en una cartelera, o en cualquier otro lugar en donde todos los miembros de su familia lo puedan ver.
- Cuénteles cuán feliz lo hace su negocio. Por lo general los padres se sentirán felices al ver que sus hijos están contentos y tienen metas que se esfuerzan por cumplir.
- Converse sobre su proyecto con amigos de su familia que entiendan el mundo de los negocios, que tengan hijos sin espíritu empresarial, o simplemente que usted les agrade. Si se interesan en su proyecto y entienden su empeño, dígales que desearía que sus padres pensaran lo mismo. (Esto también funciona bien con otros parientes). Estas personas simpatizarán tanto con usted que muy posiblemente hablen sobre el asunto con su familia. Permita que otros presionen un poco a su familia para aligerar la tensión y conseguir que le den el respeto que se merece por sus esfuerzos. Lamentablemente, es más probable que sus ami-

gos o colegas acreditados reconozcan públicamente sus logros y no su familia. No importa cuán estrecha sea su relación, no es raro que la gente necesite las opiniones de terceros para tener una mente más abierta... sobre todo cuando se trata de sus propios hijos.

- Asegúrese de no descuidar sus responsabilidades familiares por causa de su negocio, sean éstas visitar a sus abuelos, asistir a reuniones de familia o ir a los servicios religiosos. Sea una persona independiente, su propio jefe, pero esfuércese por demostrarle a su familia que todavía ocupa un lugar importante en su vida.

- Busque a la persona más comprensiva de su familia –su madre, su padre, un tío, una abuela–, quien quiera que se muestre más interesado en su felicidad. Cuantas más personas tenga de su lado, mejor le irá.

- Haga acopio de unas cuantas historias sobre personas como usted que crearon empresas exitosas. Ya sea que se trate del dueño de la tienda de abarrotes de la esquina o de uno de los gigantes empresariales, conozca bien sus historias, sobre todo en lo que respecta a los datos vitales: cuántos años tenían cuando comenzaron, su experiencia, el apoyo que les brindó (o no les brindó) la familia, sus recursos y los hechos que apuntalan su triunfo (ventas, número de empleados, clientes, etc.).

- Evite compartir con ellos los problemas o las frustraciones empresariales. Si realmente no lo apoyan en su proyecto, sus problemas sólo atizarán su deseo de intervenir o decir "te lo dije".

- Demuéstreles que ha investigado todo lo relativo a su negocio y que entiende muy bien sus opciones, su entorno y sus posibilidades de éxito. Si no está seguro sobre sus posibilidades, sea honesto con ellos y dígales que pese a sus dudas cree que la experiencia valdrá la pena, aun si llegare a fracasar. Al fin y al cabo, la mejor

manera en que los empresarios aprenden sobre sus negocios es incursionando en el negocio en sí.
- Sea alguien de quien no sólo ellos sino usted mismo se puedan sentir orgullosos.

Sus amigos

Si no sabe esto por simple intuición, lo más probable es que haya llegado el momento de afrontar el tema directamente. No importa quiénes sean sus amigos. La amistad no depende del dinero, el estatus o la profesión, sino de la motivación y el momento. ¿Ha notado que algunos de sus amigos más cercanos de la infancia se han ido alejando poco a poco? Es porque ya no comparten los mismos intereses. Cuando se es pequeño, durante algún tiempo se tiene la vida bastante bien estructurada. Se tiende a establecer lazos fuertes con los compañeros de colegio y los vecinos, y se comparten aficiones e intereses con ellos. Luego, a medida que uno va creciendo, siente la necesidad de buscar sus propios intereses de manera independiente. Usted decidió convertirse en empresario, mientras que sus amigos optaron por ingresar a la facultad de medicina, ser camareros en un club o quizás viajar por el mundo durante algún tiempo para posponer el ingreso al "mundo real".

Como empresario, incluso las influencias más sutiles de otros pueden perjudicar su progreso. Observe a la gente con quien usted se relaciona. ¿Son personas a quienes respeta? ¿Lo motivan, estimulan o le enseñan cosas? ¿Lo desalientan, lo hacen perder el entusiasmo o envidian su éxito? Si no les gusta su estilo de vida, critican sus opciones y ejercen una influencia que lo hace tomar decisiones que luego lamentará, es preciso que considere con sumo cuidado la situación.

Las influencias equivocadas que recibe un empresario no son siempre abiertamente "negativas" o contraproducentes. Es posible que tenga amigos que no lo apoyan simplemente porque no entienden cuán importante es para usted su empresa. Desde luego, lo primero que debe hacer es procurar que lo entiendan. Pero si eso no funciona, debe tomar ciertas medidas para impedir que lo desvíen del curso que escogió:

- Retire, evite o limite las influencias negativas o contraproducentes en su vida.
- No hable sobre su negocio con personas a quienes no les interesa o no quieren entender.
- Rodéese de personas a quienes admira y que lo motiven.
- Lea sobre otros empresarios que le merecen respeto.
- Acepte el hecho de que usted es diferente.

Anteriormente subrayamos la importancia de relacionarse con pares inmediatos y con otros jóvenes empresarios independientes. Insisto en poner énfasis en esto. No le estoy diciendo que deje de lado a todos sus amigos, sino que trate de darse cuenta de las influencias que lo rodean y que procure enmendar o dejar de lado cualquier cosa que sea negativa o contraproducente para su proyecto. Se ha esforzado muchísimo para llegar a donde está. No permita que nada ni nadie influya negativamente en su éxito o que menoscabe el orgullo que le merece a usted su negocio.

Equilibre su vida (o cómo tener una vida propia)

Aunque yo soy quizás la última persona del mundo que debería estar escribiendo esto, sí diré que me han dado muchos consejos sobre este tema. Por algún motivo, es un tópico que siempre tiende a plantearse al conversar con amigos, taxistas, socios comerciales, incluso con el tipo que vende emparedados enfrente de mi oficina a la hora del almuerzo. Cuando comencé a observar a otros jóvenes empresarios y preguntarles sobre esto, descubrí que tenían el mismo problema. Cuando la empresa de uno se convierte en su vida entera, ¿qué queda para equilibrar? Está bien, sé que el tema es más complejo, de modo que intentaré analizar qué es lo que no funciona bien en nuestra vida.

A fin de cuentas es mi vida, ¿o no?

Si usted también es adicto al trabajo y está obsesionado con el éxito de su empresa, es probable que haya sacrificado varias cosas. Quizás ha subido un poco de peso o comienza a verse un poco demacrado porque no está comiendo con regularidad. Tal vez ya no sale mucho porque sus amigos dejaron de invitarlo a que los acompañe. ¿Cómo toma su familia todo esto? ¿Los ha visto últimamente? ¿Qué tan feliz es? Con toda sinceridad. Haga esta pequeña prueba* y enseguida reflexione sobre la conveniencia de equilibrar un poco su vida.

- ¿Le emociona más su trabajo que su familia u otras actividades?
- ¿Hay momentos en que acomete su trabajo con gran entusiasmo y otros en que no logra hacer nada?
- ¿Se lleva el trabajo consigo a la cama? ¿Los fines de semana? ¿En las vacaciones?
- ¿El trabajo es la actividad que más le gusta hacer y sobre la cual habla con más frecuencia?
- ¿Trabaja más de cuarenta horas a la semana?
- ¿Convierte todos sus pasatiempos en proyectos generadores de dinero?
- ¿Asume la responsabilidad total por el resultado de sus esfuerzos laborales?
- ¿Su familia y sus amigos ya nunca esperan que usted llegue a tiempo?

---

* *Fuente:* Bryan Robinson, Ph.D., famoso autor y conferencista estadounidense y colaborador habitual de *Psychology Today, The New Age Journal* y PBS.

- ¿Realiza trabajo extra porque le preocupa que si no lo hace nadie más lo hará?
- ¿Subestima el tiempo que le tomará un proyecto y después se acelera para completarlo?
- ¿Cree que está bien trabajar largas jornadas si le gusta lo que está haciendo?
- ¿Se impacienta con personas que tienen otras prioridades fuera del trabajo?
- ¿Teme que si no trabaja con ahínco perderá a sus clientes o fracasará en su empeño?
- ¿Se preocupa constantemente por el futuro, incluso cuando las cosas están marchando muy bien?
- ¿Es competitivo en todo, incluido el juego?
- ¿Se molesta cuando la gente le pide que deje de trabajar para hacer otra cosa?
- ¿Sus jornadas laborales prolongadas le han hecho daño a su familia o a otras relaciones?
- ¿Piensa en cuestiones de trabajo mientras maneja, antes de dormir o cuando otros conversan?
- ¿Trabaja o lee durante las comidas?
- ¿Cree que una mayor cantidad de dinero resolverá los demás problemas en su vida?

Si contestó "sí" a tres o más preguntas, se le puede considerar como un trabajador compulsivo, o muy próximo a convertirse en uno. Si contestó "no" a unas tres preguntas, es usted bastante normal, según los estándares de otros empresarios jóvenes. Sin embargo, aún necesita ayuda. Todos la necesitamos, creo.

¿Qué le gusta hacer realmente además de trabajar? ¿Qué tipo de cosas revisten importancia para usted? Si siente como si hubiera perdido el contacto con el resto del mundo, e incluso con la vida en general, es hora de revaluar su estilo de vida. Nadie le va a decir, y mucho menos yo, que descuide su empresa o que renuncie a ella. Pero sí tiene que recordar la razón por la cual inició su negocio.

¿Fue porque quería ser libre y no tener que trabajar para otra persona? Ésa es una respuesta común. Probablemente también esté pensando en la libertad de hacer todas esas cosas que le encantan. Sin embargo, lo más probable es que el trabajo no era una de ellas al comienzo. No le pido que efectúe un cambio drástico en su estilo de vida, porque sería muy poco realista. (Y además es probable que ya haya hecho demasiados propósitos de Año Nuevo sobre equilibrar mejor su vida.) Lo que debe hacer es comenzar a añadir otros elementos a su vida, poco a poco.

Comience por invitar a su madre a un restaurante el próximo domingo. Luego, la siguiente semana, tal vez podría jugar un partido de fútbol o de tenis con unos buenos amigos. Tómelo una semana a la vez. Salga a almorzar un día soleado en vez de comerse un emparedado en el escritorio. Si todas las semanas planea una nueva actividad no relacionada con el trabajo, estará progresando en su empeño sin necesidad de perjudicarse usted mismo ni poner en peligro su empresa. Tan pronto esté listo, realice estas actividades extracurriculares varias veces a la semana, y luego una vez al día. Haga algo por usted mismo todos los días. Vaya a casa y dese una ducha. Lea algo que no tenga nada que ver con su negocio. No lo olvide, es su vida. Merece vivirla como le gustaría. Comience a cuidarse desde ya, para que dentro de treinta años no sufra del corazón, o desarrolle una úlcera, o esté más estresado, o tenga incluso menos vida propia que ahora. No se lo digo en chiste: es muy posible que ya haya tomado ese camino. Creó su empresa muy joven justamente para evitar todo eso. No lo olvide. Tal vez diga que no hay nada más que preferiría hacer, y le creo. Pero cerciórese de que su vida incluya algunas actividades distintas del trabajo.

Por qué mantenerse saludable es tan importante para su empresa

Si no le han dicho esto hasta el cansancio, se lo repetiré yo. Para decirlo de la manera más sencilla posible, si no puede funcionar bien porque está enfermo, agotado o al borde de una crisis nerviosa, su empresa tampoco funcionará. Es posible que le preocupe más pensar en que su empresa se pueda paralizar que contemplar la posibilidad de enfermar gravemente. Pero reflexione un par de minutos. No soy uno cualquiera de sus amigos que le dice que lo tome con calma y piense en su salud: soy una persona que comparte una situación similar a la suya y le hablo con la voz de la experiencia. Con el ánimo de ayudarle a evitar una crisis física, mental o emocional, le contaré lo que me sucedió a mí.

Aprendí mi primera lección sobre descuido personal en mi primer año en la universidad. Como de costumbre, estaba trabajando en una docena de proyectos diferentes, la mayor parte de los cuales eran creación mía o estaban a mi cargo. Salía de vez en cuando, trabajaba constantemente, dormía con irregularidad y comía muy mal. Ese noviembre, poco antes de las vacaciones del Día de Gracias y de los exámenes de mitad de semestre, me derrumbé. Estaba en clase de microeconomía, asistiendo a un repaso del examen. Había estado presente en todas las clases, pero ese día, mientras escuchaba lo que se decía en el repaso, caí en cuenta de que nada de lo que se estaba discutiendo me era familiar. Permanecí allí sentada, preguntándome: "¿Cómo fue que sucedió esto?" Hacía unos pocos meses me había graduado de la secundaria con honores. Esto no era normal. Salí del aula y me fui directamente al centro de asesoría en carreras en busca de uno de los miembros del cuerpo docente en quien más confiaba. Tan pronto vi a Bob, me puse histérica. Creo que lloré en su oficina durante diez minutos antes de poder musitar palabra. Incluso entonces, seguramente no fui muy coherente.

Cuando finalmente llegué a casa, en Los Ángeles, tan pronto traspasé el umbral de la puerta del frente mi madre gritó aterrada: "¿Qué te pasó?" Estaba blanca como una sábana. Ese mes sufrí mi primera crisis emocional, física, psicológica y académica... todo al mismo tiempo. En casa de mis padres dormí veintitrés horas seguidas y luego casi la mayor parte de las vacaciones. Estaba en un estado lamentable.

Conozco a muchos otros empresarios jóvenes que han experimentado episodios similares. Conna Craig, la joven fundadora de The Institute for Children, una organización sin ánimo de lucro para niños adoptivos, un año trabajó durante 362 días y debido a ello desarrolló una pulmonía. Muy a su pesar, Conna tuvo que permanecer seis semanas en cama, y su organización tuvo que prescindir de su ayuda durante todo ese tiempo.

Básicamente, para impedir que algo así le suceda a usted, debe hacer dos cosas:

- Estar consciente de las necesidades de su organismo y satisfacerlas lo más posible.
- Si siente que se le avecina algún tipo de colapso nervioso, haga algo al respecto de inmediato.

Créame, es mucho más fácil curar una leve depresión que un colapso nervioso. Cuídese, así sea sólo por el bien de su empresa. No va a servir de nada que trabaje hasta enfermar. Si usted no puede funcionar bien, tampoco podrá hacerlo su empresa.

Problemas de salud — ¡Esto podría pasarle a usted!

Si piensa que quizás está ignorando su propio deterioro físico, eche un vistazo a esta lista. Según el *Physician's Book of Symptoms and Cures,* las siguientes son algunas de las dolencias que más sufren los empresarios, junto con los síntomas iniciales.

Causa	Efecto
Estrés	- Ansiedad - Hipertensión - Asma - Colitis - Insomnio - Depresión - Mal genio
Sueño insuficiente	- Fatiga - Desmayos - Gripe - Temblor - Falta de coordinación y concentración - Mareos
Nutrición deficiente	- Fatiga - Desmayos - Desorientación - Náuseas - Influenza - Gripa - Neumonía - Herpes labial - Dolor de cabeza - Migraña - Aumento o pérdida notoria de peso
Falta de ejercicio	- Rigidez y nudos musculares - Tensión excesiva en el cuello y los hombros - Debilidad física

- Fatiga
- Reducción en rango de movimiento
- Dolor en la parte baja de la espalda
- Tendencia a sufrir de calambres musculares
- Aumento de peso

Suena divertido, ¿no? ¿Entiende mejor ahora ese dolor recurrente en la espalda o esa insoportable migraña? Es algo que no tiene por qué ocurrir. Usted no lo merece, y tampoco su empresa.

Si todas estas advertencias sobre los descuidos en materia de salud comienzan a preocuparlo, le recomiendo un libro excelente, *Overdoing It – How to Slow Down And Take Care of Yourself,* de Bryan Robinson, Ph.D. El autor se refiere al trabajo compulsivo y a cuán nociva puede ser para una persona la adicción al trabajo. Una de las partes que me pareció más interesante es aquélla en que establece una comparación entre los síntomas de la adicción al trabajo.

SÍNTOMAS FÍSICOS	SÍNTOMAS DE COMPORTAMIENTO
Dolor de cabeza	Arranques de mal genio
Fatiga	Sensación de inquietud
Alergias	Insomnio
Indigestión	Dificultad para relajarse
Dolor de estómago	Hiperactividad
Úlcera	Irritabilidad e impaciencia
Dolor en el pecho	Olvidos
Respiración entrecortada	Dificultad para concentrarse
Tics nerviosos	Aburrimiento
Mareos	Cambios de humor (de la euforia a la depresión)

Ahora que su madre ya no está allí para cuidarlo de todos esos desagradables síntomas que pueden derivarse del trabajo, piense en controlar usted mismo los posibles daños. No necesita sufrir todas estas horribles consecuencias para empezar a actuar. Al fin y al cabo, lo más probable es que ya haya experimentado algunas. Así pues, tómelo con calma siempre que pueda. Nunca se sabe cuándo volverá a tener la ocasión de relajarse, recuperarse o incluso comer como una persona normal. Y hablando de eso...

Cómo no morirse de hambre cuando no se tiene dinero

Si me hubiera comido una hojuela de maíz por cada dólar que he gastado en cuentas telefónicas, estaría pasada de peso. En vez de ello, era una bulímica empresarial. Cuando mis cuentas mensuales no eran muy altas, algo bastante inusual, comía en exceso. Cuando no sabía en dónde iba a obtener el dinero para pagar mis cuentas, dejaba de comer. Sé lo que se siente al no tener dinero para comprar alimentos. Resulta francamente irónico tener que contar los centavos para comprar comida cuando se está usando un traje de cuatrocientos dólares.

Debo decir que mi familia jamás me descuidó desde el punto de vista financiero. Sin embargo, por lo general me producía demasiada vergüenza decirles que se me había agotado el dinero del mes el día dieciocho. A partir del día diecinueve de cada mes, la vida siempre se volvía bastante difícil. Sin embargo, después de haber sufrido de pobreza temporal en muchísimas ocasiones, terminé por aprender unos cuantos trucos.

Tenga muchos amigos

Recuérdeles a sus amigos todas esas veces en que tuvo dinero de sobra y los invitó a comer. Y si nunca lo ha hecho, tal vez le sirva tener siempre en mente la siguiente frase: hoy por ti, mañana por mí. En otras palabras, si usted se porta bien con sus amigos, también ellos se portarán bien con usted. Así, cuando más los necesite, no se sentirá tan mal por hacerse invitar a cenar.

Disfrute las horas felices

Si investiga un poco, seguramente encontrará unos cuantos bares que ofrecen pasabocas gratuitos durante sus horas felices, o *happy hours*, por lo general entre las 3:00 p.m. y las 6:00 p.m. entre semana. (Pero recuerde pedir por lo menos una o dos bebidas para no parecer sospechoso y correr el riesgo de que lo saquen del establecimiento.) Si no logra encontrar pasabocas gratuitos, no se preocupe. En la mayor parte de los sitios encontrará platos baratos –como quesadillas, tacos o minihamburguesas– por poco más de un dólar. Cuando encuentre este tipo de lugares, ¡coma!

Almacene alimentos cada vez que pueda

Compre una caja extra de cereal, un par de frascos de salsa para pasta o una buena cantidad de croquetas de pollo congeladas cada vez que pueda. Seguramente los consumirá en algún momento y agradecerá haberlos guardado. Y, como acostumbraba decir Doug Mellinger (fundador de PRT Corp., una compañía de 10 millones de dólares, antes de cumplir treinta años), "en último caso se puede sobrevivir con macarrones con queso". Yo todavía guardo algunas cajas de macarrones con queso por si acaso.

Una palabra: pasta

La pasta es, probablemente, uno de los alimentos más baratos, llenadores y energéticos que hay. A un dólar por dos paquetes, a veces puede ser la decisión fisiológica y financiera más inteligente que tome.

Vaya a casa

Si vive cerca de miembros de su familia, el no tener con qué comer podría ser un buen incentivo para visitarlos por fin. Ellos se darán cuenta de si usted come o no. (Al fin y al cabo, ¿no son ellos siempre los primeros que comentan cuánto peso ha aumentado o cómo está de flaco?) Además, es muy probable que salga de allí lleno de sobras deliciosas y de alimentos enlatados.

En general, lo mejor que puede hacer es planear de antemano y reservar algo de dinero para esos días difíciles. Sí, claro. Eso mismo me decía mi papá cada vez que me sacaba de apuros. Todavía me cuesta trabajo seguir ese consejo. Sin embargo, desde el punto de vista lógico, tiene muchísimo sentido. Especialmente cuando se está saboreando la última galleta que queda en la casa.

Conclusión

Para dejar unas breves reflexiones como legado de mi corta aunque fructífera carrera de diez años como empresaria, tendría que poner énfasis en los siguientes cinco puntos. A mi juicio, éstos son los pasos más importantes que puede dar *de inmediato* para mejorar sus oportunidades de tener una empresa exitosa, ya sea ahora o un poco más tarde.

Comience ya

No existe un mejor momento para comenzar a trabajar en su carrera. No importa cuán joven sea, si cree que crear una empresa es lo suyo, aproveche cualquier tiempo extra que tenga para empezar a sentar las bases de un sólido proyecto empresarial. Comience a leer, investigar y aprender cada vez más, conozca a más gente, asista a ferias y seminarios y sumérjase en el mundo de los negocios. Este libro debe haberle dado suficientes cosas por hacer mientras su empresa cobra impulso. No le dé más largas al asunto.

Rodéese de la gente correcta

Aunque uno no puede escoger el entorno de su niñez, sí puede escoger el entorno en que vivirá como adulto. Esto no necesariamente significa mudarse a un lugar en particular o buscar personas específicas con quienes mezclarse socialmente. Lo que significa es que debe rodearse de personas que le sirvan de inspiración, que sean perceptivas y que le ofrezcan todo su respaldo, tanto a usted como a sus proyectos empresariales. ¡Insisto en recalcar este consejo! Todo el mundo necesita una ayudita de vez en cuando y los empresarios no son la excepción. Desde luego, tendemos a tener una motivación propia muy fuerte, pero la vida como propietario de una empresa puede ser bastante difícil, y usted tiene que saber que la gente de su entorno inmediato podrá animarlo y nutrirlo incluso en sus momentos más difíciles. Su entorno ejercerá un impacto muy grande en su habilidad para triunfar en los negocios. Así pues, asegúrese de que sea óptimo.

Aproveche todas las ventajas posibles

Mientras construye su emporio, sin duda hallará muchas oportunidades para ampliar sus conocimientos, su pericia y sus perspectivas. No las deje pasar sólo porque está "demasiado ocupado". Saque tiempo para hacer cosas que serán importantes a largo plazo. Ofrecerse como voluntario para realizar actividades de caridad es un ejemplo perfecto. Aunque todo el mundo sabe que debería estar haciendo algo por personas menos afortunadas, muy pocos sacan el tiempo necesario para realmente hacer algo al respecto. Un aspecto importante que la mayor parte de la gente no entiende es que las oportunidades de trabajo voluntario se encuentran por doquier y asumen todo tipo de formas. Es muy probable que incluso encuentre una causa meritoria que coincida con sus intereses personales o empresariales, su campo de acción o su pericia. Estoy convencida de que es responsabilidad de cada persona –y de cada empresa– mejorar su entorno en la medida en que pueda. Aproveche oportunidades de este estilo para hacer algo por los demás, al tiempo que acentúa la conciencia tanto sobre usted como sobre su empresa en la comunidad. Obtenga algún otro título. Asista a seminarios especializados. Considérense usted y su empresa cada uno como un producto. Cualquier pequeña cosa que pueda hacer para mejorar su calidad, contenido e imagen irá sumando y lo hará destacarse en el largo plazo.

Conviértase en experto

Probablemente ya lo he dicho un millón de veces, pero ya en este momento usted debe entender cuán vital resulta esto para su credibilidad como empresario. Cuanto más sepa sobre su campo, más probabilidades habrá de que la gente lo respete como se merece (sobre todo si usted "parece demasiado joven" como para saber bien de qué está hablando). Si se convierte en experto, todos los que lo rodean se sentirán más confiados trabajando con usted, trátese de clientes, proveedores, inversionistas, medios de comunicación o incluso sus propios empleados.

No se dé por vencido

Escogió ser un empresario independiente y no debe desanimarse. Si se siente demasiado abrumado, siempre le queda el recurso de emplearse... pero muy pocas personas quieren volver a ser empleadas después de haber dado el salto a la independencia. Nadie dijo que sería fácil, pero en el mundo empresarial sólo los fuertes sobreviven. El reto más grande es la perseverancia. Tanto en los buenos tiempos como en los malos es preciso continuar. Si se pierde un cliente, siempre habrá otro. Si su empresa

> **Los 10 mandamientos del empresario joven**
>
> 1. Escoja con sumo cuidado el área que le interesa, teniendo en cuenta sus principales talentos, debilidades y recursos actuales.
> 2. Conviértase en un experto en su industria.
> 3. Sepa quiénes son los líderes de su industria, aprenda sobre ellos y sus triunfos, y si es posible conózcalos personalmente.
> 4. Encuentre un nicho en el mercado.
> 5. Cree una imagen profesional atractiva tanto para usted como para su empresa.
> 6. Divulgue lo más posible el nombre de su empresa.
> 7. Estructure una junta de asesores informal.
> 8. Elabore una lista de clientes.
> 9. Llame la atención de los medios hacia su empresa.
> 10. Siempre prometa menos y entregue más.
>
> © 1995 Jennifer Kushell,
> The Young Entrepreneurs Network.

fracasa, siempre habrá otras oportunidades, Si se queda sin dinero, lea la sección sobre "Cómo no morirse de hambre cuando no se tiene dinero". (No en vano se incluyó en este libro.)

Si realmente lo desea, hallará todo tipo de razones para renunciar a su trabajo como jefe y permitir que otra persona se haga cargo. Si se derrumba sin remedio, significa que probablemente usted no está hecho para este estilo de vida. Sin embargo, si en el fondo de su corazón sabe que esto es lo que le gusta, si se ha rodeado de la gente correcta, está en un entorno apropiado y ha invertido el tiempo en hacer lo que tiene que hacer, seguramente acabará por irle muy bien. Todos los empresarios del mundo tienen sus propias historias de guerra. El hecho de pasar por épocas difíciles y sobrevivir para recordarlas será un motivo de orgullo durante el resto de su vida.

Como empresario joven, es fácil sentirse solo. Uno es muy distinto de los demás, y debe sentirse orgulloso de ello. Ser un empresario entraña una participación personal en configurar la economía, el mercado de empleos, el entorno empresarial y el curso de la propia vida. No muchas personas pueden decir que hacen eso.

Asuma sus responsabilidades –y su destino– con seriedad y haga cosas provechosas. Los empresarios pueden utilizar sus habilidades únicamente en interés propio, o pueden emplear sus capacidades y su buena fortuna para mejorar sus comunidades y ayudar a otros a alcanzar sus metas. Como parte de esta "nueva generación de empresarios", espero que escoja este último camino. Nuestra reputación depende de eso. Éste es su mundo ahora. Hoy en día, con millones de jóvenes empeñados en crear sus propias empresas, encontrará colegas por doquier. Observe con atención. Ya no está solo.

Agradecimientos

Antes de agradecer a cualquier otra persona, tengo que ofrecer mi corazón, mi alma y todo mi amor a la persona que me hace el ser más feliz. Scott: no sé de dónde viniste ni cómo nos encontramos el uno al otro, pero todos los días agradezco que formes parte de mi vida. Gracias a ti, finalmente encontré ese equilibrio y aquello que trasciende el trabajo. Me has hecho una mejor persona y una empresaria mucho más fuerte. Gracias.

A mi familia, en especial a mi padre y mi madre, por ser mis mayores admiradores y mi inspiración. A mi hermanito David, quien se ha convertido en un hombre tan admirable en los últimos años. A mis primos favoritos, Doug y Scott, por ser como hermanos, además de mis mejores amigos. A mi abuela (y desde luego, a Ricky), por decirle a todo el mundo con tanto orgullo que su nieta es una autora. Y a mi tío Bob, quien me enseñó todo lo que sé (tú me entiendes). Tú y Natalie (y todos los de ese lado) siempre me han hecho poner los pies sobre la tierra, y nunca lo olvidaré.

A mis mentores y queridos amigos que han estado allí para mí y para mi(s) negocio(s) desde el comienzo: John Katzman, Steve Mariotti y Rieva

Lesonsky. Su apoyo, aliento, consejos y orientación han sido invaluables. Kathy Allen y Ken Gronbach: en épocas más recientes me ayudaron a tomar algunas de las decisiones más difíciles de mi vida, y hoy en día me siento feliz por ello. Gracias.

A Julie Joncas, mi amiga desde hace tantos años, mi vicepresidenta, mi "jefa", mi ancla y mi contacto diario con la realidad. Ser empresaria no sería tan gratificante sin ti. Espero que todo el que lea esto encuentre a alguien como tú para compartir sus experiencias. Y sigo creyendo firmemente que la facultad de administración de Harvard tiene mucha suerte al contar *contigo*. Yo, sin duda, la he tenido.

En la Universidad de Boston, mi alma mater (por fin), debo agradecerle a Candy Brush por habernos apoyado tanto a mí como a este proyecto de libro, desde la primera versión de doce páginas que hice cuando era estudiante de tercer grado hasta el manuscrito final, hace un poco más de dos años. También agradezco muy especialmente a Wendy Greenfield, Rajiv Dant, Bob Cohn y Jules Schwartz por más razones de las que podría enumerar.

Desde los inicios del IDYE (International Directory of Young Entrepreneurs) y hasta el día de hoy: gracias a Ben Kyan por nunca haberse alejado *realmente*. Y a David Meadows... gracias por pensar en mí. A Jolina, Vic y Elisabeth, mis primeras pasantes, por aguantarme en la "oficina Allston", es decir, "la sede internacional" para todos los demás. A Danny Essner por administrar de manera tan excelente algunos de nuestros proyectos más cruciales. Gracias a Jaynell Greyson y Kathleen Jeanty por estar siempre ahí. Y a todos los miembros de nuestro personal actual (y futuro) por creer en The Young Entrepreneurs Network y en nuestra misión.

A los Isaacson y los Kaufman por ser mis segundas familias.

Y sólo porque lo deseo, quisiera agradecer a Ray Sozzi, Jennifer Iannolo, Eddie Soleymani, Larry Angrisani, Jacqui Brandwynne, Ted "Austin" Tyson,

Margaret Dunn, todos en NFTE (The National Foundation for Teaching Entrepreneurship), mi hermano David y Lee Isaacson, quien ha sido mi mejor amigo incluso cuando no lo he merecido. A Alan Ezier y Curtis Estes por enseñarme todo lo que necesitaba saber sobre establecer conexiones en red. Y muchas, muchas gracias a Sheri Sigler por su amistad, su apoyo continuo y su ayuda para poner a marchar diferentes proyectos... ¡éste incluido!

Finalmente, mis agradecimientos más sinceros a Rob Kaplan, probablemente el mejor editor con quien un escritor podría soñar con trabajar. No me alcanzan las palabras para expresar el placer de trabajar con alguien que *realmente* entiende el significado de este libro. A todo el equipo de Random House: Peter DeGiglio y Kathy Schneider por darme ánimo y por aportar tanto al proyecto; Tom Russell por estar allí cada vez que yo necesitaba algo; Jeanne Krier por los excelentes consejos y aún mejores charlas; Mary Beth Roche y Will Weiser por su entusiasmo (¡espero pronto trabajar mucho más con ustedes!); y a Fernando Guillano y Joy Ravin por tratar siempre de hacerme quedar bien.

A Daniel Greenberg, mi agente literario, por su perfecto sentido de la oportunidad y su carisma. Y a John y su amigo Greer por ayudarme a encontrarlo.

A John Katzman, quien hizo posible este libro por haber iniciado él The Princeton Review cuando estaba en la universidad, por reconocer la importancia de publicar un libro como éste y por confiarme la tarea de escribirlo. Gracias por ser mi inspiración.

Y a todos los jóvenes empresarios que sueñan, crean y triunfan con empresas propias. Ya no están solos.

La autora

Jennifer Kushell es presidenta y fundadora de The Young Entrepreneurs Network, una organización de apoyo y comunidad en línea para empresarios jóvenes de más de cuarenta países. Jennifer inició su carrera empresarial cuando tenía trece años, y cuando cumplió los dieciocho ya había comenzado a dictar clases sobre creación de empresas. Ha recibido varios premios nacionales, entre ellos el Young Entrepreneur of the Year Award (Premio al empresario joven del año), otorgado por la U.S. Association of Small Business and Entrepreneurship, y por la National Federation of Independent Business. Además, dirige una próspera empresa de consultoría, sigue enseñando, escribiendo y dictando conferencias, y forma parte de las juntas asesoras de la National Foundation for Teaching Entrepreneurship y la National Mentoring Coalition.

A sus veintiséis años, Jennifer es considerada como una de las principales expertas en creación de empresas juveniles y la revista *U.S. News and World Report* se refirió a ella como la "gurú" del movimiento empresarial de su generación. Ella y su compañía también han aparecido en CNN, CNNfn, CNBC y Fox News, así como en publicaciones como *The Wall Street Journal, Business Week, Elle, Entrepreneur, Success* y *Los Angeles Times*. Jennifer tiene como meta profesional crear "el recurso número uno para empresarios jóvenes" y convertir The Young Entrepreneurs Network en el primer sitio que consulta la gente cuando quiere iniciar sus primeros proyectos empresariales. Su meta personal es simplemente facilitarles la vida a los millones de empresarios jóvenes que han luchado como lo hizo ella porque carecían de los recursos vitales para triunfar.

Jennifer Kushell
The Young Entrepreneurs Network
4712 Admiralty Way, Suite 530
Marina del Rey, CA 90292
Tel.: (310) 822-0261
Fax: (310) 822-0361
http://www.yenetwork.com

DATE DUE			
	HMOOW	SP	
		658	
		.1141	
		K98	

KUSHELL, JENNIFER
    SOLO PARA EMPREN-
DEDORES : APROVECHE
SU JUVENTUD   PAPER

HMOOW   SP
         658
         .1141
         K98

HOUSTON PUBLIC LIBRARY
MOODY
DEC 19 2003